BIPOLAR

Eberhard J. Wormer

BIPOLAR

Traducción de Eva Nieto Silva

Adaptación, revisión y prólogo del
Dr. Ramon Noguera i Hosta,
director del Área de Psiquiatría
de la Clínica Doctor Bofill

Si usted desea que le mantengamos informado de nuestras publicaciones, sólo tiene que remitirnos su nombre y dirección, indicando qué temas le interesan, y gustosamente complaceremos su petición.

Ediciones Robinbook
información bibliográfica
C/. Industria 11 (Pol. Ind. Buvisa)
08329 – Teià (Barcelona)
e-mail: info@robinbook.com

www.robinbook.com

Título original: *Bipolar. Leben mit extremen Emotionen.*

© 2003 Droemersche Verlagsanstalt Th. Knaur Nachf. Gmbh & Co. KG, München.
La publicación de este libro se ha negociado con Ute Körner Literary Agent, S.L., Barcelona.
© 2004, Ediciones Robinbook, s. l., Barcelona.

Nota sobre figuras: Cyberonics: pág. 129; J. Fawcett, B. Golden, N. Rosenfeld: pág. 76; BZ M. Lautenschläger: pág. 127; J. F. Lehmann: pág. 62; F. M. Mondimore: págs. 72, 74; Philips: pág. 130; Schattauer: pág. 140; A. Stevenson: pág. 172; Jacques Vie: pág. 61; Eberhard J. Wormer: págs. 41, 44, 46, 49, 59, 170, 171 y 175.

Diseño cubierta: Regina Richling.
Ilustración cubierta: Illustration Stock.
Producción y compaginación: MC producció editorial.
ISBN: 84-7927-717-3.
Depósito legal: B-36.860-2004.
Impreso por A & M Gràfic, Pol. La Florida-Arpesa, 08130 Sta. Perpètua de Mogoda.

Queda rigurosamente prohibida, sin la autorización escrita de los titulares del copyright y bajo las sanciones establecidas en las leyes, la reproducción total o parcial de esta obra por cualquier medio o procedimiento, comprendidos la reprografía y el tratamiento informático, y la distribución de ejemplares de la misma mediante alquiler o préstamo públicos.

Impreso en España – *Printed in Spain*

PRÓLOGO

La Asociación Mundial de Psiquiatría aprobó en su reunión en Madrid en agosto de 1996, en un documento que se conoce como «Declaración de Madrid», una serie de derechos y obligaciones que atañen tanto al psiquiatra como al paciente psiquiátrico. Entre estos, destacan los que hacen referencia a dos temas importantes: por un lado, el deber que tiene el psiquiatra de mantenerse al corriente de los avances científicos de su especialidad para poder aplicar siempre y en cada caso el mejor tratamiento posible, y por otro, el derecho que tiene el paciente, y por extensión también sus familiares y allegados, a recibir la máxima información relevante referida a su enfermedad, con el objetivo de poder tomar las decisiones lógicas de acuerdo con sus valores y preferencias para conseguir un estado óptimo de salud.

Dice también la Declaración de Madrid que el paciente psiquiátrico debe ser aceptado, por derecho propio, como colaborador del médico psiquiatra en el tratamiento y supervisión de su proceso patológico, con el fin de que él mismo, y en algunos casos sus familiares, se beneficien de una información veraz y adecuada para poder tomar libremente las decisiones que consideren oportunas en lo que se refiere al proceso de tratamiento y control de su enfermedad. Esto, que es aplicable a todo el campo de las patologías psiquiátricas, lo es de un modo especial en el campo de los trastornos bipolares, por la idiosincrasia de esta enfermedad.

El trastorno bipolar, que en sus diferentes presentaciones afecta a alrededor del 1% de la población en los países occidentales (unas 600.000 personas en España), es una enfermedad que, por sus características, requiere un abordaje terapéutico con unos planteamientos distintos al resto de las patologías psiquiátricas. El trastorno bipolar es, por definición, una enfermedad crónica y además infradiagnosticada, entre otras razones, por la dificultad que conlleva su diagnóstico, especialmente en sus fases iniciales. En muchas ocasiones, pasan varios años desde el inicio de la enfermedad antes de que el médico de cabecera, y a veces el propio psiquiatra, caiga en la cuenta de que aquella sucesión de síntomas y de episodios configuran un diagnóstico de bipolaridad, con lo que se pierde un tiempo precioso para instaurar el tratamiento precoz adecuado. El hecho de que los pacientes bipolares puedan experimentar periodos de normalidad (eutimia) entre los diferentes episodios y que en algunas fases de la enfermedad, como la denominada hipomanía, el paciente no solamente no tenga ninguna sensación de estar enfermo, sino que, al contrario que en cualquier otra patología médica, la sensación subjetiva del enfermo sea la de que nunca se ha encontrado mejor en toda su vida como en esos momentos, evidencian la necesidad de un conocimiento adecuado de las características del trastorno bipolar tanto por parte del paciente como de sus familiares, un elemento esencial en el tratamiento y prevención de los distintos episodios y fases que puede experimentar la enfermedad a lo largo de la vida.

Desde que a principios de los años setenta se constató la eficacia de las sales de litio en el tratamiento y prevención de los episodios tanto maniacos como depresivos, el pronóstico ha cambiado radicalmente, concediendo a los pacientes la posibilidad de vivir con la enfermedad controlada. En los últimos años, la aparición en el mercado farmacéutico de nuevos e interesantes productos tales como los antipsicóticos denominados atípicos o de segunda generación y los nuevos anticomiciales, ha supuesto el poder ampliar las posibilidades terapéuticas a un nivel insospechado hace poco tiempo. Aun así, un buen conocimiento de la enfermedad, de sus fases, de los síntomas de aviso de nuevos episodios, de las medidas de prevención, de los distintos tratamientos, sus ventajas e inconvenientes, formas de tomar la medicación, control de las dosis y de sus posibles efectos secundarios, etc., por parte del enfermo y de sus familiares, sigue siendo esencial para un buen control de la enfermedad.

En este sentido, el libro del doctor Eberhard J. Wormer, quien muestra un extenso y profundo conocimiento tanto teórico como práctico de la enfermedad bipolar, puede ser una ayuda inestimable para el paciente y el familiar que deseen una información más detallada de los distintos aspectos de la misma.

En la mayoría de las consultas psiquiátricas, la sobrecarga de trabajo impide a veces que el psiquiatra pueda informar con el debido detalle de las múltiples facetas que presenta el trastorno bipolar y provoca que aspectos del mismo queden fuera del conocimiento del paciente. El libro del doctor Eberhard J. Wormer, escrito en términos completamente asequibles para el profano, puede llenar perfectamente este hueco y, por tanto, mejorar el conocimiento del proceso, y esto solamente puede tener como consecuencia última mejorar el resultado terapéutico de la combinación de terapias que se aplican en cada caso y, en resumen, un mejor pronóstico y calidad de vida para el paciente y su entorno familiar.

Ramon Noguera i Hosta
Director del Área de Psiquiatría
de la Clínica Doctor Bofill

*La belleza del mundo
tiene dos bordes
que dividen el corazón,
uno es la risa,
el otro la desesperación.*

Virginia Woolf

Capítulo 1
EL CONTINUUM DE LA EMOCIÓN

Las turbulentas mareas del océano de los sentimientos han sido expresadas con palabras inmortales por los grandes poetas, pintores visionarios las han convertido en expresivos cuadros y compositores creativos las han plasmado en conmovedora música: las cimas más elevadas y las simas más profundas de los estados anímicos del hombre, los polos extremos de las emociones: manía y depresión.

Nos dejamos angustiar por las inquietantes narraciones de Edgar Allan Poe, admiramos con asombro los *Girasoles,* de van Gogh, o escuchamos extáticos la sonata *Claro de luna,* de Beethoven, o la ópera *La flauta mágica,* de Mozart. Muchos grandes artistas, al igual que prominentes políticos que han modelado de un modo inconfundible la apariencia de nuestro mundo, no han dispuesto de otra elección: bien o mal, sin esperanza de encontrar ayuda han debido convivir con la furia de sus emociones. Cualquiera que haya sufrido la «risa de la manía» y la tortura de ánimo de la depresión, o las haya compartido como espectador, es consciente de la fuerza explosiva de los estados anímicos bipolares.

La mayoría de las personas afectadas por este trastorno son realmente gente corriente que, con toda probabilidad, no querrían otra cosa que continuar yendo a su trabajo y llevar una vida normal con sus familias. Hoy en día eso es posible.

Las valoraciones al respecto señalan que hasta un cuatro por ciento de la población del planeta, con igual proporción entre hombres y mujeres, han padecido de trastornos bipolares como mínimo una vez en su vida. En Alemania se ven afectados al menos un millón de jóvenes.

La seriedad con la que se debe hacer frente a esta enfermedad y la pérdida de calidad de vida que lleva acarreada quedan de manifiesto en la siguiente valoración del Ministerio de la Salud estadounidense: una mujer que, con 25 años (que es la edad media del comienzo del trastorno), sufre de bipolaridad, experimenta una reducción de 9 años en su esperanza de vida, perdiendo 12 años de vida sana normal y 14 años de una actividad vital normal en lo que se refiere a trabajo y familia.

La psique enferma

A lo largo de la evolución de su historia, la humanidad siempre ha actuado con inseguridad frente a los enfermos psíquicos: o bien se ha comportado ante este tipo de personas con plena veneración por su calidad de «santos», como ocurría, por ejemplo en la Antigua Grecia, o bien se les ha tratado de forma vejatoria, apartándolos, aislándolos, o incluso internándolos fuera del entorno vital de las gentes consideradas «normales». Esto también es válido para los trastornos bipolares que ya fueron descritos hacia el año 400 a. de C. por Hipócrates, el padre de la medicina, y que luego, 2.000 años después, fueron nuevamente definidos por el psiquiatra alemán Emil Kraepelin como «locura maniacodepresiva». Incluso hoy en día, los prejuicios, las ideas falsas o anticuadas, los recelos y el desconocimiento llevan a que a los enfermos psíquicos se les acuñe con el sello de la «locura», de la que sólo se puede hablar en voz baja. Por ello, la información contenida en este libro pretende contribuir a que los conocimientos que actualmente se poseen sobre los trastornos bipolares transformen los recelos y prejuicios en entendimiento.

Los resultados de las investigaciones realizadas en los últimos tiempos han mostrado, de un modo progresivo, que los trastornos bipolares deben ser considerados como enfermedad y que se pueden tratar con éxito si se diagnostican de un modo correcto. En el pasado, muchas personas fueron calificadas como «neuróticos», «psicóticos», «esquizofrénicos», «con trastornos de personalidad», «esquizoafectivos» o «depresivos», cuando, según el estado actual del conocimiento, en realidad estaban afectados por bipolaridad. A menudo pueden pasar incluso años antes de que se encuentre el diagnóstico adecuado (con consecuencias terribles, incluso mortales, para la persona afectada). La mejora del diagnóstico permite hoy una óptima valoración de los numerosos síntomas: la manía y la depresión son posiciones extremas en el continuum de las oscilaciones bipolares del ánimo, que pueden aparecer con distintas gradaciones o como estados mixtos.

Partitura del ánimo

Los trastornos bipolares se basan en una enfermedad crónica del sistema nervioso, provocada probablemente por alteraciones funcionales de determinadas sustancias neurotransmisoras que hacen que la psique resulte más vulnerable. Si avanza el tiempo y no se aplica un tratamiento, se va llegando con mayor frecuencia a fases anímicas extremas cada vez más violentas, y las fases de estabilidad psíquica suelen resultar progresivamente más cortas. Comparándolo con la diabetes, que se controla por medio de la insulina, el trastorno bipolar se trata a menudo con mucho éxito con los denominados estabilizadores anímicos. Además los pacientes se benefician de nuevos medicamentos tolerables, de terapias alternativas así como de la psicoterapia, psicoeducación, la gestión de las crisis y el apoyo de los grupos de autoayuda. Hoy en día, un diagnóstico a tiempo y la terapia correspondiente ofrecen a los pacientes la alentadora perspectiva de una vida, compatible con la enfermedad, lo más normal posible. Como cualquier enfermedad grave, el trastorno bipolar no sólo afecta al enfermo en sí, sino también a los miembros de su familia, amigos y colegas. Los episodios maníacos o depresivos pueden llevar a conflictos interpersonales, a destruir el ambiente familiar o de la pareja, provocar la ruina financiera o suponer el final de la vida laboral. Además, el trastorno bipolar es una enfermedad que puede conducir a la muerte: una de cada seis personas que la sufre comete suicidio, y muchos de los afectados lo intentan. Con un buen tratamiento se pueden evitar estas circunstancias.

El trastorno bipolar es una enfermedad casi desconocida (a pesar de que millones de personas en todo el mundo sufren trastornos bipolares graves y crónicos y millones de personas, en el pasado, ya los han sufrido). La información, el perfeccionamiento y las explicaciones son, por tanto, inexcusablemente necesarias para médicos y farmacéuticos, para fisioterapeutas y sacerdotes, para funcionarios y policías, para padres y profesores, para los medios de comunicación de masas y para la opinión pública en general.

Todos somos humanos. Mostrar los sentimientos propios, la risa, el llanto, así como la compasión ante el sufrimiento, nos hace ser auténticas personas, nos mantiene sanos. Esto es de sobra conocido. Pero si el sistema de expresión del ánimo escapa de nuestra influencia, el equilibrio del sistema se trastorna y la psique enferma, y esto puede ocurrirle a cualquiera. Muchos son los caminos que llevan a la noche oscura de la depresión y al infierno de la manía. Este libro puede mostrar otros caminos, caminos de asistencia y autoayuda.

Es una oferta de información y ayuda para todos: ya sean pacientes, allegados, parejas, amigos, conocidos, colegas y los propios interesados, aliados en la esperanza de mejorar las posibilidades de curación de las personas afectadas y proporcionar una contribución útil para el entendimiento de los trastornos bipolares.

DOCTOR EBERHARD J. WORMER

Capítulo 2
¿QUÉ ES UN TRASTORNO BIPOLAR?

Las características principales de los trastornos bipolares son las alteraciones anímicas anormales con impulsos anormalmente modificados. El trastorno bipolar se encuentra dentro del grupo de las denominadas enfermedades afectivas. Pero, ¿qué es realmente un ánimo normal?, ¿cómo se reconocen las situaciones anímicas morbosas?, ¿cómo se reconocen los trastornos del ánimo?

Oscilaciones anímicas normales

Lo mejor es describir el ánimo como la «temperatura» de los estados del sentimiento, de las emociones, un manojo de sentimientos de temperatura elevada o baja que expresa nuestro confort o nuestro malestar.

Es normal que nuestro ánimo no permanezca siempre inmutable y que sufra oscilaciones dentro de unos márgenes delimitados. Sentimientos de alegría o tristeza, cólera o indiferencia, felicidad o insatisfacción, optimismo o pesimismo cambian de acuerdo con las situaciones vitales. También las sensaciones físicas, como el cansancio o una actividad enérgica, se ven influidas por el ánimo.

Si tenemos buen ánimo nos encontramos contentos y optimistas. Nos mostramos relajados y abiertos, indulgentes, llenos de curiosidad y equilibrados; en pocas palabras: somos felices. Estamos plenos de energía y nos sentimos bien dentro de nuestra piel, dormimos correcta y profundamente y comemos con buen apetito. Una persona con buen ánimo es simpática con el resto de las gentes. Las perspectivas de futuro son extraordinarias y es la mejor época para comenzar proyectos que no sean los habituales. Si se tiene buen ánimo, nuestro mundo es el mejor lugar posible y es maravilloso vivir en él.

Si tenemos un ánimo deprimido tendemos a replegarnos dentro de nosotros mismos. Los pensamientos giran en nuestro interior y nos producen desasosiego. Posiblemente estaremos tristes y nos sentiremos vacíos y perdidos. El futuro parece oscuro, el pesimismo perdura y nos angustia. Si nos dejamos llevar, perdemos rápidamente la presencia de ánimo y tenemos sentimientos de culpabilidad. La sinceridad y la cordialidad para con los demás nos exigen un gran esfuerzo. Deseamos evitar la compañía de las demás personas y, para ocultar nuestro desánimo, preferimos permanecer en soledad. Nos sentimos débiles y cansados, dudamos más y más de nosotros mismos; en pocas palabras: somos infelices. El mundo es un lugar gris del que lo mejor es evadirse.

Ánimo
Estado de la sensación que, sobre sí mismo, experimenta una persona.

Afecto
Estado que, sobre el ánimo de una persona, perciben los demás.

Ánimo fuera de control

Cuando el termostato de la calefacción no funciona o está defectuoso, la temperatura se hace incontrolable. Todos hemos padecido esa experiencia: se puede girar el termostato todo lo que se desee y, o bien la calefacción funciona a pleno rendimiento y nos sentimos como en una sauna, o no ocurrirá absolutamente nada y tendremos la sensación de vivir en un congelador, otras veces el equipo es recalcitrante y se limita a templar nuestra vivienda. Es el momento de llamar al técnico. Probablemente el cerebro humano dispone también de un sistema de regulación de la temperatura del ánimo. Seguro que este sistema es mucho más complicado que el de un termostato de un aparato de calefacción. Los factores hereditarios (genes), los cromosomas, los biorritmos (ritmo sueño-vigilia), las funciones de comunicación del sistema nervioso (neurotransmisores, neurobiología), las hormonas y la psique son factores que influyen en el equilibrio anímico.

En el caso de una situación anímica anormalmente alterada surgen, evidentemente, problemas con la regulación de la temperatura emocional. La alteración de los valores normales eleva la sensibilidad psíquica individual (vulnerabilidad).

«Vulnerabilidad» significa que existe una tendencia condicionada genéticamente, adquirida de forma precoz (por modificaciones bioquímicas y del tejido cerebral) que, bajo la influencia de factores estresantes, fomenta las manifestaciones agudas de enfermedad.

El ánimo de la persona afectada está disociado de aquellas situaciones vitales o estímulos que provocan reacciones anímicas normales: tristeza tras la pérdida de un ser querido o alegría desbordante después de aprobar un examen. Las sensaciones de tristeza o de alegría llevan ahora a una vida personal incontrolable. Sin motivo especial pueden aparecer depresiones o sensaciones de gran euforia. El ánimo puede oscilar en muy diversos grados, llegando fácilmente hasta los extremos. Ocasionalmente el estado de ánimo se modifica tan fuertemente que la realidad se percibe como desfigurada: emergen ideas delirantes o se dan alucinaciones extravagantes e inquietantes. Las personas que sufren estas oscilaciones incontrolables del ánimo ni están «alienadas» ni son «autoculpables». No tienen personalidades «débiles» o «inestables».

También, en el caso de jóvenes, las interpretaciones erróneas sobre «inmadurez» o «comportamiento adolescente» sólo sirven para retrasar los diagnósticos. Las personas afectadas poseen, en primera instancia, un problema «técnico» con la regularización de su temperatura emocional. Un problema que, en muchas ocasiones, se puede tratar con gran eficacia.

Trastorno bipolar

En el caso del trastorno bipolar, el problema básico es una alteración de la regulación del ánimo que provoca síntomas extremadamente diversos en distintos momentos y con distinta duración. Además, también se puede ver anormalmente modificado el comportamiento, la capacidad mental y el impulso para la actividad vital cotidiana. En la forma clásica del trastorno aparecen oscilaciones de ánimo muy marcadas: fases de ánimo muy bajo, depresiones graves, y fases con ánimo muy alto, manías.

> **Trastorno bipolar I**
> Al menos un episodio maníaco o mixto y depresivo en su historial así como intervalos libres de dolencias.

Estas fases de extrema oscilación anímica ya fueron observadas hace más de dos mil años y fueron descritas médicamente. A principios del siglo XX, estos estados enfermizos se calificaron como «demencia maniacodepresiva» (Kraepelin, 1899) o como «trastorno maniacodepresivo». Hoy en día se habla de «trastornos bipolares», un término que se refiere a las personas afectadas de estados de ánimo que se mueven incontrolablemente entre los polos extremos de la depresión y la manía. Las personas afectadas también sufren oscilaciones entre los polos «enfermo grave» y «sano» (sin dolencias). Adicionalmente, bajo este término se engloban determinadas oscilaciones de ánimo menos marcadas y estados mixtos maniaco-depresivos. Los trastornos bipolares de ánimo discurren en fases en las que, por regla general, se repiten episodios de las tres situaciones anímicas:

> **Trastorno bipolar II**
> Depresiones repetidas y episodios leves de manía (hipomanía), así como intervalos libres de dolencias.

- Una fase de ánimo exaltado, que se denomina manía.
- Una fase de ánimo abatido, denominada depresión.
- Una fase anímica normal en la que no se dan dolencias maníacas ni depresivas, un intervalo libre de trastornos.

Las observaciones clínicas han mostrado que el trastorno bipolar no es una enfermedad definida uniformemente, sino que, dentro de un denominado «espectro de trastorno bipolar», se podrían diferenciar sobre todo dos tipos:

- Se da un trastorno bipolar I cuando la persona afectada experimenta al menos durante 14 días estados anímicos de euforia, lo

que se corresponde con los criterios de una manía. Además, el afectado debe haber padecido, al menos, una depresión.
- Existe un trastorno bipolar II cuando el afectado ha sufrido al menos una depresión y se puede comprobar que también ha padecido, al menos una vez, un episodio de la denominada «hipomanía», que es una forma suavizada de la manía, o bien de extrema exaltación del ánimo.

Otros trastornos del espectro bipolar que diagnósticamente no están bien delimitados son las alteraciones pseudounipolares, estados de ánimo depresivo sin episodios maníacos, pero existe consanguinidad con enfermos bipolares, así como ciclotimia:

- Las personas con trastornos pseudounipolares son, la mayoría de las veces, vivaces, extrovertidas y activas con los que les rodean y siempre están de buen humor (temperamento hipertímico) aunque, en todo caso, pueden volver a sufrir una depresión. Además, se ha comprobado que este tipo de personas, si siguen un tratamiento con antidepresivos, pueden llegar a un estado maniaco.
- En el caso de personas que sufren con frecuencia una depresión aunque se mantengan psíquicamente equilibrados, y que tienen relación de consanguinidad con enfermos bipolares, existe una probabilidad más elevada (disposición genética) a sufrir un trastorno bipolar.
- La ciclotimia se considera una forma débil de trastorno bipolar. No se da de forma notable una manía o una depresión, pero el ánimo oscila continuamente entre ligeramente exaltado y ligeramente decaído. Es difícil decidir si estas oscilaciones anímicas crónicas está influidas o provocadas por factores exógenos o si, por así decirlo, surgen por sí mismas (autónomas).

Ciclotimia
Al menos dos años de oscilaciones de ánimo perdurables (ligeramente exaltado o ligeramente decaído).

Aun cuando quedan muchos aspectos por aclarar en lo que se refiere a la clasificación médica de estos trastornos patológicos del ánimo, una cosa es evidente: las personas con trastornos bipolares sufren con su enfermedad, que les provoca unos síntomas duros de sobrellevar, su actividad vital se ve fuertemente afectada y su calidad de vida disminuye.

No sólo el ánimo extremadamente elevado o decaído, sino también el impulso desinhibido o la pérdida total del impulso vital, así como los trastornos de raciocinio y numerosas afecciones físicas o psíquica dan lugar, si no se encuentra el tratamiento adecuado, a que la vida de los afectados se convierta en un infierno.

	Protocolo del trastorno bipolar
Conceptos	Trastorno bipolar, afección bipolar, *bipolar disorder* (inglés), trastorno maniacodepresivo (histórico).
Trastornos bipolares	Trastorno bipolar I, Trastorno bipolar II, pseudoperturbación, temperamento hipertímico, ciclotimia.
Episodios de la enfermedad	Manía, hipomanía, depresión, estados mixtos, ciclación rápida.
Frecuencia	• Aproximadamente entre el 2% y el 5% de los habitantes del mundo. • En Alemania: aproximadamente un millón de afectados. • Igual proporción entre hombres y mujeres.
Comienzo del trastorno	• Edad media de inicio del trastorno, 25 años. • Durante o después de un embarazo.
Evolución	Entre el 85% y el 90% de los afectados sufre, después de una primera fase de la enfermedad, unos 8 o 10 episodios posteriores. • Las manías no tratadas persisten entre 2 y 3 meses. • Las depresiones no tratadas se mantienen durante 4 a 6 meses. • Sin tratamiento, durante la evolución de la enfermedad se acortan los intervalos de tiempo libres de trastornos.

	Protocolo del trastorno bipolar (continuación)
Comorbilidad	Más del 80% de pacientes jóvenes y, aproximadamente, el 40% de adultos afectados de manía padecen a la vez las siguientes diagnosis: • Trastorno por déficit de atención con hiperactividad (ADHD: *Attention Deficit Hyperactivity Disorder*). • Trastornos de ansiedad (fobias). • Trastornos compulsivos. • Abuso de sustancias adictivas. • Trastornos físicos (migraña, esclerosis múltiple, hipertiroidismo).
Riesgo de suicidio	• ¡Hasta el 80% de los afectados tiene tendencias suicidas! • ¡Casi el 15% de los afectados comete suicidio (entre 2 y 5 años después del primer episodio)!
Esperanza de vida	Se acorta en unos 9 años.
Coste	• En Alemania, aproximadamente mil millones de euros al año.

Capítulo 3
FASES ANÍMICAS BIPOLARES

La señal característica del trastorno bipolar es su evolución en fases. Durante estas fases, el ánimo puede abarcar episodios extremos de manía o depresión así como, también, oscilaciones de ánimo poco marcadas como la hipomanía o episodios mixtos de estado anímico. Si los estados de ánimo cambian dentro del propio día, o incluso por horas, se habla de la denominada ciclación rápida (Rapid Cycling).

Manía

Me sentía sublime. No sublime a secas, sino genuinamente sublime. Todo tenía un sentido absoluto y se encontraba en una forma maravillosa, en una armonía cósmica. Mis pensamientos se de-

sencadenaban a la velocidad del rayo, de una idea a la siguiente. Tomaba notas de todo lo que ocurría, día y noche.

Kay Redfield Jamison

Cuando el termostato de la temperatura interna del ánimo está regulado en «alto», se llega a la más extrema y dramática combinación de síntomas del trastorno bipolar: manía. El estado maníaco empieza lentamente, de forma casi imperceptible, y se caldea durante días y semanas, se hace cada vez más fuerte, desapacible, inequívocamente patológico.

En primer lugar, el ánimo de los afectados se eleva y experimentan una marea de sensaciones placenteras. El bienestar y la autoconfianza van aumentando, se ensanchan y desembocan, poco a poco, en un estado de euforia, un estado en el que uno se siente realmente mucho mejor que nunca.

En el estado prematuro de la manía también resulta modificado el raciocinio: uno se cree que puede pensar en forma más clara y racional que nunca (a muchos de los afectados esto no les hace suponer, necesariamente, que haya causas para pensar que algo va mal). Pero también el proceso del entendimiento se acelera de un modo creciente, se hace cada vez más rápido, hasta que los pensamientos pasan de forma incesante por la cabeza, como si fueran desenfrenados caballos salvajes que mantienen un furioso galope, y se dejan llevar por temerarios impulsos que van de una dirección a otra. Cuanto más tiempo se mantenga esta fuga de ideas, más grave resultará para la persona afectada.

Casi siempre tiene lugar también una aceleración del habla. Los afectados hablan más y más rápido cuanto más va progresando el episodio maníaco, y el habla suena cada vez más entrecortada. En el marco de un intento de experimento sobre el habla, se comprobó que los pacientes maníacos pueden emitir desde 180 a 200 sílabas por minuto mientras que las personas no maníacas consiguen articular sólo entre 122 a 150 sílabas en el mismo tiempo.

El sentimiento de exagerada autoestima, típico de la exaltación de la manía, puede provocar numerosos modelos de comportamiento arriesgado: compras compulsivas, o promiscuidad sexual y de-

> **Manía**
> El término manía viene de la palabra griega «mainesthai», que significa, «estar loco».

sinhibición, abuso del alcohol o de las drogas. En las compras compulsivas se adquieren artículos extravagantes. La catástrofe financiera se muestra, quizá, en las cuenta de la tarjeta de crédito cuando el afectado ya no tiene ni idea de qué ha sido aquello en lo que ha hecho tanto gasto.

La sobreactividad sexual lleva en muchas ocasiones a estados de agotamiento, hay que contar con matrimonios precipitados o con embarazos de mujeres conocidas por casualidad. A menudo se viven también inclinaciones bisexuales u homosexuales con gran riesgo de la salud en lo que se refiere a las infecciones SIDA (VIH).

El abuso del alcohol y de las drogas es uno de los trastornos secundarios que más se ha observado (comorbilidad) en los pacientes maníacos, y en muchas ocasiones se interpretan como intentos inútiles de autoayuda contra los trastornos bipolares graves.

Yo lo olvidé: ser maníaco significa gastar mucho dinero. Es increíble. Compré casi una floristería entera. Llené la bañera con flores. Bailé sobre el tejado y tomé baños de luna.

Hannah Ziegellaub

Casi siempre se ven modificados los hábitos en lo que se refiere al sueño y la comida. Uno de los primeros síntomas de la manía es, a menudo, una disminución de la necesidad de dormir (para los pacientes bipolares es una importante señal indicativa de que hay que contar con un próximo episodio agudo).

La ingesta de alimentos está muy limitada, ya que, simple y llanamente, no hay tiempo para ello. Uno está demasiado ocupado. Se reduce significativamente el peso corporal.

El ánimo eufórico y el pensamiento acelerado se intensifican de un modo incontenible en la evolución posterior del episodio maniaco, y la persona afectada se siente enormemente pagada de sí misma e invencible.

Se van desarrollando ideas de grandeza, disminuye visiblemente el temor a las consecuencias desagradables, que hace sitio a un despreocupado entusiasmo. Se buscan nuevos desafíos y experiencias pasando por alto todas las señales de alarma. En este punto la persona maníaca comienza a perder la conexión con la realidad: está realmente persuadida de sus extraordinarias capacidades.

En el caso extremo de alucinaciones psicóticas, la persona afectada cree tener ascendencia noble, ser muy rico, ser el mayor matemático de todos los tiempos, cree ser la madre Teresa de Calcuta o el Mesías, pero el sentimiento de felicidad de los episodios maníacos tiene, por regla general, una duración escasa. El excesivo autoaprecio eufórico se transforma en ira, irritabilidad o agresividad. En ocasiones los sentimientos también cambian rápidamente desde la euforia a la irritabilidad. En una evolución posterior, la fuga de ideas, el nivel elevado de energía y la desinhibición creciente se convierten en modelos caóticos y trastornados de pensamiento y comportamiento. Síntomas de la manía aguda pueden ser, por ejemplo, perturbaciones acústicas como escuchar voces (alucinaciones), o verdaderas ideas delirantes.

Síntomas de la manía	
Estado de ánimo	• Exaltación desmedida, ánimo eufórico. • Elevada sensación de autovaloración. • Susceptibilidad, accesos de furia.
Actividad	• Elevado impulso vital. • Actividad elevada. • Acometer tentativas insólitas y arriesgadas. • Falta de moderación. • Excesiva locuacidad (habla acelerada).
Estado físico	• Elevado nivel de energía. • Disminución de la necesidad de sueño. • Disminución del apetito. • Refuerzo del impulso sexual (aumento de la libido).
Raciocinio	• Fuga de ideas (pensamientos rápidos, ideas delirantes). • Pensamientos fluctuantes. • Restricción del juicio. • Grandes ideas.
Psicosis	• Ideas delirantes (delirios de grandeza). • Alucinaciones (percepción de voces).

FASES ANÍMICAS BIPOLARES

Tenía entonces esas inspiraciones a lo Bob Dylan. El objeto central de estos episodios maníacos era la salvación del mundo. La primera fantasía o la alucinación era que yo era su guía espiritual, con la que Joan Baez no podía competir. Luego estaba ese «estilo Jesús» que hace miles de años propugnó el tal Jesús, que intentaba salvar el mundo y que no lo conseguía. La obsesión de mi vida era Dylan y mi amor por él.

Hannah Ziegellaub

El estado anímico maníaco es todo lo contrario a agradable, aunque al comienzo parezca resultar así, en lugar de ello, en algunas dependencias existe el riesgo de perder la vida, sobre todo en el caso de que el afectado realice esfuerzos físicos extremos. Hace menos de cien años, la forma más grave de la manía (delirio maníaco) iba, en no pocas ocasiones, asociada a peligro de muerte, a un claro riesgo mortal.

En el anexo de este libro se puede encontrar una escala de autovaloración de la manía.

En 1982 yo estaba realmente loca. Fue el peor año de mi vida. Estuve dos veces en la cárcel y tres en el hospital. Fui golpeada, tuve tres relaciones nefastas y me despidieron de dos trabajos. El mundo me rechazaba en todos los aspectos. Durante los tres años que estuve con el terapeuta comencé a tomar drogas por vía intravenosa. Era lo suficientemente inteligente para saber que las cosas iban mal.

Susan Pedrick

Hipomanía

La mayoría del tiempo estaba ocupado, ocupado y nada más que ocupado: grabando música, jugando al tenis, escribiendo, hablando, leyendo, yendo al cine, pasando la noche sin dormir, levantándome temprano, siempre con prisas, ocupado, ocupado, ocupado.

Norman Endler

La hipomanía lleva, al igual que la manía, pero menos marcadas, a modificaciones del ánimo, de la actividad, del estado físico y del raciocinio. Son los síntomas que se pueden observar en la fase maníaca prematura: ánimo exaltado, alto nivel de energía, impulso sexual reforzado, pensamiento acelerado, habla impulsiva, ocasionalmente asociados a una cierta irascibilidad.

A pesar de que las personas anímicamente hipomaníacas no muestran las características del grave desorden psíquico condicionado por la manía –por ejemplo, alto grado de excitación y furia hasta la amenaza hacia los demás y a uno mismo–, sin embargo debe contarse a menudo con consecuencias desagradables en su comportamiento. Pierden sus recursos en proyectos insensatos o ridículos, derrochan su patrimonio por especulaciones en bolsa o bien invierten en empresas arriesgadas. El impulso sexual elevado favorece el adulterio, lo que puede llegar a dañar el matrimonio o llevar a la promiscuidad que, de nuevo, va unida a un elevado riesgo de infección SIDA. Si el entorno de la persona hipomaníaca no responde a sus grandiosas expectativas se crean malentendidos y peleas con vecinos y colegas, la convivencia deviene desde ser insoportable, hasta llegar a ser imposible. El hipomaníaco es ligeramente irritable, nada entre dos aguas y se hace extremadamente impopular.

A menudo, las personas afectadas disfrutan con su estado, no se consideran como enfermos y en múltiples ocasiones rechazan el tratamiento, lo que puede ser peligroso para ellos mismos y para los demás: ¿quién dice que de una hipomanía no puede desarrollarse una manía plena?, ¿quién puede afirmar que la persona afectada, a causa de una sobrevaloración de sus posibilidades, no se va a sentar en su coche y lo va a poner a toda velocidad, o que no va a confiar todos sus bienes a un asesor de inversiones falto de escrúpulos?, ¡la euforia de la hipomanía es engañosa!

Antes de un episodio maníaco se tiene muchas ilusiones grandiosas. El tiempo es ilimitado, hay muchas cosas por hacer. Pero ese es el soñador, el que deja pasar el tiempo y no puede empezar hacer nada con él.

Hannah Ziegellaub

Hipomanía
El término «hipomanía» fue utilizado por primera vez en el año 1881 por el psiquiatra alemán Mendel para estados de ligera euforia e hiperactividad que no desarrolla totalmente en manía («hipo» es un término griego que significa «bajo»).

Síntomas de la hipomanía
Los síntomas de la hipomanía se corresponden en cierta medida con los síntomas iniciales de un episodio maníaco:
- Ánimo exaltado, eufórico.
- Nivel de energía elevado.
- Pensamiento acelerado.
- Habla acelerada.
- Proyectos poco habituales, con riesgos.

Las personas con hipomanía pueden evitar un tratamiento durante semanas o meses, pueden negarse a recibir, o dejar de poner en práctica por su propia decisión, un tratamiento preventivo, con las graves consecuencias personales que eso pueda suponer. Pero, de ningún modo y sin su consentimiento se les puede obligar a asistir a una terapia. Los síntomas psicóticos «peligrosos» no aparecen, por definición, en el caso de una situación hipomaníaca.

La mayoría de los pacientes que viven episodios de hipomanía, nunca sufren una manía plena. Otros pacientes padecen hipomanías y manías. El espectro sintomático de la enfermedad bipolar es muy variado. Desgraciadamente, los episodios hipomaníacos se pasan por alto a menudo en el diagnóstico, o bien las personas afectadas no se acuerdan de ellos, lo que puede llevar a diagnósticos erróneos de «depresión unipolar» y a un tratamiento igualmente erróneo. Este tratamiento erróneo, a menudo con antidepresivos de tipo anticuado, pueden provocar episodios maníacos completos.

Las advertencias sobre una hipomanía así como el diagnóstico adecuado de un trastorno bipolar II se reconocen, entre otras cosas, en el marco de una encuesta médica (anamnesis), por ejemplo, al reconocer la existencia de consanguinidad con enfermos.

Depresión

Ese Yo interno, ese muerto ambulante dice:
Ahora yo quiero vivir.

Karen Wong

Cuando el termostato de la temperatura anímica interna se coloca en «bajo» y cuando se han perdido las llaves del «cuarto de calderas», nos sentimos prisioneros de un glacial sentimiento del que es muy difícil escapar. Así se podría definir el estado depresivo en el caso del trastorno bipolar, que se diferencia del disgusto depresivo «normal», por ejemplo, el que corresponde a la reacción ante la muerte de un ser querido, lágrimas en el funeral, pero, quizá, también una sonrisa durante la reunión posterior, al evocar al fallecido.

En contraposición a la reacción normal de tristeza, que tras un cierto tiempo pasa a ser un estado anímico equilibrado, la inalterable sensación de cautiverio, con el ánimo decaído, es la característica principal de una verdadera depresión, como en el caso de un aparato de radio que sólo puede recibir la emisora «depresión» y que siempre emite baladas melancólicas, independientemente de la frecuencia que se sintonice. Es un estado de ánimo que ha acompañado a la humanidad desde hace miles de años y que en la antigua medicina griega se denominó «melancolía».

Este estado de ánimo depresivo restringido está dominado por sentimientos de tristeza y de extravío, de pesar y desesperación. Los pensamientos están dando constantemente vueltas alrededor de la culpa y el pecado, que uno carga sobre si mismo, y que constantemente persigue a la persona afectada. La persona depresiva se siente a menudo responsable de los problemas que, él mismo o los demás, han provocado.

En ocasiones estos sentimientos de culpa se refuerzan extraordinariamente, se convierten en una obsesión de culpabilidad y la persona afectada no desea otra cosa que ser castigado por ello.

Otro signo típico de la depresión es la pérdida de interés por las actividades que habitualmente le resultan agradables: ni la música ni el cine, ni el deporte, ni las aficiones, ni la belleza de la naturaleza, le causan alegría. Werther, el personaje enfermo de amor del escritor Goethe, encuentra las palabras adecuadas para este tipo de estado anímico:

Y este corazón está ahora muerto y ya no fluye de él ningún éxtasis, mis ojos están secos y mis sentidos, que ya no serán aliviados por lágrimas reparadoras, hacen arrugarse angustiosamente mi frente,... —¡oh!, cuando esta soberbia naturaleza se presenta ante mí tan inmóvil como si fuera un pequeño cuadro esmaltado, y todo este deleite no puede bombear ninguna gota de bienaventuranza desde mi corazón a mi cerebro, todo mi ser aparece ante la vista de Dios como un pozo seco.

Las tribulaciones del joven Werther

La comida pierde su sabor, los colores del arco iris y de la puesta de sol palidecen. La magnificencia de las flores en primavera ya no perfuma el aire. Las percepciones se sumergen en suaves tonos grises y sepia que hacen que el mundo sea opaco y sin vida. Un lugar antes pleno de alegría y belleza se convierte en fuente de indescriptible angustia. Correspondiendo con el polo opuesto de la manía se llega, en el caso de la depresión, igualmente a trastornos de raciocinio y del estado de ánimo. Los procesos del pensamiento se ralentizan, pierden sentido, la memoria disminuye y se ve dañada la concentración. Incluso el menor de los problemas, en el caso de los depresivos más agudos, se convierte en un dilema sin solución y no es posible tomar decisiones: ¿quedarse en la cama o levantarse?, ¿ducharse o no ducharse?

Las depresiones graves casi siempre van acompañadas de trastornos en el sueño. Se ha modificado el biorritmo del sueño y la vigilia: O bien se duerme mucho de forma general, (hipersomnia), lo que ocurre frecuentemente en el caso de la depresión bipolar así como en otras formas de depresión, o bien uno se despierta regularmente a las tres de la mañana, antes del amanecer (insomnio), y experimenta lo que una paciente ha descrito así: «estoy tumbada en la cama, despierta y reflexiono sobre cada maldita pequeñez de mi vida». A lo largo del día el estado de ánimo depresivo mejora, antes de que el ciclo vuelva a comenzar de nuevo. Se observan igualmente estados anímicos con ciclos depresivos inversos.

Melancolía
El término «melancolía» proviene de la palabra griega «bilis negra», uno de los cuatro humores (flema o pituita, sangre, bilis amarilla y bilis negra) de los conceptos de la enfermedad en la Antigua Grecia («Teoría de los humores»). La bilis negra está bajo el signo de la frialdad y la sequedad y era considerada como origen de la melancolía.

La depresión no es dolor. La depresión es la ausencia de dolor y de sentimiento. Cuando yo, en 1963, padecí de depresión, me di cuenta de que mis hijos me daban igual. No podía sentir nada. Cuando me tomaba un café, no me estimulaba nada. Si iba a una fiesta, no me divertía. Cuando leía un poema, mi alma no se conmovía. Ninguna sensación, nada. La depresión es no sentir nada. Una barrera colocada entre mí mismo y mi entorno. Me daba igual si dormía. De hecho, dormía la mayoría del tiempo. Cocinaba y veía mis manos cortando la verdura, como si no fueran mías, como si estuvieran pegadas. La depresión no es dolor, sino ausencia.

Allie Light

El típico «bajón matutino» de la depresión llevó a la tragedia, en enero de 1961, a la poetisa norteamericana Sylvia Plath. Tenía depresión aguda y durante sus horas de decaimiento matutino creó la lírica más conmovedora y escandalosa de la literatura en lengua inglesa. Una audaz y comprometida empresa que agravó su depresión hasta el punto de no encontrar salida, suicidándose en la cocina por inhalación de gas, mientras los niños dormían en la habitación de al lado.

Por regla general, el apetito también sufre trastornos cuando existe una depresión. Pueden aparecer trastornos de la alimentación de ambos sentidos. O bien comen demasiado y engordan o bien no comen y pierden mucho peso. Ya que en la depresión, todo el mundo es gris y parece vacío, también se inhibe el impulso sexual, ya no existe nada que pueda aportar algo de placer.

Además, no es raro que numerosos trastornos de la sensibilidad ganen en importancia y empeoren: dolores de cabeza, de espalda, estreñimiento, estados de agotamiento y cansancio crónico. A menudo los pacientes depresivos visitan al médico a causa de estas dolencias y hacen que les practiquen numerosos reconocimientos, pero tienen miedo de mencionar que padecen trastornos depresivos.

En el estadio más grave de la depresión, en un primer plano pueden surgir percepciones delirantes. Los afectados creen haber quedado reducidos a la miseria, ser culpables de todo lo que ocurra, padecer cáncer o SIDA o cualquier otra terrible enfermedad. Ya que los depresivos graves se ven amenazados por espantosos enemigos indescriptibles, se puede entender por qué padecen el riesgo de cometer suicidio y, además, al querer salvar a sus allegados y seres queridos a base de llevarlos consigo a la muerte, existe la amenaza del denominado «suicidio ampliado».

En la depresión las alucinaciones se observan en menos ocasiones que en la manía. Las personas afectadas ven apariciones y al diablo, a muertos vivientes, cabezas cortadas, animales espantosos, o bien oyen gritos de víctimas de torturas. Los enfermos más graves pueden caer en un estado de letargo desesperado, el denominado estupor depresivo. Hasta hace pocas décadas, cuando aún no existían los antidepresivos, se llegaba a menudo a un estado depresivo final de indiferencia total, la denominada catatonia. En tales estados extremos de depresión a menudo se utilizaba la terapia electroconvulsiva («electroshock»), que aplicada de acuerdo con las reglas, resultaba ser, una efectiva medida auxiliar.

	Síntomas de la depresión
Estado de ánimo	• Ánimo decaído, disfórico. • Oscilaciones anímicas. • «Bajón matutino» (mejora a lo largo del día). • Sensación de culpabilidad. • Sensación de inutilidad. • Pérdida del sentido del placer («anhedonia»). • Aislamiento social («emigración interior»). • Pensamientos suicidas.
Actividad	• Impulso disminuido. • Reducido nivel de energía. • Apatía o desasosiego. • Habla lenta.
Estado físico	• Trastornos del sueño (pérdida de sueño/ sueño excesivo). • Trastornos de la alimentación (exceso/ pérdida de peso). • Disminución del impulso sexual (trastornos de la libido). • Cansancio. • Dolores de cabeza. • Dolores de espalda. • Empeoramiento de la estimación del estado de salud (hipocondría).
Raciocinio	• Trastornos de concentración. • Trastornos de la memoria. • Incapacidad de decisión. • Desequilibrio del raciocinio.
Psicosis	• Ideas delirantes (delirio de culpabilidad o de pecado). • Alucinaciones (percepción de voces).

Siempre que abría la puerta de la calle, el mundo estaba desfigurado como en una sala de espejos. Todo estaba oscuro. Todas esas caras de mujer en el mar decían: Auxilio, auxilio. Hacían muecas y se reían, ja, ja, ja. Escuchaba operas y perdía el rumbo en otro mundo distinto, de sonidos muy elevados y muy bajos. Durante toda la vida quería suicidarme, ya que es más sencillo que dejar agotar toda la vida pretendiendo llegar al fondo del asunto. Todos los sentimientos afloran, me golpean en la cabeza, destruyen mi mundo y dicen:
No podemos seguir viviendo aquí.

Karen Wong

En el apéndice de este libro se puede encontrar un inventario de autovaloración de la depresión.

Para el tratamiento de la depresión existen hoy en día antidepresivos efectivos y otras formas de terapia, medidas que pueden evitar que la persona depresiva siga las huellas de Dante encontrándose en un callejón sin salida, donde la vida se convierte en un abismo paralizante.

Estados bipolares mixtos

Son de especial importancia los estados mixtos, que nos informan insistentemente que los cuadros maníacos y depresivos, en sus grados más próximos, están relacionados unos con otros.
Vemos en numerosas ocasiones que, aparentemente, se pasa bruscamente de unos estados a otros.

Emil Kraepelin

Cuanto más aumentan los conocimientos sobre la enfermedad bipolar, más claramente se comprueba que en el caso de muchos pacientes existe un trastorno de ánimo que, simultáneamente, tiene características tanto maníacas como depresivas.

Dentro de un episodio de enfermedad se dan marcados cambios entre síntomas maníacos y depresivos. Estos trastornos bipolares son conocidos como estado bipolar mixto, y aparecen más a menudo de lo que se puede pensar: el 40 por ciento de los trastornos clasificados como manías puras son, realmente, estados bipolares mixtos (maniacodepresivos). Ya en 1899, el psiquiatra alemán Emil Kraepelin describió algunos de estos estados mixtos como: «manía depresiva», «depresión agitada», «manías ausentes de ideas», «estupor maníaco», «depresión con fuga de ideas» y «manía retardada». Los criterios diagnósticos para este tipo de estados mixtos, incluso hoy en día, no se han definido de forma armonizada. Como características sintomáticas del estado bipolar mixto son válidas las funciones desincronizadas elementales, como el pensamiento, el ánimo y la motricidad, así como una gran cantidad de diversos síntomas que, dentro del episodio morboso, se asientan firmemente entre los dos polos de la manía y la depresión.

Definición de los estados bipolares mixtos
- Síntomas maníacos acompañados de síntomas depresivos.
- Combinación simultánea de presentación de síntomas maníacos y depresivos.
- Súbitos cambios extremos entre síntomas maníacos y depresivos.

Selección de síntomas de los estados bipolares mixtos
- Estado de ánimo depresivo, disfórico.
- Excitabilidad.
- Hiperactividad.
- Habla entrecortada.
- Hostilidad.
- Fuga de ideas.
- Ideas delirantes.

Los estados bipolares mixtos se dan en las mujeres casi con el doble de frecuencia que en los hombres, están más claramente marcados y, con más frecuencia, hay que tratarlos hospitalariamente. En muchos de los casos los afectados sufren adicionalmente de abuso de sustancias (alcohol, drogas, medicamentos) y tienen una tendencia más señalada al suicidio. Los estados bipolares mixtos tienen una evolución de mal pronóstico y son más difíciles de tratar que otros trastornos bipolares.

Ciclación rápida

Si el ánimo anormal, en el caso del trastorno bipolar, cambia muy rápidamente entre las fases maníacas y depresivas, se habla de una ciclación rápida (Rapid Cycling): dentro de un mismo año aparecen al menos cuatro episodios de depresión o manía. De un episodio maníaco se puede pasar directamente a uno depresivo (y viceversa), o bien puede darse al menos un intervalo de dos meses de ánimo normal entre dos episodios de enfermedad. Si el cambio de fase se efectúa con un intervalo de algunos días se habla de ultra ciclación rápida (Ultra Rapid Cycling) y si el cambio de fase se sucede en horas, se habla de ultra-ultra ciclación rápida (Ultra-Ultra Rapid Cycling).

Se acepta que en uno de cada cinco pacientes con trastorno bipolar aparece un diagnóstico de ciclación rápida. Las mujeres sufren este trastorno más a menudo que los hombres.

Capítulo 4
LA JUNGLA DE LA DIAGNOSIS

Por todos estos motivos me veo obligado a interpretar el ciclo de formas clínicas de la demencia maniacodepresiva como una unidad y a presentar los cuadros independientes de estado y los tipos de evolución como estructuras especiales de un proceso unitario de enfermedad.

Emil Kraepelin

Una de las tareas más importantes de la medicina es la determinación y calificación de la enfermedad que sufre una persona, el diagnóstico. Por regla general, el médico lleva a cabo reconocimientos y tests para llegar a un diagnóstico. Sólo cuando se ha dado con el diagnóstico se puede comenzar el tratamiento adecuado con las mejores posibilidades de curación para el enfermo.

Pero los diagnósticos psiquiátricos de los trastornos bipolares no se pueden ver apoyados por los rayos X o por análisis de sangre. De momento no existen procedimientos, basados en el apoyo de imágenes o de análisis de sangre, con los que se pueda identificar claramente un trastorno bipolar. El psiquiatra de hoy en día, como el de hace cien años en la época de Kraepelin, para poder llegar a un diagnóstico debe fiarse de sus ojos, sus oídos y su experiencia médica, para lo que:

- Escuchará a los pacientes afectados, a los familiares y personas allegadas y les preguntará sobre las dolencias actuales, al principio y durante la evolución de los trastornos bipolares (anamnesis).
- Se llevará a cabo un análisis del estado mental: observará modelos de habla y comportamiento, formulará preguntas sobre el ánimo y los procesos de raciocinio, comprobará el rendimiento de la concentración y la memoria.
- Posteriormente reunirá todos los resultados del reconocimiento y los valorará cuidadosamente para poder conseguir el diagnóstico de acuerdo a la sintomatología y al desarrollo del trastorno.

Se formulará un diagnóstico, se hará una exposición sobre la evolución posterior del trastorno, y se propondrá, organizará y pondrá en práctica el tratamiento que se estime óptimo. Parece sencillo, pero en el caso de los trastornos bipolares no lo es tanto. Sin tener en cuenta las discusiones médicas que tienen lugar, desde hace más de cien años, acerca de la existencia de determinadas formas autónomas de aparición del trastorno bipolar, el problema básico de la formulación de un diagnóstico surge debido a que una gran parte del cuerpo médico y de la opinión pública no están suficientemente informados sobre el trastorno bipolar.

Para los pacientes afectados esto puede suponer unas consecuencias catastróficas, unos tratamientos erróneos con graves efectos secundarios, internamientos innecesarios y la consiguiente estigmatización.

> **¿«Solamente» depresivo, o bipolar?
> ¿Hoy en día hay algo definitivo?**
>
> - Es extremadamente insólita la existencia de un trastorno autónomo que produzca exclusivamente síntomas maníacos.
> - En una depresión unipolar no aparecen nunca síntomas maníacos Las mujeres resultan afectadas más frecuentemente por la depresión unipolar y la edad de aparición del primer trastorno es más alta.
> - En un trastorno bipolar aparecen siempre síntomas maníacos. Mujeres y hombres resultan afectados a partes iguales y la edad de aparición del primer trastorno es más baja.

Problemas de diagnóstico y diagnósticos erróneos

En este punto se debe hablar con rotundidad: la mayoría de los médicos están manifiestamente desinformados sobre el trastorno bipolar. Los resultados actuales de los estudios efectuados en el año 2001 por la *NDMDA (National Depressive and Manic-Depressive Association:* Asociación Nacional de Depresivos y Maniacodepresivos) hablan con un lenguaje claro:

- ¡El 60% de los médicos, a la hora de hacer el diagnóstico de una afección psiquiátrica, no tuvieron en cuenta la posibilidad de un trastorno bipolar!
- Al 40% de los médicos no les llamó especialmente la atención la sintomatología típica.
- El 37% de los médicos acusó problemas de comunicación con sus pacientes.
- El 28% de los médicos se quejó de la insuficiencia de los datos aportados por los pacientes.

Estos datos se refieren a resultados de estudios realizados en Estados Unidos, donde se tratan más abiertamente los trastornos psiquiátricos y donde las posibilidades de información sobre los trastornos bipolares son claramente mejores que en este país.

¿Y que diagnósticos debían esperar los pacientes?

- Las mujeres fueron calificadas especialmente como «depresivas unipolares».
- Los hombres fueron calificados especialmente como «psicóticos esquizofrénicos».

Los médicos formularon diversos diagnósticos: esquizofrenia esquizoafectiva, esquizofrenia paranoide, personalidad múltiple, maniacodepresiva: ya estuve internada en algunas ocasiones. Con un marido esto no me habría ocurrido.

Deedee Bloom

Los resultados de los reconocimientos indican, en Alemania y en España, que del 30 al 80% de los pacientes diagnosticados como «esquizofrénicos agudos» (en el espacio de tiempo comprendido entre 1970 a 2000), y de un 50 a un 70% de los diagnosticados como «psicóticos» (de 1990 a 2000), en realidad sufrían trastornos bipolares. Estos informes muestran de un modo extremadamente claro lo importante que es llevar a cabo una información adecuada sobre el trastorno bipolar, tanto para los médicos como para los afectados y la opinión pública interesada.

Los enunciados de este libro pretenden servir de contribución para evitar que muchas personas afectadas por trastornos bipolares sufran el destino de un diagnóstico falso y un tratamiento erróneo. Los pacientes afectados, o sus familiares, deben ser exhortados expresamente a que comprueben los diagnósticos psiquiátricos individuales. ¡Hable usted con su médico disponiendo de una buena información previa!

> **Problemas de diagnóstico en los trastornos bipolares**
> - Hay muy pocos médicos que dispongan de información sobre los síntomas, el diagnóstico y el tratamiento de los trastornos bipolares.
> - Los trastornos bipolares son muy difíciles de diagnosticar.
> - Las personas con trastornos bipolares son objeto, frecuentemente, de un diagnóstico erróneo.
> - Las reglas de diagnósticos están todavía inmaduras.
> - Se echa de menos la existencia de instrumentos estándar de diagnóstico.
> - Las terapias eficaces y la profilaxis de recidivas están todavía muy atrasadas.
> - Por regla general se tarda entre ocho a diez años para formular un diagnóstico correcto del trastorno bipolar.

El diagnóstico correcto: trastorno bipolar

El diagnóstico cualificado así como el diagnóstico diferencial (consideración en cuanto a otros trastornos que podrían afectar al paciente), precisan que el médico tenga en cuenta determinadas reglas. Para poder aceptar o descartar el diagnóstico de un trastorno bipolar se debe disponer básicamente de la siguiente información:

- Síntomas de episodios agudos con trastornos bipolares (diagnóstico transversal).
- Episodios de trastornos ocurridos en un espacio de tiempo largo (diagnóstico a largo plazo).
- Intervalos sin trastornos (diagnóstico por intervalos).

Diagnóstico transversal

En relación al diagnóstico de los episodios, se debe tener muy en cuenta el tipo de los trastornos bipolares, el estado de manía, depresión o estados mixtos, así como síntomas atípicos o poco señalados. No se debe elegir un lapso de tiempo demasiado corto para el enjuiciamiento de los episodios agudos.

Diagnóstico a largo plazo

En cuanto a la evolución a largo plazo del trastorno bipolar, se debe tener en cuenta la frecuencia de los episodios repetidos de perturbación: en raras ocasiones (oligocíclico), regularmente (normocíclico), a menudo (policíclico, ciclación rápida) o permanente. Las características psicóticas de los episodios independientes no deben diagnosticarse, antes de tiempo, como esquizofrenia.

Diagnóstico por intervalos

En relación a los intervalos libres de dolencias, en el caso del trastorno bipolar se debe tener en cuenta el grado de retroceso de la perturbación anímica (grado de remisión), los trastornos concomitantes (comorbilidad), la personalidad y el temperamento, así como a los problemas de superación del paciente. Los síntomas que se basan en los trastornos concomitantes (por ejemplo, abuso de drogas) no deben ser malinterpretados como sintomatología residual del trastorno bipolar.

El denominado *Life-chart* o «gráfico vital», con el que se entiende la representación en un eje de tiempos de todos los episodios e intervalos conocidos de las perturbaciones anímicas que el paciente ha desarrollado al cabo de su vida, es un útil instrumento de diagnóstico. Kraepelin ya subrayó el significado del conocimiento de la evolución a largo plazo: «Sobre todo es importante mantener siempre presente todo el curriculum de nuestros enfermos.»

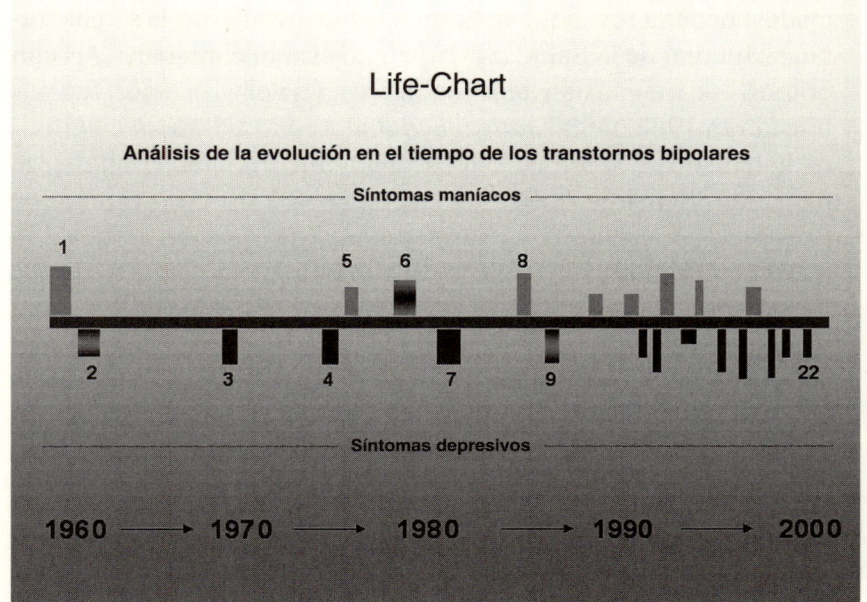

Sucesión de episodios depresivos y maníacos, así como intervalos libres de dolencias, en un plazo de tiempo de 40 años en el caso de una mujer que enfermó a los 25 años y que, hasta el año 2000, vivió un total de 22 fases de perturbación anímica.

«Biblias del diagnóstico»: DSM-IV e ICD-10

No son sencillos los diagnósticos del trastorno bipolar. Gran ayuda para los diagnósticos psiquiátricos, y también para los trastornos bipolares, suponen los dos catálogos de criterios en los que se listan las formas de aparición de los trastornos asociados a las perturbaciones anímicas, y se explican de un modo más o menos detallado: DSM-IV e ICD-10.

- DSM-IV (*Diagnostic and Statistical Manual of Mental Disorders*) (Manual Diagnóstico y Estadístico de las Enfermedades Mentales) fue desarrollado por la Asociación Americana de Psiquiatría (*American Psychiatric Association)* que publicó la lista actualizada de trastornos psiquiátricos, así como sus criterios diagnósticos y terminológicos (última versión del año 1994).
- ICD-10 (*International Classification of Diseases),* la clasificación internacional de las enfermedades y problemas de salud aso-

ciados, décima revisión, versión 1.3, fue creada por la Organización Mundial de la Salud (OMS) como clave de diagnósticos con criterios de diagnosis y terminológicos. (La clasificación fue publicada en 1968 por la *Statistichen Bundesamt Wiesbaden* –Oficina Estadística Federal de Wiesbaden, y fue declarada obligatoria para toda Alemania.) El trastorno bipolar se halla en el capítulo V (trastornos psíquicos y de comportamiento) en los apartados F30 a F39 (trastornos afectivos).

De un médico que quiera formular correctamente un diagnóstico psiquiátrico, o un trastorno bipolar, se debe esperar, al menos, que tenga en cuenta los criterios de estas «biblias del diagnóstico». El DSM-IV y ICD-10 ofrecen muchos puntos diagnósticos de referencia, pero no pueden reunir todas las formas de aparición de los trastornos bipolares. Además, ambos catálogos se diferencian entre sí, mínimamente, en algunos puntos.

No se debe olvidar que la medicina científica se encuentra en constante cambio y que algunos de los criterios diagnósticos actuales tengan, probablemente, que ser revisados o complementados en su totalidad. Hasta que no esté totalmente clarificada la etiología del trastorno bipolar, estos dos sistemas de clasificación son un componente valioso para la práctica diagnóstica.

En el anexo de este libro se pueden consultar los criterios diagnósticos según el DSM-IV e ICD-10.

Trastornos bipolares según DSM-IV

- Trasstorno bipolar I. Manía y depresión.
- Tratorno bipolar II. Depresión e hipomanía.
  – Criterios de grados de severidad de los trastornos bipolares.
  – Criterios de formas especiales de presentación de los trastornos bipolares.
  – Criterios de la evolución a largo plazo de los trastornos bipolares.
- Trastorno bipolar no calificable.
- Ciclotimia: síntomas depresivos e hipomanías.
- Trastornos bipolares inducidos por sustancias.
- Trastornos bipolares en base a factores patológicos medicinales.

> **Trastornos bipolares según ICD-10**
> - F30. Episodios maníacos.
> - F31. Trastornos bipolares afectivos.
> - F32. Episodios depresivos.
> - F33. Trastornos depresivos recidivantes.
> - F34. Trastornos afectivos continuados.
> - F38. Otros trastornos afectivos.
> - F39. No hay descritos trastornos afectivos cercanos.

Trastorno bipolar I

El reconocimiento de una demencia maniacodepresiva es sencilla en aquellos casos en que viene precedida de una gran cantidad de ataques.

Emil Kraepelin

El trastorno bipolar I es la forma clásica de las perturbaciones bipolares, es el histórico «psicosis maniacodepresiva». Se habla de un trastorno bipolar cuando el afectado, durante al menos 14 días, tiene una fase de enfermedad que cumple los criterios de la manía. El modelo de las fases anormales puede variar notablemente en cada caso individual, cada paciente tiene su «propio» ritmo en cuanto a las fases de los trastornos. Normalmente los primeros síntomas aparecen algo antes de cumplir los 20 años o durante los primeros años de la treintena. El trastorno bipolar I «va y viene» (trastorno recidivante). Entre las diversas fases agudas se dan, por regla general, fases libres de dolencias (intervalos), momentos en los que la enfermedad «duerme». Este modelo de evolución hace que el bipolar I (al igual que todas las enfermedades con trastornos bipolares) sea difícil de diagnosticar y de tratar. En contra de lo que ocurre en una infección bacteriana, en la que existen microorganismos que provocan el trastorno y antibióticos que eliminan la causa de la enfermedad (bacterias) y la curan, en el caso de los trastornos bipolares no se da el típi-

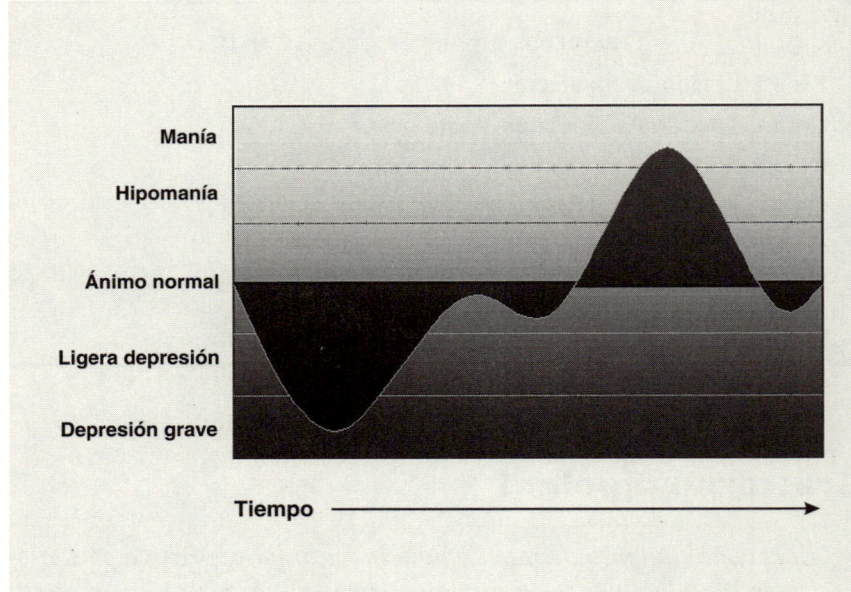

Representación esquemática de las alteraciones anímicas causadas por el trastorno bipolar I.

co planteamiento de comienzo, crisis y curación. El trastorno bipolar tiene muchos comienzos y desenlaces, en algunas personas puede aparecer de repente y luego (en ocasiones de un modo espontáneo y sin tratamiento) puede desaparecer de nuevo y permanecer oculto durante años. La enfermedad pasa por una fase libre de dolencias, está en remisión. Durante esta fase la persona afectada no está ni «sana» ni «curada».

El trastorno bipolar I es una enfermedad que sin el tratamiento adecuado (profilaxis de la recidiva) puede «despertar» de la remisión en cualquier momento. Es indiferente lo bien que se encuentre la persona afectada durante la remisión o tras un eficaz tratamiento, los síntomas de la enfermedad retornan (como se ha dicho, en cualquier momento). Ya en este punto queda clara la importancia que se debe otorgar a un tratamiento preventivo: sólo por medio de una terapia correcta, de una profilaxis continuada, se puede controlar la enfermedad «durmiente». Cuando se ha formulado un diagnóstico de trastorno bipolar I, es imposible predecir de antemano si el paciente va a padecer uno, dos o, incluso, 20 episodios de la enferme-

En el anexo de este libro se pueden consultar los criterios diagnósticos del trastorno bipolar I según el DSM-IV e

dad. Con ayuda de los resultados de los estudios realizados en el año 1942, una época aún carente de psicofármacos eficaces, se pude enjuiciar la evolución «natural» vital del trastorno bipolar I. En este estudio tomaron parte 66 pacientes «maniacodepresivos» que fueron observados durante 26 años. Se comprobó que en pocos pacientes se dio un episodio único de enfermedad, en un tercio se dieron de 2 a 3 episodios y en otro tercio de 4 a 6 episodios, un último reducido tercio padeció más de 7 episodios. Los episodios de estas personas, que no eran objeto de tratamiento, duraban, por término medio, 6 meses y medio. También se observaron episodios más cortos, otros más largos y otros que duraron años.

Episodios de enfermedad que duren meses, o incluso años, son muy escasos hoy en día gracias a la existencia de unos efectivos métodos de tratamiento.

¿Cuanto tiempo permanece libre de molestias (remisión) un paciente que padece trastorno bipolar I? A partir de las notas de Kraepelin, así como de los resultados de estudios posteriores, sabemos que el trastorno bipolar I, si no es objeto de tratamiento, tiende a que los episodios de enfermedad, con los años, se den con más frecuencia, y que los intervalos libres de dolencia sean cada vez más cortos (la enfermedad se «acelera» de forma notoria).

Características del trastorno bipolar I	
Estado de ánimo	• Episodios plenamente acentuados de manía. • Episodios plenamente acentuados de depresión.
Otras características	• Los episodios sin tratamiento duran unos 6 meses. • Es frecuente, sin tratamiento, que surjan alucinaciones e ideas delirantes. • Pueden aparecer episodios de tres fases. • Al aumentar la edad aumenta la frecuencia de los trastornos.

Trastorno bipolar II

Se habla de un trastorno bipolar II cuando el paciente sufre, al menos durante 14 días, una fase de enfermedad que cumple los criterios de la depresión, así como, al menos, un episodio de hipomanía. El modelo de fase anormal puede variar notablemente según cada caso, cada paciente posee su ritmo en las fases de perturbación anímica. Normalmente los primeros síntomas aparecen al comienzo de los 30 años. También el trastorno bipolar II es una enfermedad que «va y viene» (trastorno recidivante). Entre las fases agudas se dan, por regla general, fases libres de dolencias (intervalos) en las que la enfermedad «duerme».

Durante los años 70, en los que ya se disponía del litio como tratamiento, los médicos buscaron mejores criterios de diagnóstico para estos trastornos y llegaron a la conclusión de que un gran grupo de pacientes que no tenían una manía plenamente marcada, estaban, sin duda, claramente afectados por un trastorno bipolar. Estos pacientes tenían sólo fases de exaltación ligera que nunca llegaron a constituir una manía. Los resultados de estudios posteriores confirmaron que este grupo de pacientes sólo sufrieron unos síntomas ma-

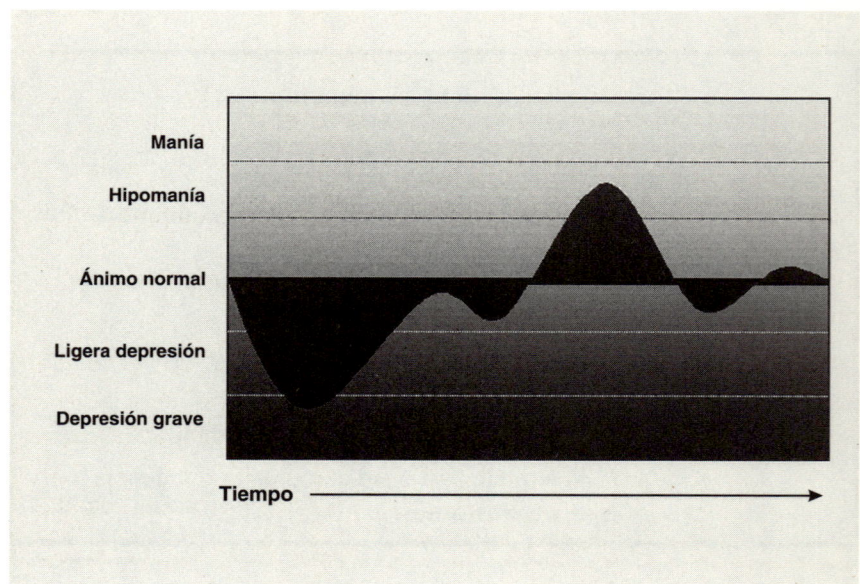

Representación esquemática de las alteraciones anímicas causadas por el trastorno bipolar II.

níacos ligeramente señalados, hipomanía, y depresiones. Además se comprobó que, a menudo, personas de la misma familia igualmente sufrían trastornos bipolares II o perturbaciones depresivas con o sin manía o hipomanía. Ya que el bipolar II es un diagnóstico relativamente «nuevo», hay poca experiencia de la evolución «natural» de esta enfermedad.

En el caso de pacientes bipolares II, la depresión está, evidentemente, en primer plano. La depresión es tan agresiva que una gran parte de las personas afectadas deben vivir con el diagnóstico erróneo de depresión, sin tratamiento para su trastorno bipolar. De acuerdo con los resultados de los estudios de 1995, aproximadamente el 10% de los pacientes eran objeto de un diagnóstico equivocado y no eran tratados como bipolares II. Los análisis mostraron que, en el caso de los trastornos bipolares II, las fases depresivas eran claramente más largas que en el caso I (más de 12 meses), y que los episodios de hipomanía aparecían, la mayoría de las veces, algunos meses después del comienzo de la depresión. Ocasionalmente ocurrió que debieron transcurrir 9 años hasta que se pudo formular un diagnóstico correcto. Además los pacientes bipolares II padecen un elevado riesgo de sufrir dependencia del alcohol.

En el anexo de este libro se pueden consultar los criterios diagnósticos del trastorno bipolar II según el DSM-IV e ICD-10.

Características del trastorno bipolar II	
Estado de ánimo	• Episodios plenamente acentuados de depresión. • Episodios con hipomanía.
Otras características	• Incremento del apetito y el sueño durante la depresión. • Esporádicamente, depresiones crónicas. • Se pueden comprobar trastornos bipolares II en parientes consanguíneos. • Aparición de la enfermedad a edades más tardías. • Es anómalo que se necesite un tratamiento hospitalario. • Es posible que exista riesgo elevado de dependencia del alcohol.

Actualmente está reconocido de forma unánime que los casos de trastornos bipolares I y II constituyen dos cuadros clínicos independientes. Se podría decir que el trastorno bipolar II es una forma atenuada del bipolar I, y que el trastorno bipolar II aparece con mayor frecuencia que el bipolar I.

Ciclotimia

Sólo en una pequeña minoría, aproximadamente el 4 o 5%, son los casos en los que, después de una primera crisis de la enfermedad, con un metódico cambio de tendencias se llega a completar toda una vida equilibrada y plena. He comprobado en reiteradas ocasiones que en otoño empiezan las contrariedades para, en primavera, volver a remitir la excitación, lo que, en cierto modo, se corresponde con los cambios de ánimo, que también ocurren en las personas sanas durante los cambios de las distintas épocas del año.

Emil Kraepelin

Bajo el concepto de ciclotimia se entienden fases, a menudo de corta duración, días o semanas, depresivas o hipomaníacas, que van seguidas de fases de la misma duración, también días o semanas, en las que el estado anímico es normal. Las personas afectadas no sufren, de acuerdo con la definición, episodios totalmente intensivos ni de depresión ni de manía. Las investigaciones modernas parecen confirmar el resto de las valoraciones de Kraepelin: del 3 al 6% de la población total está, seguramente, aquejada por la ciclotimia y la mayoría de ellos ni han sido diagnosticados ni son objeto de tratamiento.

Las observaciones de Kraepelin advierten también de trastornos de ánimo que aparecen de forma regular por temporadas, los denominados *trastornos afectivos estacionales*, (en inglés *seasonal affective disorder,* SAD). En la sistemática psiquiátrica la ciclotimia fue tratada durante mucho tiempo como un «problema de personalidad» y no como un trastorno patológico y, aproximadamente desde 1980, en el manual americano de diagnósticos (DSM) se ha clasifi-

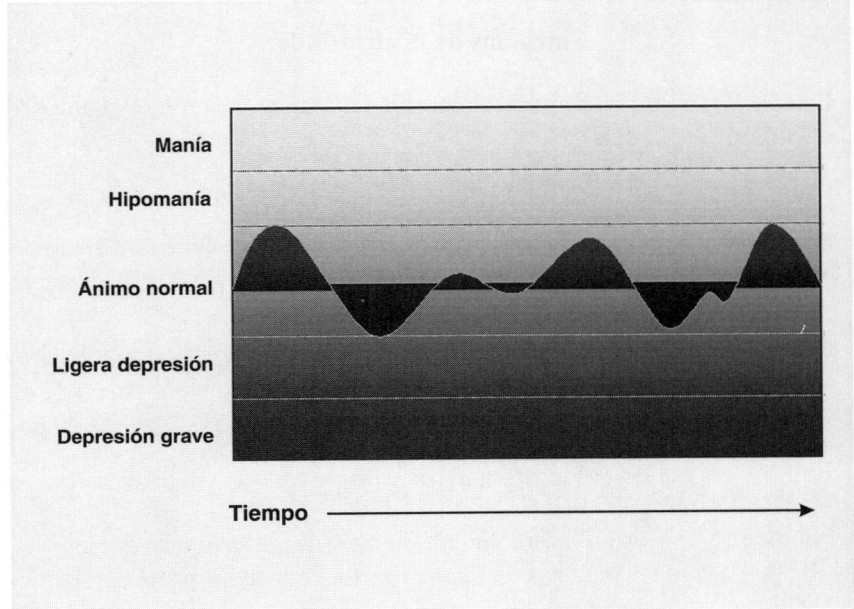

Representación esquemática de las alteraciones anímicas causadas por la ciclotimia.

cado como correspondiente a una perturbación anímica. Las personas con ciclotimia viven unas constantes subidas y bajadas del ánimo con fases poco frecuentes que, comparativamente, sean normales. Según Kraepelin, las personas afectadas oscilan constantemente entre dos polos opuestos de ánimo. Nos podemos imaginar con gran facilidad que estos constantes cambios anímicos traen también consigo una inestabilidad en muchos órdenes de la vida.

La ciclotimia comienza en una edad adulta temprana, en los últimos años de la adolescencia o en los primeros años de la treintena. A pesar de que la ciclotimia, por regla general, no suele llevar en ningún caso a perturbaciones anímicas graves, existe un número considerable de afectados que desarrollan una marcada depresión o una manía, es decir, un trastorno bipolar. Se puede hacer una estimación según la cual la ciclotimia, en aproximadamente el 6% de los pacientes, puede transformarse en un trastorno bipolar I y, en casi un 25%, en un bipolar II. Además, al menos la mitad de los afectados se ven libres de esta evolución. Esto justifica que se trate a la ciclotimia como un diagnóstico autónomo.

	Síntomas de la ciclotimia
Estado de ánimo	• Irritabilidad (se prolonga, al menos, durante algunos días). • Accesos de furia repentinos.
Actividad	• Cambio frecuente de los hábitos de sueño con disminución de la necesidad de dormir. • Rendimiento laboral fluctuante. • Desacostumbrada asunción de riesgos, compras compulsivas. • Abuso de drogas o alcohol. • Estados alternativos de introversión y extroversión.
Raciocinio	• Autovaloración alternante (desde la escasa autoconfianza hasta el aprecio excesivo de las propias facultades). • Fases cambiantes entre raciocinio confuso y otras de gran nitidez.

En el caso de pacientes con ciclotimia, a menudo se comprobó que existen trastornos bipolares en los familiares, sin embargo, en raras ocasiones se registró una depresión pura. Ya que resulta frecuente que la ciclotimia tenga un tratamiento favorable con las mismas medidas de terapia que los trastornos bipolares, hoy en día es unánime la opinión de que las oscilaciones ciclotímicas de ánimo tienen una etiología similar a la de los trastornos bipolares.

> **Características de la ciclotimia**
>
> Estado de ánimo
> - Cambios frecuentes entre fases de ligera depresión y otras de ligera hipomanía.
> - Breves e irregulares alteraciones cíclicas en el ánimo.
> - Sólo existen breves fases de estado anímico normal.
>
> Otras características
> - Los afectados despiertan frecuentemente por las mañanas con una alteración del estado de ánimo.
> - Los trastornos bipolares comienzan antes de los veinte años de edad o durante los primeros años de la treintena.
> - Es frecuente el diagnóstico erróneo de «trastornos de personalidad».
> - En ocasiones se desarrolla trastorno bipolar I o II.

En el anexo de este libro se pueden consultar los criterios diagnósticos de la ciclotimia según el DSM-IV e ICD-10.

«Trastorno bipolar III»

Desde hace mucho tiempo, los psiquiatras saben que existen muchas formas de trastornos bipolares y Kraepelin observa que «es prácticamente imposible» tratar de un modo independiente esas diversas formas, ya que «por todas partes existen transiciones». Las observaciones clínicas de muchas décadas dejan claro, sin embargo, que un gran número de los pacientes que fueron tratados por diversas formas de depresión mostraron presentar características de trastorno bipolar, sin que por eso fueran clasificados en una de las categorías conocidas. Estos tipos de perturbaciones se designan con términos como «depresión pseudounipolar» o «trastorno bipolar III», lo que en el ámbito lingüístico inglés se conoce como «soft bipolar disorder».

El temperamento de los afectados se caracteriza, a menudo, por unos largos antecedentes de oscilaciones de ánimo, teñidas de depresión o manía con, ocasionalmente, perturbaciones depresivas fuertemente acentuadas y que fueron tratadas médicamente. Los afectados son, por naturalezas, alegres y optimistas (hipertímico), con personalidad conciliadora, charlatanes, confiados y comunicativos. El reverso de la moneda se reconoce fácilmente por ser irascibles, impulsivos y con cierta agitación. Por regla general se pueden comprobar trastornos bipolares asociados con la consanguinidad. Es característico del «trastorno bipolar III» una tendencia a episodios depresivos reiterativos.

Características de la depresión pseudounipolar (trastorno bipolar III)

Trastornos bipolares comprobables en la familia

Temperamento hipertímico
- Disminución de la necesidad de dormir (menos de seis horas de sueño).
- Persona risueña y optimista
- Tendencia a una ligera irritabilidad.
- Extrovertido y sociable.

Depresiones repetidas (recidivantes)

El tratamiento exclusivamente con antidepresivos (diagnóstico equivocado: ¡depresión unipolar!) puede reforzar la irascibilidad y, en el peor de los casos, puede incluso llegar a producir episodios maníacos (*switch*). Por el contrario, los afectados se pueden beneficiar por medio de un tratamiento con estabilizadores anímicos.

Ciclación rápida

Un significado especialmente poco favorable debería tener la brevedad de los intervalos de tiempo comprendidos entre los ataques. Conocemos un pequeño grupo de casos en los que sólo transcurren pocas semanas entre los ataques y los tiempos inter-

medios, de tal modo que se crea un cambio relativamente regular entre la excitación y la tranquilidad.

Emil Kraepelin

Siguiendo los criterios actuales de diagnóstico, se habla de ciclación rápida cuando un paciente aquejado de trastorno bipolar vive cuatro o más episodios de perturbaciones anímicas (manía, hipomanía, depresión o estado mixto) en un periodo de un año. Los afectados pertenecen al grupo de los pacientes bipolares graves, en los que no es suficientemente útil la administración de estabilizadores anímicos como puede ser el litio.

Además, esta forma de enfermedad surge más a menudo en mujeres y, por regla general, comienza con una depresión.

Hasta ahora, en el marco de los estudios, se han realizado diversas observaciones relativas a la ciclación rápida:

- Los pacientes de ciclación rápida padecen con más frecuencia trastornos funcionales de la glándula tiroides y se han tratado, frecuentemente, con antidepresivos.
- Puede ser que, a causa de los tratamientos con antidepresivos, en el caso de algunos pacientes bipolares se provoque una inversión en un modelo ciclación rápida.
- De los resultados de los estudios se ha deducido que la ciclación rápida no es un cuadro clínico autónomo, sino que es una fase de paso del trastorno bipolar hacia el que algunos pacientes tienden especialmente.
- De un modo unánime se ha observado que casi tres cuartas partes de los afectados son mujeres.
- En una investigación se determinó que, aproximadamente, uno de cada cinco pacientes bipolares vivía una fase ciclación rápida que duraba algunos meses y cuyo tratamiento era complicado.

Las causas de la ciclación rápida y el tratamiento de esta complicada perturbación anímica están ahora, igual que antes, muy poco claras.

«Trastorno esquizoafectivo»

Sin duda alguna existen pacientes que muestran características de dos trastornos psiquiátricos, características de esquizofrenia (ilusiones extravagantes y alucinaciones) y perturbaciones afectivas (trastornos bipolares). En este punto se manifiesta un gran dilema para el diagnóstico psiquiátrico: realmente ¿el «trastorno esquizoafectivo» es un cuadro clínico independiente? En el pasado este dilema diagnóstico, tal y como documentan los resultados de los estudios actuales, se solucionó en múltiples ocasiones de tal modo que se diagnosticó una esquizofrenia, un diagnóstico erróneo del que se vieron afectados, sobre todo, los hombres.

En el caso de los pacientes bipolares se puede dar la circunstancia de que aparezcan alucinaciones e ilusiones que lleven a alteraciones extremas del estado anímico.

- En un estado de ánimo depresivo grave, el paciente bipolar puede creer que ha perdido todo su dinero, que sus familiares están siendo amenazados por criminales y, posiblemente, escuche gritos de personas sometidas a tortura.
- En un estado anímico maníaco grave el paciente bipolar puede creer que es un elegido de Dios y escuchará los cánticos de un coro de ángeles.

Los pacientes esquizofrénicos también tienen ilusiones extravagantes y alucinaciones, pero, por regla general, no hay signos claramente marcados de que exista una perturbación del ánimo. Por esta causa, la consideración de trastornos de ánimo en los pacientes que muestran ilusiones y alucinaciones se convierte en un importante instrumento que previene frente a errores diagnósticos de esquizofrenia en el caso de personas que, evidentemente, están afectados bipolarmente. En muchos de los casos, las personas con trastornos de ánimo y síntomas esquizofrénicos obtienen beneficios de un tratamiento con estabilizadores anímicos. Los criterios del «trastorno esquizoafectivo» son inseguros.

Alucinación
Engaño que afecta a uno o todos los sentidos y que no está provocado por medio de estímulos sensoriales externos. Sin embargo, la persona afectada da carácter de realidad a las alucinaciones sensoriales (por ejemplo: escuchar voces).

Ilusión
Ideas falsas y enfermizas sobre la realidad (por ejemplo: delirios de grandeza, manía persecutoria).

Es como si uno tuviera dentro de la cabeza una o muchas emisoras de radio. ¡Oh!, eso es fantástico. Y luego te deja fuera de control. Y si pierdes lo que tienes bajo control entonces te da un poco de miedo. Es muy laborioso apagar la emisora de la cabeza. Y sigue y sigue. Sin parada va de la realidad del día al sueño, y de nuevo volver a empezar. Sin pausa. Es realmente alarmante. Hablo mucho. Y en algún momento ya no se me entiende (es lo que me han dicho). No de un modo desordenado, pero difícil de entender, ya que todo transcurre demasiado rápido en mi cabeza. Tengo que cortarlo, como un telegrama.

Hannah Ziegellaub

Capítulo 5
MELANCOLÍA Y MANÍA: UNA HISTORIA INSEPARABLE

A pesar de los avances y de las visiones de futuro de la medicina moderna, se ha comprobado que es provechoso echar la vista hacia atrás, a las raíces de la cultura europea. Esto resulta especialmente válido para el trastorno bipolar. Las primeras observaciones de una afinidad entre melancolía (depresión) y manía provienen de la antigüedad. A continuación, a lo largo de los siglos se ha considerado que la depresión y la manía eran dos enfermedades distintas, y ya en el siglo XIX se redescubrió que eran dos formas de presentación de una misma afección.

La bilis negra y la bilis amarilla

Según mi punto de vista, la melancolía, sin duda alguna, es el comienzo e incluso parte de la enfermedad que se denomina ma-

> *nía... El desarrollo de una manía es más un agravamiento de una enfermedad (la melancolía) que un cambio a otra enfermedad.*
>
> Areteo de Capadocia,
> siglo I d. de C.

El término «melancolía» y «manía» provienen de la antigua medicina griega, siendo su fundador Hipócrates de Cos (siglo V a. de C.). Según sus ideas del concepto de enfermedad, éstas surgen por un desequilibrio entre los cuatro fluidos vitales: sangre, flema, «bilis negra» y «bilis amarilla». Este sistema médico mantuvo su validez hasta el principio de la revolución de las ciencias naturales en el siglo XIX.

Según las enseñanzas de Hipócrates sobre las enfermedades, la melancolía se crea por un trastorno orgánico en el bazo: la «bilis negra» sale del bazo e inunda todo el cuerpo, penetra en el cerebro y allí puede provocar melancolía. Hipócrates utilizó también el término de manía para describir un estado de éxtasis y furia. La manía en sí se crea por una abundancia de bilis amarilla. En todo caso, la medicina de la Antigua Grecia creía, ante todo, que eran causas físicas las que provocaban el trastorno: «sin embargo, el punto clave, tanto en el caso de la manía como de la melancolía, se encuentra en los órganos del estómago». La exposición de la melancolía y de la manía realizada por Hipócrates coincide en muchos puntos con las descripciones actuales.

La primera descripción del trastorno bipolar (maniacodepresivo) nos remite al médico griego Areteo de Capadocia, que vivió en Alejandría durante la segunda mitad del siglo I d. de C. Consideró que la causa general de la melancolía y la manía eran la «bilis amarilla» y la «sequedad» del cerebro. Según Areteo, la manía es un aumento de la melancolía y debe entenderse como el polo opuesto a la melancolía. Su concepto del continuum del ánimo bipolar es aun más amplio del que tenemos hoy en día, y engloba la manía, la hipomanía, la depresión, los «trastornos esquizoafectivos», la depresión psicótica, y la psicosis, así como los estados anímicos mixtos, condicionados por trastornos orgánicos.

Paulus de Aegina (625 a 690), el último médico griego prestigioso de la Grecia Antigua, vio una conexión parecida entre la manía y la melancolía, basada igualmente en los fundamentos de la teoría de los fluidos. Creía que la melancolía se provocaba por una abundancia de flujo de «bilis negra», sin embargo afirmó que un exceso de «bilis amarilla», que se convertía en «bilis negra» por «un ardor muy intenso» podía ser la causa de la manía. Durante la Edad Media cayó en el olvido el concepto racional de la medicina antigua según el cual las enfermedades de la psique tenían su origen en los factores físicos de enfermedad, los demonios y las brujas eran la única causa de semejantes trastornos y fueron los clérigos los que realizaban los tratamientos. En el Renacimiento y la Ilustración se fue desarrollando paulatinamente la profesión médica. La melancolía y la manía se consideraron predominantemente en este tiempo como dos enfermedades distintas.

Busto de Hipócrates.

La melancolía y la demencia

Es absolutamente necesario tratar la melancolía y la demencia como un tipo de enfermedad y considerarlas, en consecuencia, desde un punto de vista común... Nosotros nos damos cuenta de que ambas provienen de una misma causa y surgen de una fuente común y, de hecho, de la acumulación de sangre en el cerebro... Nos damos cuenta de que los pacientes melancólicos... fácilmente caen en la demencia y, cuando se suprime ésta, se destapa de nuevo la melancolía.

Robert James,
siglo XVIII

En los siglos XVII y XVIII, fueron fundamentalmente el anatomista Thomas Willis (1621-1675), de Oxford, el fundador de la patología Giovanni Battista Morgagni (1682-1771), de Padua, y Anne Charles Lorry (1726-1783), de París, quienes descubrieron los episodios repetitivos de manía y melancolía a largo plazo. El médico inglés Robert James (1705-1776) también hizo observaciones exactas sobre la conexión entre melancolía y manía.

Gracias al desarrollo de los métodos científicos en el siglo XVIII se llegó a algunos avances significativos en lo referente a los trastornos de la psique. El médico inglés Richard Mead (1673-1754) supuso que la manía y la melancolía eran formas distintas de aparición de un único proceso de enfermedad. El médico italiano Vicenzo Chiarugi (1759-1820) no sólo describió por primera vez, en 1794, la anatomía de la lesión del cerebro, sino que también desarrolló un sistema de clasificación en los que se basaba la melancolía, la manía y la amencia (idiocia, imbecilidad). Chiarugi observó: «La manía está caracterizada por una rápida demencia. El rabioso es como un tigre o un lobo y, en esta relación, la manía se puede considerar como un estado opuesto a la verdadera melancolía.»

La locura circular

Fue mérito atribuible a la psiquiatría francesa del siglo XIX que los «enfermos del espíritu» fueran liberados de sus cadenas y de cárceles inapropiadas para seres humanos, donde frecuentemente vegetaban como si fueran animales. Fue también en Francia donde se acuñó por primera vez el concepto moderno del trastorno bipolar. En el año 1851 apareció en una publicación médica parisina una corta referencia de Jean-Pierre Falret (1794-1870) sobre un trastorno independiente bajo la descripción de *La folie circulaire* (La locura circular): un ciclo continuado de melancolía y manía con, o sin, diversos intervalos libres de dolencias. Tres años después su colega, Jules Baillarger (1809-1890), presentó la descripción de una forma especial de trastorno maniacodepresivo bajo el título *Folie à double forme*. Este concepto de enfermedad encontró rápidamente un reconocimiento internacional, sobre todo en Alemania, Inglaterra y

Norteamérica. El siguiente avance significativo en el ámbito de los trastornos bipolares fue un informe del psiquiatra alemán Karl Kahlbaum (1828-1899). Él conocía los trabajos de Francia y, sobre ese principio, presentó un concepto «parcial» y «total» de enfermedades psiquiátricas: enfermedades que retornan (vecordia) y enfermedades que terminan en demencia (vesania típica). Dependiendo de la evolución natural de la enfermedad, la melancolía y la manía pueden resultar ser formas de aparición de ambas categorías de la enfermedad. Kahlbaum introdujo también algún tiempo después el término «ciclotimia». Según sus ideas, la melancolía, la manía y la ciclotimia formaban un grupo de trastornos psiquiátricos que siempre se repiten.

Karl Kahlbaum, psiquiatra alemán (1828-1899).

La demencia maniacodepresiva

La demencia maniacodepresiva, como se debe describir en este apartado, engloba todo el ámbito de la denominada demencia periódica circular, por otro lado se encuentra la manía sencilla, que se diferencia de la anterior. A lo largo de los años me ha sorprendido cada vez más que todos los denominados cuadros representan sólo formas de aparición de un único proceso de enfermedad.

Emil Kraepelin, 1899

El gran aporte del psiquiatra alemán Emil Kraepelin (1856-1926) fue incluir todos los trastornos psíquicos en un gran sistema de clasificación. Con ello concluyó el caos de términos psiquiátricos de aquellos tiempos. Básicamente diferenció dos grupos de enfermedades: la demencia maniacodepresiva (manía, melancolía, ciclotimia y estados mixtos) y la demencia precoz (casos de manía y melancolía que llevan a la demencia, la catatonia, la hebefrenia y la paranoia). Kraepelin conocía el concepto de *folie circulaire* de Falret (lo que hoy se conoce como trastorno bipolar), sin embargo ordenó todas las formas ligeras de hipomanía y depresión, temperamento afectivo y formas puras de depresión en el amplio espectro del trastorno maniacodepresivo, por primera vez se relacionaron, unas con otras, todas las perturbaciones anímicas.

El tratado de Kraepelin sobre la demencia maniacodepresiva, *Psiquiatría. Un manual para estudiantes y médicos* del año 1899 es, incluso hoy en día, un tratado, que merece ser leído, sobre el trastorno bipolar. Reúne las observaciones llevadas a caso durante décadas sobre varios cientos de pacientes, describió detalladamente las características y categorías de la manía y la melancolía, la evolución natural de los trastornos maniacodepresivos, el pronóstico correspondiente y la disposición hereditaria a este trastorno mediante estudios de la familia. Además, comprobó la existencia de episodios de perturbaciones anímicas e intervalos libres de dolencias y definió los denominados estados fundamentales (depresivo, maníaco, ciclotímico irritable) que caracterizan a los estados entre episodios o el estado de ánimo durante toda la vida sin tales episodios. Un inconveniente del sistema de clasificación de Kraepelin fue que, a causa de la amplitud de su concepto sobre la enfermedad maniacodepresiva, el trastorno depresivo (la actual depresión unipolar) no posee de for-

Emil Kraepelin (1856-1926).

ma exclusiva un puesto independiente. La obra de Kraepelin impregnó la historia de la psiquiatría del siglo XX en todo el mundo, pero en especial en Estados Unidos.

El renacimiento moderno

Lo que no existió en los tiempos de Kraepelin fue algún tipo de tratamiento efectivo para los trastornos psiquiátricos severos. Por este motivo, el sistema de clasificación de Kraepelin en un primer momento sólo pudo tener una utilidad teórica, pero no un uso práctico para los pacientes afectados.

El vacío terapéutico fue cubierto, para parte de los pacientes con problemas psiquiátricos, gracias a la ascensión, durante los años 1920 a 1940, del psicoanálisis y la psicoterapia. Los pacientes maniacodepresivos (bipolares) se beneficiaron muy limitadamente de alguno de estos tratamientos. La Segunda Guerra Mundial y la dictadura del nazismo se esforzaron especialmente en desbaratar los adelantos de la terapia psiquiátrica.

La psiquiatría alemana, que anteriormente brilló con luz propia, se abandonó en reiteradas ocasiones como cómplice del inhumano racismo criminal del régimen nazi. Prominentes psiquiatras alemanes participaron con entusiasmo en el exterminio de «vidas indignas de ser vividas», y diez mil enfermos psíquicos fueron asesinados en Europa. Debieron pasar décadas hasta que la psiquiatría alemana se pudo rehabilitar ante la opinión mundial. ¡No fue hasta 1999 cuando tuvo lugar de nuevo un congreso mundial de psiquiatría en suelo alemán!

Se fueron combinando muy estrechamente otros adelantos en cuanto a la diagnosis y la terapia de las perturbaciones anímicas con los avances de la investigación científica, de la biología molecular, los procedimientos de captación de imágenes y el descubrimiento de eficaces sustancias psicofarmacológicas. En 1948 el médico austriaco John F. J. Cade descubrió el efecto de las sales de litio como estabilizador para la manía. Pero ya en 1954 se fijaron hasta cierto punto las condiciones de seguridad en la aplicación del litio para la terapia de la manía y para la profilaxis de las recidivas en el caso del trastorno bipolar. Otro hito histórico fue el descubrimiento, en 1957, por el psiquiatra suizo Roland Kuhn de la efectividad de la imipramina para el tratamiento de la depresión.

A partir de ese momento estaba claro que los estados maniacodepresivos debían ser algo más que «reacciones psicológicas»: si lo síntomas maníacos desaparecieron con el litio, debe existir un mecanismo bioquímico. Si en muchos pacientes los síntomas depresivos desaparecieron con la imipramina, y en otros de los pacientes se provocó una manía, también deben darse mecanismos bioquímicos, pero también deben constituir dos trastornos depresivos distintos.

El año 1966 fue el del renacimiento del trastorno bipolar tal y como se conoce hoy en día. Jules Angst y Carlo Perris demostraron, de forma separada, la existencia de trastornos bipolares y de la depresión unipolar. Mostraron que ambas formas de enfermedad tienen una evolución distinta y que tienen fundamentos genéticos distintos: la manía y los trastornos bipolares sólo eran comprobables en familias con allegados enfermos, no en el caso de pacientes que sólo y exclusivamente ellos fueran los enfermos. Un trastorno maníaco puro es casi imposible. No existe.

Aun cuando quedan abiertas muchas preguntas sobre el diagnóstico de los trastornos bipolares, no hay ninguna duda acerca de las características bipolares y de la unidad inseparable de las perturbaciones de manía y depresión en el continuum de las emociones. Estos conocimientos constituyeron importantes hipótesis por las que, hoy en día, disponemos de formas efectivas de tratamiento y psicofármacos que facilitan una terapia efectiva de los trastornos bipolares.

Hitos de la historia de los trastornos bipolares		
Siglo V a. C.	Hipócrates	«Melancolía» y «manía» tienen una etiología corporal.
Siglo I d. C.	Areteo de Capadocia	La melancolía y la manía son formas de manifestación de una misma enfermedad.
Siglo VII d. C.	Paulus de Aegina	Etiología común de la melancolía y la manía.
1676	Thomas Willis	En una evolución a largo plazo, se repiten la melancolía y la manía.
1750	Richard Mead	Melancolía y manía son formas de manifestación del mismo proceso patológico.
1761	Giovanni Battista Morgagni	En una evolución a largo plazo, se repiten la melancolía y la manía.
1705-1776	Robert James	Melancolía y manía tienen la misma etiología.
1765	Anne Charles Lorry	En una evolución a largo plazo, se repiten la melancolía y la manía.
1800	Vincenzo Chiarugi	Sistema de clasificación para la melancolía y la manía.
1851	Jean-Pierre Falret	*La folie circulaire* (La locura circular).
1854	Jules Baillarger	*Folie à double forme* (La locura tiene doble forma).
1863	Karl Kahlbaum	Sistema de clasificación de las enfermedades psíquicas.
1882	Karl Kahlbaum	Ciclotimia.

1899	Emil Kraepelin	Demencia maniacodepresiva.
1921	Ernst Kretschmer	Descripción del espectro maniacodepresivo.
1948	John F. J. Cade	Descubrimiento del efecto estabilizador de las sales de litio en la manía.
1949	Karl Kleist	Diferenciación genética de las formas de trastorno unipolar y bipolar.
1952	*American Psychiatric Association*	DSM I: *Diagnostic and Statistical Manual: Mental Disorders.*
1957	Roland Kuhn	Descubrimiento del efecto antidepresivo de la imipramina.
1957	Karl Leonhard	Clasificación de las psicosis fásicas y cicloides.
1966	Jules Angst Carlo Perris	Diferenciación entre trastornos bipolares y depresiones unipolares.
1994	*American Psychiatric Association*	DSM IV: *Diagnostic and Statistical Manual: Mental Disorders.*

Capítulo 6
EL AMPLIO CAMPO DE LA ETIOLOGÍA

De todas maneras, los hombres deben saber que la única fuente de deseo y de alegría, de risa y de burla, así como de tristeza y preocupación, de disforia y de lágrimas es el cerebro.

Hipócrates
«Sobre la enfermedad sagrada»

Los hombres siempre han sentido la necesidad de encontrar los motivos y las causas por las que se manifiestan los trastornos de salud o las enfermedades, sobre todo para enfrentarse a la angustia y a las inquietantes amenazas causadas por un acontecimiento inexplicable. Conocer las causas de una enfermedad puede mostrar también el camino hacia su curación. La inseguridad y la angustia caracterizan, en especial medida, la relación con los trastornos de la manifestación del sentir, con los comportamientos poco habituales o con las ideas delirantes, pues estos trastornos parecen provenir del cerebro. Incluso hoy en día, la esencia y la forma de funcionar del cerebro están muy poco exploradas, como si se tratara de lejanas galaxias situadas a distancias de millones de años luz. El cerebro es un órgano de alta complejidad, más que un superordenador. Por ello es muy complicado reconocer las causas exactas de los trastornos funcionales de este órgano. No disponemos de suficiente información sobre los principios básicos de su modo normal de funcionamiento.

¿Cómo surgen los trastornos bipolares? La ciencia encontró muchas respuestas. Se pueden resumir de la siguiente forma: el trastorno bipolar se crea habitualmente por una elevada vulnerabilidad, condicionada genéticamente y que se puede haber transmitido por herencia, de las funciones nerviosas centrales.

Existen muy diversas disciplinas de investigación científica que indagan en la etiología de los trastornos bipolares: la genética, psicobiología, psicofarmacología, investigaciones del comportamiento, epidemiología, psiquiatría, neurofisiología, neurología y neuroanatomía.

> **¡Ha llegado la hora de la investigación de las causas!**
>
> - A escala mundial la depresión es la cuarta causa más frecuente de discapacidad grave.
> - A escala mundial, el trastorno bipolar es la sexta causa más frecuente de discapacidad grave.
> - De acuerdo con las estadísticas, la depresión será, en el año 2020, la segunda causa más frecuente de discapacidad grave.
> - En EE.UU., durante el año 1999, los costes asociados a los trastornos bipolares alcanzaron la cifra de 60.000 millones de dólares. Las dos terceras partes de estos costes correspondieron a pérdida de productividad.

Genes vulnerables

Las investigaciones científicas sobre la sensibilidad (vulnerabilidad) genética forman la base de la explicación del trastorno bipolar. Hoy en día está aceptado de forma unánime que el trastorno bipolar no se basa en un único defecto genético (defecto único de información hereditaria), sino que en la transmisión por herencia de las perturbaciones bipolares toman parte varios genes (modo de herencia oligogenético). Por lo que se refiere al resto de las causas de un trastorno bipolar, los factores externos de estrés juegan un papel menos importante que para la depresión unipolar.

Con estos conocimientos, las modernas ciencias naturales han vuelto de nuevo a las convicciones de la Antigua Grecia, según las cuales los trastornos de las facultades sensitivas o de las vivencias afectivas se basan en causas físicas (genéticas). Por lo tanto, una persona afectada bipolarmente no es «culpable él mismo» de su enfermedad, ni son responsables las demás personas o factores externos de estrés: la persona enferma de bipolaridad nació con una especial sensibilidad (vulnerabilidad) a las perturbaciones anímicas, es decir, con una especial vulnerabilidad del sistema nervioso central.

Como denominados «genes candidatos» de los trastornos bipolares, son válidas las informaciones hereditarias para determinados neurotransmisores químicos (noradrenalina, serotonina, dopamina) y las informaciones hereditarias para proteínas señal intracelulares (proteína G, sistema GABA [ácido gammaaminobutírico], y canales de iones calcio y potasio).

En el marco de los estudios con gemelos univitelinos (idéntica organización genética) y bivitelinos (organización genética poco diferenciada) se investigó la probabilidad genética de padecer un trastorno bipolar. El resultado fue sorprendente: la probabilidad de trastorno para gemelos univitelinos se movía entre el 62 y el 72%, mientras que en gemelos bivitelinos fue sólo del 0 al 8%.

Los resultados de más de 40 estudios han demostrado que el riesgo de un trastorno bipolar es claramente más elevado cuando parientes consanguíneos ya han sufrido el trastorno. Por consiguiente, las perturbaciones anímicas patológicas debidas a la transmisión de un gen defectuoso son hereditarias y la perturbación más frecuente entre consanguíneos es la depresión unipolar (en segunda posición está el trastorno bipolar).

Los resultados de los estudios epidemiológicos muestran que, adicionalmente a la herencia, para un trastorno bipolar también juega un papel importante la alteración de condiciones del entorno: la frecuencia de nuevos trastornos en las perturbaciones anímicas bipolares y unipolares han aumentado dramáticamente desde el año

Riegos hereditarios para un trastorno bipolar.
- Más del 1% de la población general muestra síntomas de un trastorno bipolar.
- Cuando uno de los progenitores está afectado de bipolaridad, existe un riesgo del 7,8% de que los descendientes sufran trastorno bipolar, hay una probabilidad del 11,2% de sufrir una depresión unipolar y del 19% de padecer cualquier forma de perturbación anímica. Si varios consanguíneos sufren bipolaridad, el riesgo es más elevado.
- Si los dos progenitores están afectados de bipolaridad, el riesgo de que los descendientes sufran perturbaciones anímicas patológicas oscila entre el 50% y el 70%.

1930. Este aumento no sólo se puede explicar por medio de las alteraciones genéticas, pues fueron observadas dentro de un intervalo de tiempo muy reducido. ¿Son responsables, por tanto, la inundación de estímulos de la Era de los Medios de Comunicación, una alimentación pobre en sustancias nutritivas o las recientes exigencias de rendimiento de una forma de vida materialista? Todavía quedan muchas preguntas sin respuesta.

Vulnerabilidad condicionada genéticamente

- Los trastornos afectivos se basan en una vulnerabilidad, hereditaria, condicionada genéticamente.
- La depresión unipolar es la alteración anímica hereditaria más frecuente, el trastorno bipolar es la segunda más frecuente.
- Los trastornos bipolares afectan frecuentemente a parientes de pacientes depresivos unipolares.
- La probabilidad de que los trastornos anímicos sean hereditarios es especialmente elevada cuando los síntomas graves aparecen en la juventud.

Cromosomas sospechosos

Los resultados de los estudios señalan que las informaciones hereditarias importantes para el trastorno bipolar pueden ser localizadas en determinados cromosomas, las «bandas» unitarias del banco genético individual.

Así, se comprobó que los trastornos bipolares se podían observar con más frecuencia en familias que sufrían de trastornos asociados al cromosoma X. A ellos pertenecen el daltonismo, así como las disfunciones metabólicas (deficiencia de glucosa-6-deshidrogenasa) y trastornos en la coagulación sanguínea (deficiencia del factor IX). Las alteraciones en el cromosoma X pueden ser además un factor de riesgo para el trastorno bipolar.

En el marco de otro estudio con 22 familias con sobrecargas bipolares, los científicos pudieron descubrir que las modificaciones de una determinada región del cromosoma 18 mostraba una clara relación con las perturbaciones anímicas bipolares. Allí se encuentran, entre otros, las informaciones hereditarias para una proteína intracelular señal (la denominada proteína G), que juega un papel especial para el efecto del litio.

Función defectuosa de los neurotransmisores

El cerebro humano es un tejido altamente complejo. Se compone, esencialmente, de cerebro, cerebelo y médula espinal. Dispone de una cantidad superior a los 100.000 millones de células nerviosas (neuronas), de vasos sanguíneos, y en los adultos pesa, aproximadamente, 1,5 kg.

El cerebro está dividido en dos partes y contiene las denominadas sustancia gris y sustancia blanca. Las neuronas están compuestas por un cuerpo celular y por mensajeros celulares (axones y dendritas).

A través de sus mensajeros celulares, las neuronas están unidas unas con las otras. Cada célula nerviosa puede recibir señales de hasta otras 50.000 neuronas y, del mismo modo, muchas neuronas emiten señales. De un modo parecido a lo que ocurre en un ordenador, las células nerviosas se pueden «encender» o «apagar». Para ello el cuerpo humano utiliza señales eléctricas o químicas. El conjunto de todas las funciones de señales corresponde a la función cerebral. Para el sistema de señales bioquímicas se utilizan los mensajeros químicos nerviosos, los denominados neurotransmisores. Los neurotransmisores más importantes son la serotonina, la noradrenalina y la dopamina.

En el caso de una transmisión química de la señal, se envían neurotransmisores al final de la sinapsis. La sinapsis no se asienta directamente en un mensajero de la célula nerviosa receptora, sino que está separada de ella por medio de una diminuta hendidura, llamada hendidura sináptica. En la parte receptiva de la hendidura se encuentran puntos de acoplamiento para los neurotransmisores, los denominados receptores. Los neurotransmisores fluyen a través de la hendidura sináptica hacia los receptores y provocan una señal.

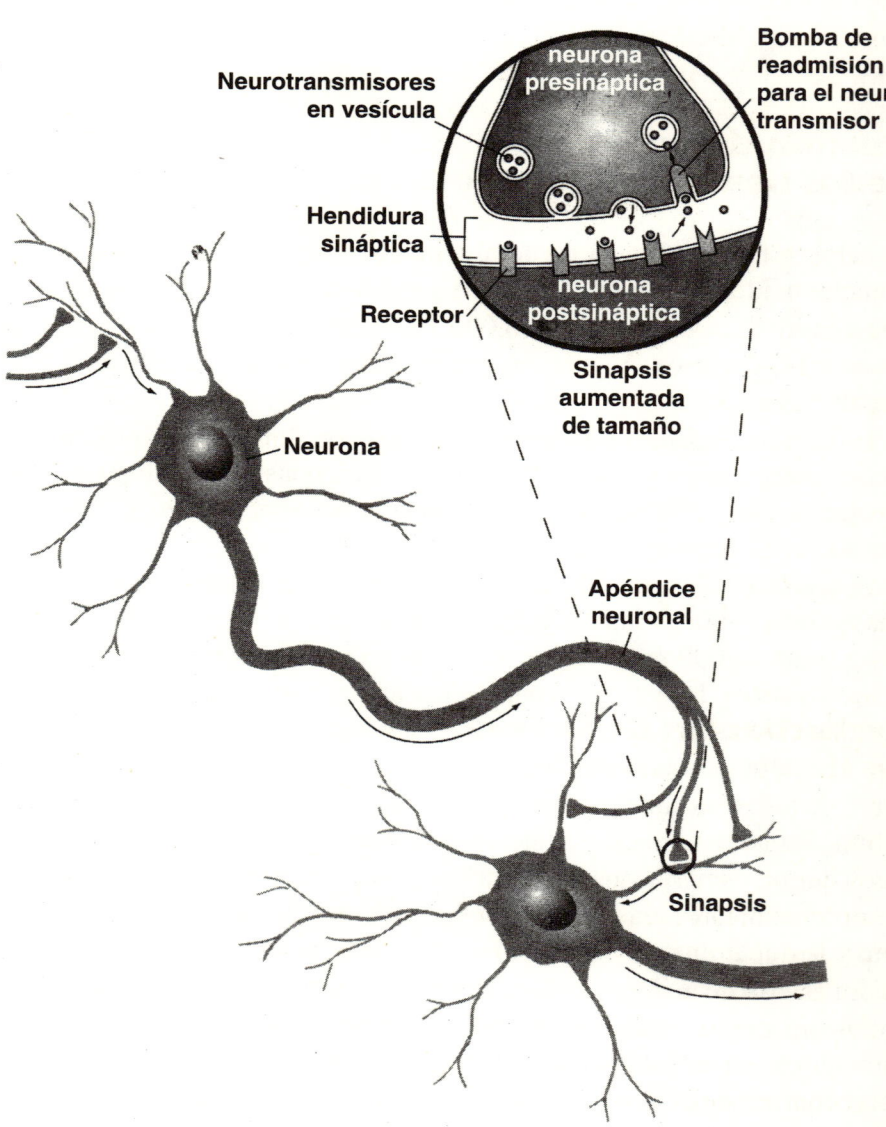

Representación de la unidad funcional formada
por neurona y sinapsis (según Mondimore 1999).

A continuación se separan de nuevo de los receptores, de modo que la célula nerviosa receptora queda preparada para la siguiente señal. Los neurotransmisores pueden ser recaptados de nuevo (en inglés: *reuptake)* por la sinapsis de la célula emisora. Si el constante intercambio de los neurotransmisores en la sinapsis se hace sin mantenerse un cierto equilibrio, el comportamiento de la señal se ve afectado por un flujo de neurotransmisores muy elevado o muy disminuido. Las consecuencias pueden ser unas funciones incorrectas del cerebro con síntomas visibles. Entre otras cosas, se ha descubierto que los antidepresivos pueden elevar la cantidad de neurotransmisores en la sinapsis, ya que impiden la recaptación en la sinapsis. Evidentemente, en el caso de la depresión hay pocos neurotransmisores en la sinapsis, mientras que en el caso de la manía hay demasiados. Además, mediante el impedimento de la recaptación del neurotransmisor serotonina se puede conseguir un buen efecto antidepresivo. Las modificaciones de equilibrio de la transmisión nerviosa de señales por medio de los neurotransmisores juegan un papel importante para las perturbaciones anímicas, así como para la sintomatología del trastorno bipolar. De todos modos, no constituyen la única causa del suceso patológico.

Perturbación de la señal en las células nerviosas

Cada célula nerviosa es, por sí misma, una especie de microordenador y, conjuntamente con las demás células nerviosas, forma la «red de ordenadores» del sistema nervioso, la red neuronal. Evidentemente, la alteración de las funciones dentro de la neurona es de gran importancia como causa de la generación de trastornos anímicos.

El litio, como estabilizador anímico, influye en la transmisión de la señal propia de la célula desde los puntos de acoplamiento de los neurotransmisores al «microprocesador» de la célula, el núcleo celular. Si una señal del neurotransmisor llega al receptor, esta señal se debe transferir, por medio de un segundo mensajero (en inglés, *second messenger),* al núcleo celular, de modo que se pueda activar la célula nerviosa.

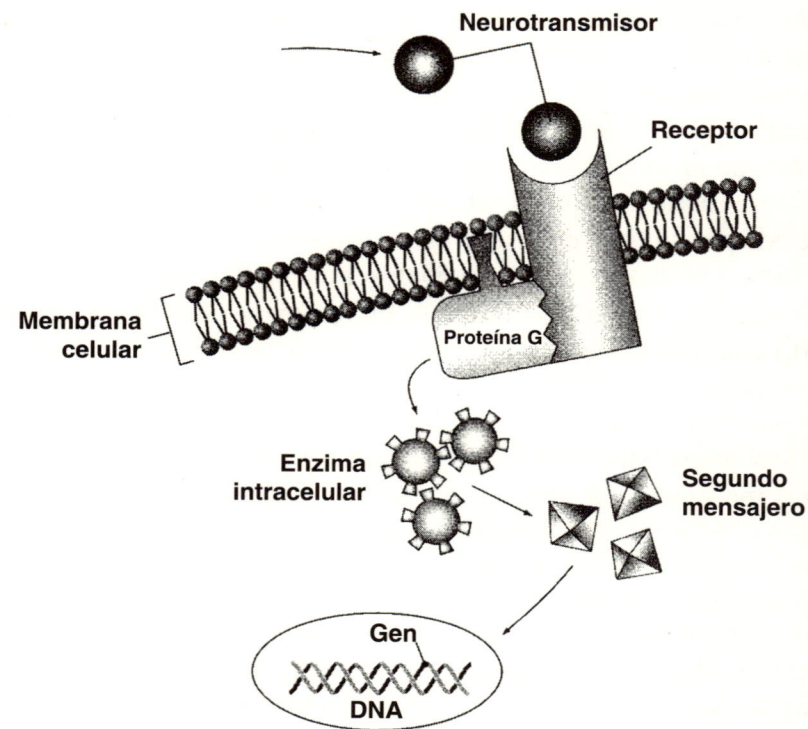

Membrana celular de transmisión intracelular de la señal (según Mondimore, 1999).

Uno de estos segundos mensajeros dentro de la célula es la denominada proteína G. Se ha demostrado que el litio inhibe las enzimas que son responsables de la producción de algunos de estos mensajeros secundarios.

Posiblemente el trastorno bipolar se origina a causa de un defecto funcional de transmisión de la señal en la proteína G, así como del sistema de mensajes en el interior de la célula nerviosa. En especial la transmisión de señales se ve influida por la noradrenalina y la serotonina. Si este sistema de transmisión está configurado «demasiado alto» o «demasiado bajo», pueden aparecer trastornos bipolares.

Los iones litio pueden, evidentemente, equilibrar tanto las desviaciones extremas del sistema intracelular de transmisión como el estado de ánimo, e influyen de forma estabilizadora.

También pueden ser de importancia en la creación de trastornos bipolares, los procesos de metabolismo en la membrana de la célula nerviosa. Para la transmisión de la señal dentro de la célula es necesario un determinado contenido de calcio. Si la membrana celular es altamente permeable para el calcio se reduce el porcentaje de esta sustancia en la célula y aparecen perturbaciones en la señal.

Muchos resultados científicos han podido comprobar la importancia del equilibrio del calcio en la formación de trastornos bipolares. Se discute también sobre la posibilidad de que las alteraciones en el metabolismo del inosiltol-fosfolípido, en los canales de sodio y potasio, así como en los receptores GABA y adenosina, puedan constituir otro mecanismo para la creación de trastornos bipolares.

Alteraciones del tejido cerebral

Se plantea la siguiente pregunta: ¿existen modificaciones patológicas del tejido cerebral que sean típicas de un trastorno bipolar? Con ayuda de procedimientos basados en imágenes (neurorradiología), hoy en día se pueden hacer visibles las modificaciones del tejido cerebral. Las tomografías por resonancia magnética (TRM) y por emisión de positrones (TEP) permiten la visualización de tejidos cerebrales sanos y enfermos, y hasta se puede observar la dinámica de la función cerebral activa (TRM funcional).

En la regulación del equilibrio anímico participan especialmente determinados centros intermedios de la red neuronal central: amígdala e hipocampo, corteza cerebral prefrontal, parte de la zona del tálamo, del pálido y del cuerpo estriado. Sin embargo, hasta ahora no se considera demostrado que un trastorno bipolar sea debido a alteraciones típicas o a modificaciones de estos centros intermedios.

Sin embargo, con procedimientos funcionales basados en imágenes, se pueden observar modificaciones en la actividad del sistema límbico durante los episodios de la enfermedad. Evidentemente, no se deben descartar lesiones o destrucción de células nerviosas (lesión neurodegenerativa) relacionadas con episodios agudos de trastorno bipolar, sobre todo en el sistema límbico y en la zona del tercer ventrículo cerebral.

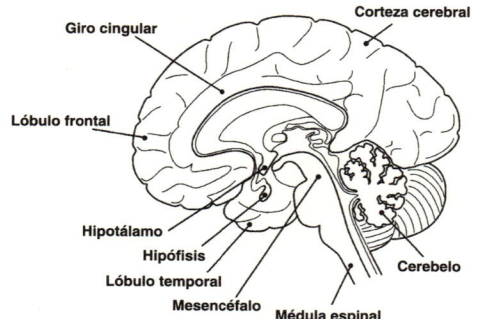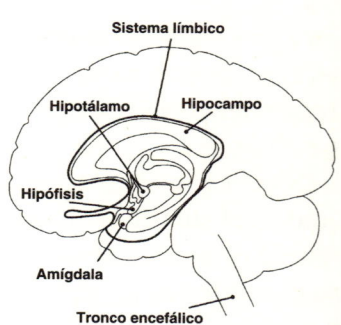

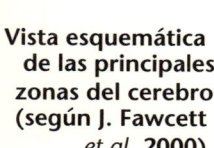
Vista esquemática de las principales zonas del cerebro (según J. Fawcett *et al.* 2000).

Sensibilización y refuerzo

Kraepelin ya observó que la primera manifestación de la enfermedad, por ejemplo un episodio maníaco agudo, va precedida, a menudo, por un acontecimiento de estrés, por ejemplo, un parto o la pérdida de un ser querido. Posteriormente, en la aparición de los siguientes episodios, los factores de estrés juegan un papel cada vez menor. Los etólogos descubrieron, en experimentos con animales, que, en el caso de ratas a las que se adiministró cocaína, se pudo comprobar una sobreactividad corporal. Si después, y de forma repetida, se les seguía administrando cocaína, se reforzaba la sobreactividad. En el caso de las personas, el consumo crónico de cocaína provoca modificaciones de ánimo con irritabilidad e incluso episodios paranoides. Además se sabe que el tejido cerebral en la zona de la amígdala se pude modificar con una estimulación constante a base de cocaína. En el caso del trastorno bipolar esta zona también es susceptible de ser afectada por alteraciones. Por estos motivos, una sensibilización de determinados centros cerebrales en base a un estímulo uniforme (condicionante) continuado podría jugar un papel importante a la hora de la creación de trastornos patológicos del ánimo. Se puede interpretar como resultado de una sensibilización de este tipo que, en el caso de pacientes bipolares, en el aniversario de muerte de su pareja se desate un episodio depresivo agudo. Según esta idea, determinados ámbitos del cerebro, a causa de episo-

Algunos factores de estrés que pueden llevar a episodios maniacos o depresivos.
- Exámenes finales, boda o mudanza.
- Abuso de alcohol o drogas.
- Paro o desamparo por falta de alojamiento.
- Síndrome *burn-out*.[1]
- Estados crónicos de dolor.
- Soledad, aislamiento y bajo concepto de sí mismo.

---

1. Síndrome de agotamiento profesional, «quemarse» en el trabajo.

dios bipolares repetidos, se «entrenan» o sensibilizan de tal forma que la sintomatología se desata sin necesidad de grandes factores de estrés. Otro punto de vista acerca de la creciente independencia de los factores externos de estrés en episodios repetitivos, es el denominado *kindling*. Los resultados de las investigaciones han demostrado que el estímulo repetido de la región de la amígdala disminuye el umbral para el desencadenamiento de un ataque epiléptico, y que entonces se puede observar, más a menudo, una actividad epiléptica espontánea. Transferido al trastorno bipolar, este modelo de presentación significa que el listón psicológico para los episodios agudos (la activación así como la inhibición de células nerviosas en determinados ámbitos del cerebro) a base de episodios repetidos se sitúa cada vez más abajo. Finalmente casi no hay necesidad de un estímulo para que se «activen» episodios de trastornos bipolares, es una posible explicación para las oscilaciones incontroladas del ánimo en el caso de la ciclación rapida.

Factores de estrés

Por regla general, el primer episodio de un trastorno bipolar o unipolar viene precedido de un episodio de estrés. Hoy en día aun no queda claro cual es la importancia exacta de los factores de estrés en el desencadenamiento de un trastorno bipolar. Las modificaciones del equilibrio de las funciones de los neurotransmisores, la sensibilización o los efectos *kindling*, son mecanismo imaginables para una sensibilidad creciente del sistema nervioso a los trastornos bipolares (también sin necesidad de fuertes factores de estrés).

Sin embargo, también está claro que los factores de estrés, como son las actitudes de rompimiento familiar, los problemas laborales, la pobreza o el desamparo por la pérdida de la vivienda, la desaparición de familiares o amigos, no favorecen la estabilidad anímica de una persona que tenga una especial sensibilidad emocional. Los acontecimientos críticos o catastróficos en la vida pueden ser también una grave carga emocional incluso para las personas que tienen una fuerza emocional estable.

Algunos factores de estrés que pueden llevar a episodios maniacos o depresivos.
(Continuación.)
- Abusos físicos, emocionales o sexuales.
- Operaciones, aborto voluntario o espontáneo, parto.
- Problemas de pareja.
- Jubilación o comienzo de un trabajo.
- Divorcio o fin de una relación.
- Acontecimientos traumáticos (accidente, guerra, catástrofes naturales).
- Cambio en una terapia de medicación.
- Modificación del ritmo sueño-vigilia.
- Pérdida de un ser querido.

Capítulo 7
TRATAMIENTO DE LOS TRASTORNOS BIPOLARES

Para el tratamiento de los trastornos bipolares se pueden utilizar numerosas medidas efectivas que, en muchos de los casos, facilitan un eficaz control de las afecciones anímicas. Entre estas medidas se cuentan los psicofármacos, como son los estabilizadores anímicos, los antidepresivos, los neurolépticos clásicos y atípicos, así como otras sustancias activas alternativas. Junto a ello también están, por ejemplo, la terapia electroconvulsiva, la psicoterapia y la psicoeducación.

Estabilizador anímico

Los estabilizadores anímicos (en inglés: *mood stabilizer*) son sustancias que por sus características tienen un efecto tanto antimaníaco como antidepresivo. Se trata probablemente de la medicación psicofarmacológica más importante para el tratamiento de las enfermedades bipolares. Los estabilizadores del ánimo permiten evitar la frecuencia y la severidad de los trastornos episódicos bipolares, durante los intervalos libres de afecciones, y dentro del marco de la profilaxis de las recidivas, pueden proteger a la persona afectada frente a episodios agudos. Se pueden utilizar aisladamente o combinados con otras sustancias.

Litio

El litio es un elemento natural que existe en manantiales de aguas minerales, en el agua del mar y en algunos minerales. Al igual que su pariente el sodio, el litio no se encuentra en la naturaleza en forma de elemento puro, sino sólo como ion en un compuesto salino. Se utiliza como materia prima, en forma de litio disgregado, para la fabricación industrial en cerámica y para baterías de litio. Con fines terapéuticos, se utiliza por regla general, el compuesto de carbonato de litio.

Aguas medicinales y estudios a doble ciego

El efecto terapéutico de las sales de litio en el caso de los trastornos bipolares fue descubierto en los años 40 del siglo XX, y por casualidad, por el médico australiano John Cade. Pero ya en el siglo II d. C. el médico griego Sorano de Éfeso recomendó a sus colegas que prescribieran a sus pacientes maníacos «agua natural, por ejemplo de manantiales alcalinos». Los médicos de la antigua Roma recomendaron igualmente a sus pacientes que realizaran con regularidad una cura de aguas contra las dolencias físicas y psíquicas. Hoy en día se sabe que el agua alcalina de manantial es especialmente rica en iones de litio. La hidroterapia experimentó un nuevo resurgimiento durante el siglo XIX y en ese tiempo se utilizaron las sales de litio, a modo de ensayo, para el tratamiento de la gota y para los trastornos provocados por los cálculos renales.

También el doctor Cade recomendó a sus pacientes afectados por la gota la ingesta de una alimentación aderezada con sal de litio en lugar de sal común de cocina, y de esa forma disolver los cristales de urato de sus articulaciones doloridas; los resultados obtenidos fueron catastróficos. El litio como sustituto de la sal común se mostró venenoso, incluso potencialmente mortal. De aquí resultó una mala reputación para el litio, a pesar de que, en el caso de pacientes maníacos tratados con litio, Cade pudo conseguir una espectacular mejoría en los síntomas maníacos. Coincidiendo con el sentido de la opinión de Kraepelin, Cade creaba diagnósticos psiquiátricos después de reconocimientos exhaustivos y análisis del historial clínico de cada paciente. La hipótesis previa para el descubrimiento del efecto antimaníaco del litio fue la suposición de Cade de que sus pacientes con afecciones crónicas sufrían de un trastorno biológico / físico (en lugar de «emocional» o «funcional») y que, por ello, también se debía utilizar un «medio biológico» para el tratamiento (precisamente el litio).

Durante los años 50 del pasado siglo, el psiquiatra danés Morgens Schou comenzó a investigar sobre la efectividad del litio en pacientes bipolares, y en 1967 informó al cuerpo médico de los resultados de una investigación que se había prolongado durante varios años: con el litio se consiguió que se redujera sustancialmente la duración y la frecuencia de los trastornos bipolares episódicos y muchos de los pacientes incluso permanecieron durante años sin molestias. Sin embargo sus colegas mantuvieron un cierto escepticismo. En 1970, Schou comprobó de un modo sorprendente dentro del marco de un estudio doble ciego el efecto estabilizador anímico del litio: de los 39 pacientes que, en lugar de con litio, fueron tratados con un placebo inocuo, 21 de ellos sufrieron episodios de recaída en los 5 meses siguientes; no recayó ninguno de los pacientes tratados con litio. Poco tiempo después se permitió en Estados Unidos el uso del litio para la terapia de los trastornos bipolares.

Perfil terapéutico

Como elemento, el litio no se metaboliza en el cuerpo humano. A causa de su similitud con el sodio, el litio discurre por nuestro organismo de una forma semejante: se absorbe rápidamente por el sistema gastrointestinal, luego llega a la sangre y se elimina de nuevo a través de los riñones.

El espacio de tiempo en el que el nivel de litio en sangre se reduce a la mitad (vida media) asciende, en los adultos, de 15 a 30 horas. Transcurren unos 5 días hasta que en la sangre de un paciente que ha comenzado con la toma de una dosis determinada de litio se constituye un contenido estable del mismo (en inglés: *steady state*). Si la dosis se modifica, se tardan otros cinco días hasta que se logra el nuevo equilibrio de litio en la sangre.

El litio es un medicamento altamente efectivo con una «tolerancia terapéutica» muy baja, es decir, la diferencia entre la dosis terapéutica y la tóxica es extraordinariamente baja. Por este motivo, el contenido de litio en sangre debe ser estable y se debe controlar regularmente por medio de análisis hematológicos. Para disponer de medidas dignas de confianza, el contenido del litio en sangre se debe determinar 12 horas después de la toma de la última dosis.

Los niveles plasmáticos en el que el litio es terapéuticamente efectivo y no toxico, varía entre 0,8 a 1 mmol/l, el margen inferior de la dosis es de 0,4 a 0,6 mmol/l de litio en sangre. Con dosis más elevadas asciende el riesgo de efectos secundarios, y en el caso de una dosis demasiado baja el efecto puede resultar inexistente. La «dosis adecuada» para estabilizar y prevenir un trastorno bipolar puede ser muy diversa según los casos, unos pacientes necesitan cantidades distintas a las que necesitan otros. También se ha observado que muy ligeras modificaciones en las dosis de litio, de 0,1 a 0,2 mmol/l en cualquier sentido, pueden mejorar notablemente la calidad de vida del paciente durante la terapia de mantenimiento.

El diagnóstico es la mayoría de las veces maniacodepresivo. Yo tomé litio para combatir las depresiones. Por aquel entonces se publicó un libro sobre Virginia Woolf. Toda su vida fue un constante ir hacia arriba y hacia abajo hasta que, a la edad de

60 años, se suicidó. Yo dije: ¡A mi no! Eso no me pasará a mí. Yo no me suicidaré, a menos que sea yo quien lo decida. La depresión no me dominará, yo no soy como ella. Yo no quiero que algo disponga del control sobre mi persona. A la mañana siguiente fui a mi terapeuta y le dije: vale, tomaré el litio. Tomé una dosis en la consulta y me llevé algunas a casa. Me senté en el sofá y me quedé dormida. Estaba muy deprimida. Todo era gris. Cuando me desperté, en el cielo se mostraba una mancha azul. No era grande, pero me di cuenta de que el litio hacia su efecto.

Hannah Ziegellaub

Perfil de efectos secundarios

La sensibilidad ante los efectos secundarios del litio es distinta según los casos. Algunos pacientes lo toleran mejor que otros. A menudo, los efectos secundarios del litio dependen de la dosis, y rebajar la misma elimina efectos no deseados. En todo caso es válido decir que cuanto más elevada sea la dosis de litio, más elevados serán también los riesgos de padecer efectos secundarios. Esto sirve especialmente para muchos de los pacientes aquejados de «embotamiento» de la capacidad de rendimiento mental y de la coordinación. A menudo el estudiar se hace complicado, la capacidad de atención está ligeramente alterada y nos sentimos mentalmente lentos. En comparación con voluntarios sanos a los que se ha administrado litio, se confirman los efectos del litio dependiendo de la dosis. El objetivo terapéutico es conseguir la dosis de litio óptima para el paciente: la menor dosis posible que estabilice de la mejor manera el estado de ánimo.

Algunos de los efectos secundarios se asemejan a los causados por una ingesta elevada de sal de cocina: sensación elevada de sed, constantes ganas de orinar y retención de líquidos. A menudo estos efectos secundarios sólo aparecen de un modo pasajero. En caso de persistir, la eliminación de líquidos mejora con la prescripción de un diurético. Aunque son raras las ocasiones en las que se han observado trastornos en la función renal, por regla general, al hacer un control del contenido de litio en sangre, también se determinan los valores funcionales de los riñones. El litio puede provocar trastornos gastrointestinales, náuseas y diarrea. Por esta causa es preferible tomar el litio después de las comidas. Si el litio se administra en una dosis más elevada, se puede apreciar un ligero temblor de manos. Ocasionalmente este problema se elimina con la administración de betabloqueantes.

En aproximadamente el 35% de los pacientes se da un trastorno funcional de la glándula tiroides, llegando al hipotiroidismo (función disminuida del tiroides) con los siguientes síntomas: piel seca, cansancio y elevada sensación de calor. Los médicos deben tener siempre muy en cuenta estos síntomas y, en caso de duda, deberán llevar a efecto una prueba funcional del tiroides para, si se estimara necesario, comenzar un tratamiento adicional con hormonas tiroideas.

También la piel puede reaccionar sensiblemente ante el litio. Ocasionalmente el litio puede favorecer la recidiva de síntomas dérmicos que ya existían. En caso de duda debe buscarse el asesoramiento del dermatólogo si se padece psoriasis, acné u otro tipo de afecciones cutáneas.

Las mujeres que vayan a ser objeto de una terapia de litio deben procurar no estar embarazadas, ya que es posible que el litio aumente el riego de aborto. Si hay que tomar litio se debe sugerir la utilización de anticonceptivos eficaces. Las mujeres que, durante el puerperio, vayan a ser tratadas con litio deben abstenerse de dar de mamar a sus hijos, pues el litio también pasa a la leche materna.

	Protocolo del litio
Tipo de medicamento	**Estabilizador anímico**
Nombre comercial	Plenur®
Vida media	14 a 30 horas.
Metabolización	Ninguna.
Comienzo del efecto	Entre 5 y 14 días.
Eliminación	Por los riñones.

Medidas de precaución	¡Es obligada la administración de anticonceptivos!
Ámbito terapéutico	Es muy importante la existencia en el suero sanguíneo de concentraciones estables de litio entre 0,5 a 1,2 mmol/l.
Concentraciones de litio	Manía: entre 1,0 a 1,2 mmol/l. Profilaxis: entre 0,6 a 0,8 mmol/l.
Controles analíticos	Hemograma, función renal, hormona tiroidea, electrocardiograma (ECG), electroencefalograma (EEG), test de embarazo, peso corporal, perímetro del cuello.
Efectos secundarios frecuentes	Vómitos, mareos, cansancio, aumento del índice hepático, ligeros temblores.
Efectos secundarios poco frecuentes	Alteraciones alérgicas de la piel, trastornos hematopoyéticos (anemia aplástica), déficit de sodio (hiponatremia), déficit de potasio (hipocalemia).
Efectos secundarios inmediatos	Cansancio, mareos, sensación de sed anormalmente alta, emisión de orina anormalmente alta.
Efectos secundarios tardíos	Incremento de peso, trastornos de la función renal, hipofunción del tiroides (hipotiroidismo), trastornos de la memoria.
Sobredosificación	Temblores intensos, trastornos de coordinación, habla confusa, nauseas, vómitos, colapso de la circulación sanguínea, apatía, sobredosis letal cuando el nivel de litio en sangre es de 2,5 mmol/l o más.

Ácido valproico

También la historia del descubrimiento del ácido valproico (valproato) para el tratamiento de los trastornos bipolares va asociada a una cierta dosis de casualidad. El ácido valproico es un compuesto de carbono que está en la grasa animal y en los aceites vegetales, es un ácido graso. En el año 1882 este compuesto se produjo por primera vez de forma artificial y a partir de ese momento fue utilizado, sobre todo, como disolvente orgánico, por ejemplo para sales de bismuto en el tratamiento de afecciones gástricas y cutáneas.

A comienzos de los años 60 del siglo XX, los científicos buscaron nuevas sustancias para la terapia de la epilepsia, y utilizaron el ácido valproico como disolvente de distintas sustancias que debían ser ensayadas. Los resultados de estos estudios fueron extraordinariamente confusos hasta que a alguien se le ocurrió que, en realidad, no tenía ninguna importancia cuál fuera la sustancia que se estuviera comprobando, bastaba con que contuviera ácido valproico. El «disolvente», ácido valproico, mostró ser un eficaz antiepiléptico y en 1978 se permitió en Estados Unidos su utilización para la terapia de esta enfermedad.

Durante los años 60 del siglo pasado, se informó, en observaciones ocasionales, que el ácido valproico también podía ser efectivo para el tratamiento de los trastornos bipolares. Durante los siguientes diez años fueron, sobre todo, los psiquiatras franceses los que investigaron el efecto del ácido valproico en los pacientes bipolares. Tras el descubrimiento de las propiedades antimaníacas de la carbamacepina (véanse las páginas siguientes) aumentó el interés hacia el ácido valproico como otro posible estabilizador anímico.

A mediados de los años 80 del sigo XX, los psiquiatras americanos informaron sobre terapias de la enfermedad bipolar con ácido valproico, y desde mediados de los años 90 esta sustancia está firmemente asentada como eficaz en el caso de manía y como estabilizador del ánimo.

El mecanismo de efecto del ácido valproico en el trastorno bipolar es todavía más impreciso. Se sabe que esta sustancia mejora la transmisión de señales de las células nerviosas con la ayuda de los neurotransmisores del ácido gamma-aminobutírico (GABA), el

---

Valproato
Compuesto de iones valproato negativos con un ion sodio positivo.

Ácido valproico
Compuesto de iones valproato negativos con un ion hidrógeno positivo.

cual influye en las funciones cerebrales en muchos campos y el ácido valproico refuerza esta influencia.

Perfil terapéutico

Está reconocida la efectividad del ácido valproico en el tratamiento de la manía aguda. Evidentemente la sustancia también es apropiada como estabilizador anímico para la prevención de episodios bipolares y para rebajar el grado de severidad de los episodios. Por el contrario, las experiencias en las terapias con valproato, en el caso de episodios depresivos, son mucho menos impresionantes.

La vida media del ácido valproico, en los adultos, varía desde las 6 a las 16 horas. Por tanto, en dos o tres días, más rápidamente que con el litio, se consigue un equilibrio estable (*steady state*) en el cuerpo. En comparación con el litio, el ácido valproico tiene un efecto más rápido en los episodios maníacos. El efecto total del ácido valproico se alcanza a los 5 días de terapia, mientras que con el litio se precisan unas tres semanas.

Protocolo del ácido valproico	
Tipo de medicamento	Estabilizador anímico, anticonvulsivo
Nombre comercial	Depakine®, Depamide®
Vida media	6 a 12 horas.
Metabolización	Acción y efecto recíproco con otros anticonvulsivos.
Comienzo del efecto	En el plazo de 3 días.
Eliminación	Principalmente por los riñones.
Medidas de precaución	¡Es obligada la administración de anticonceptivos!
Dosificación	Manía: 20 mg diarios por kilogramo de peso corporal. Profilaxis: 600 a 2.400 mg diarios.

Ámbito terapéutico	Concentraciones de 50 a 100 µg/ml en el suero sanguíneo.
Efectos secundarios frecuentes	Mareos, diarreas, temblores, aumento del índice hepático, incremento de peso.
Efectos secundarios poco frecuentes	Vómitos, caída pasajera del pelo, disminución del número de plaquetas (trombocitopenia), ovario policístico.
Efectos secundarios muy poco frecuentes	Inflamación del páncreas (pancreatitis), coma, lupus eritematoso.
Análisis de control	Concentración normal de valproato en sangre, valores hepáticos, hemograma.

Se ha mostrado especialmente efectiva la estrategia de aplicación de *loading lose* en el caso de estados maníacos agudos: sobre la base del peso corporal del paciente se calcula la dosis individual de ácido valproico necesaria para que en la sangre exista un contenido óptimo de ese producto. Esta dosis se administra de una vez, y no como antes, en etapas.

También en determinados grupos de pacientes maníacos el ácido valproico es más apropiado que el litio, por ejemplo en pacientes con ciclación rápida (más de cuatro episodios de trastornos bipolares dentro de un mismo año) o para pacientes con estados bipolares mixtos. Además, el ácido valproico es claramente menos tóxico que el litio.

Una desventaja del ácido valproico frente al litio radica en su poca efectividad ante casos de depresión aguda. Por este motivo, posiblemente sea el ácido valproico el más adecuado para pacientes con ciclación rápida y estados bipolares mixtos, y el litio es preferible para los trastornos bipolares clásicos (maniacodepresivos).

El contenido de ácido valproico en sangre es más complicado de medir que el del litio y los análisis de sangre son más costosos. Para que se produzca un efecto terapéutico, se deben conseguir al menos 45 microgramos de ácido valproico por mililitro de sangre. Hay que esperar efectos secundarios en niveles en sangre superiores a los 125 microgramos. También el análisis de sangre de ácido valproico debe realizarse doce horas después de haberse administrado la última dosis.

Los resultados de los estudios han demostrado que el ácido valproico también puede influir positivamente en la ciclotimia y en el trastorno bipolar II, aunque con una dosis menor que en el tratamiento del trastorno bipolar I.

Perfil de efectos secundarios

El ácido valproico se soporta claramente mejor que el litio y también, en caso de sobredosis, es menos tóxico. Suelen aparecer efectos secundarios a comienzo del tratamiento, con dolencias estomacales a corto plazo y somnolencia. Raramente aparece aumento del apetito e incremento de peso. El temblor de las manos se puede tratar con betabloqueantes. En algunos pacientes se puede observar pérdida de cabello, que se regenera rápidamente cuando se administra una alimentación rica en minerales de cinc y selenio.

Se observaron casos de graves trastornos de la función hepática casi exclusivamente en niños menores de diez años que, además de ser tratados con otros muchos medicamentos, fueron tratados contra la epilepsia con ácido valproico. En un trabajo conjunto del año 1989 se comunicó que nunca, en pacientes tratados a lo largo de 10 años, se habían observado serios trastornos de hígado causados por el ácido valproico. Sin embargo, por motivos se seguridad se controlaron los índices hepáticos en sangre de aquellos pacientes que tomaban por primera vez el ácido valproico. Son muy raros los casos de trastornos hematopoyéticos causados por efecto del ácido valproico, y la mayoría de las veces se desarrollan durante los seis primeros meses de aplicación. Con análisis de sangre rutinarios se pueden descubrir rápidamente estas alteraciones.

El ácido valproico puede, como el litio, causar deformaciones congénitas. Las mujeres en edad fértil que se estén tratando con ácido valproico deberían, por ello, utilizar anticonceptivos eficaces.

Carbamacepina

Después de que, durante los años 60 del siglo XX, se permitiera el uso de la carbamacepina como antiepiléptico, aparecieron algunas comunicaciones informando sobre pacientes epilépticos, afectados además por trastorno bipolar, que con la terapia de carbamacepina también habían obtenido mejoría en relación a sus trastornos bipolares. A continuación se investigó el análisis del efecto de la carbamacepina en el caso de pacientes exclusivamente afectados de bipolaridad. Desde 1980 la carbamacepina también ha quedado reconocida como un estabilizador anímico.

Perfil terapéutico

Hay gran cantidad de pacientes con trastorno bipolar que, por razones no del todo claras, no reaccionan ante la terapia estándar con litio; en algunos de ellos fallan los antidepresivos o neurolépticos, o su estado de ánimo no se puede estabilizar de un modo suficiente con una sola sustancia. Para estos pacientes problemáticos es apropiado la carbamacepina, como terapia alternativa, combinada, por ejemplo, con neurolépticos o litio.

El contenido de carbamacepina en sangre, como en el caso de los demás estabilizadores anímicos, debe ser medido para encontrar el diagnóstico óptimo individual. Por lo general, se tiende al nivel de carbamacepina reconocido en la terapia de la epilepsia. La carbamacepina se metaboliza en el hígado y allí activa progresivamente enzimas que, con el paso del tiempo, hacen ineficaz a dicha sustancia. Los niveles sanguíneos de carbamacepina pueden, por tanto, disminuir una vez transcurridas algunas semanas, con lo que la dosis debe aumentarse adecuadamente. Esta elevación de las enzimas hepáticas influye también en la metabolización de otros medicamentos administrados al paciente. Entonces pueden aparecer interacciones y efectos recíprocos entre algunos antidepresivos, antiepilépticos o determinadas hormonas, incluyendo la píldora *antibaby*. Todos los médicos implicados en el tratamiento de un paciente deben conocer cuando se comenzó el tratamiento con carbamacepina a fin de ajustar la dosis de acuerdo con las necesidades.

Protocolo de la carbamacepina	
Tipo de medicamento	Estabilizador anímico, anticonvulsivo
Nombre comercial	Tegretol®
Vida media	18 a 55 horas.
Metabolización	Compleja, posible acción y efecto recíproco con otros medicamentos.
Comienzo del efecto	En el plazo de 1 semana.
Eliminación	Principalmente por los riñones.
Medidas de precaución	¡Es obligada la administración de anticonceptivos!
Dosificación	Manía: 600 a 2.400 mg diarios. Profilaxis: 600 a 800 mg diarios.
Ámbito terapéutico	Concentraciones de 6 a 12 µg/ml en el suero sanguíneo.
Efectos secundarios frecuentes	Vómitos, cansancio, mareos, alteraciones alérgicas epidérmicas, disminución de los glóbulos blancos (leucopenia).
Efectos secundarios poco frecuentes	Déficit de sodio (hiponatremia), déficit de calcio (hipocalcemia), trastornos hematopoyéticos.
Análisis de control	Concentración normal de carbamacepina, valores hepáticos, hemograma.

Perfil de efectos secundarios

La carbamacepina, como otros muchos medicamentos, puede provocar en la fase de inicio de su aplicación, trastornos de localización u orientación, por ejemplo, somnolencia, mareos o malestar. Estas molestias son pasajeras y dependen de la dosis. En muy pocos de los casos se informó de trastornos en la función hepática que fueran debidos a la carbamacepina. Por ello se deben hacer, de forma rutinaria, controles de los índices hepáticos en sangre. Otros efectos secundarios, como las alteraciones cutáneas alérgicas, una disminución de los glóbulos blancos (leucopenia) o un peligroso síndrome de Stevens-Johnson (necrosis epidérmica tóxica condicionada) son realmente raros. Los pacientes tratados con carbamacepina deben tener en cuenta la aparición de síntomas físicos que sean poco habituales (erupciones cutáneas, ictericia, hemorragias, infecciones).

Nuevos antiepilépticos eutimizantes o estabilizadores del estado de ánimo

Topiramato (Topamax®)

El topiramato es un nuevo agente antiepiléptico, el cual se clasifica químicamente como un monosacárido y cuya acción terapéutica primera y por tanto su comercialización inicial es como antiepiléptico y recientemente, tal como ocurre con otros antiepilépticos modernos, aparece también la indicación de estabilizador del estado de ánimo. Su utilización actual en los trastornos bipolares es en las crisis maníacas agudas y en la profilaxis de la enfermedad, en ambos casos ya sea como monoterapia o combinado con otros tratamientos agudos o estabilizadores.

Se recomienda iniciar el tratamiento con dosis bajas de 50 mg por la noche durante una semana. Luego, con intervalos semanales, la dosis debería incrementarse de 50 a 100 mg y administrarse en una o dos tomas al día, hasta alcanzar la dosis efectiva de entre 200 y 400 mg repartidos en dos tomas. Se puede administrar sin tener en cuenta las comidas.

Efectos secundarios y precauciones: la mayoría de estos efectos aparece solamente al inicio del tratamiento (las primeras 6 a 8 semanas). Con escalada lenta de la dosis y también con monoterapia los efectos adversos disminuyen considerablemente.

Los mas frecuentes son: hormigueos de brazos y piernas, temblor, trastornos de la palabra, somnolencia, lentitud mental, dolor de cabeza, déficit de concentración, confusión mental y nerviosismo, litiasis renal, (piedras en el riñón) esta afección se da en el 2% de los tratados siendo más frecuente en hombres y más aún si tienen antecedentes familiares de litiasis. Las piedras se originan por la alcalinización de la orina, y el modo de evitar esta complicación es con una adecuada hidratación (bebiendo mucha agua). Un porcentaje importante de hasta el 30% de los pacientes tratados con topiramato y más en mujeres que en hombres, muestran una pérdida de peso de hasta el 10% del peso corporal. Esta disminución de peso puede ser muy útil en pacientes con obesidad y para contrarrestar el aumento de peso de muchos de los otros tratamientos utilizados en los trastornos bipolares. Como todos los fármacos antiepilépticos, el topiramato, al ser retiradas debe hacerse de forma gradual para minimizar la posibilidad de un aumento de la frecuencia convulsiva. En estudios clínicos, las dosis se fueron reduciendo en 100 mg semanales. En algunos pacientes, el retiro se hizo con mayor rapidez y sin complicaciones.

El topiramato actúa en el sistema nervioso central y puede producir somnolencia, mareos u otros síntomas relacionados. Estos efectos adversos que de otra manera serían leves o moderados podrían potencialmente ser peligrosos en pacientes a la hora de conducir vehículos u operando maquinarias, por lo que se desaconseja su práctica hasta que la experiencia de cada paciente con la medicación se haya establecido.

En un estudio realizado para investigar la interacción con anticonceptivos orales, la eficacia de bajas dosis (20 mg) de anticonceptivos orales puede verse reducida con el topiramato. Aquellas pacientes bajo tratamiento con anticonceptivos orales deberían ser advertidas para que consulten en caso de cambio en sus menstruaciones. Como otros fármacos antiepilépticos, el topiramato demostró ser teratogénico en ratones, ratas y conejos. En ratas, el topiramato cruza la barrera placentaria. No hay estudios en los cuales se haya administrado topiramato a mujeres embarazadas. Por tanto, topiramato debería ser usado durante el embarazo sólo si los beneficios potenciales superan los posibles riesgos para el feto.

El topiramato se excreta por la leche de ratas dando de lactar. No se sabe si topiramato se excreta por leche humana. Dado que muchas drogas se excretan por leche humana, se deberá tomar una decisión en cuanto a discontinuar la lactancia o discontinuar el tratamiento, tomando en consideración la importancia de la medicación para la madre.

Lamotrigina (Lamictal®, Crisomet®, Labileno®)

En realidad la lamotrigina es un antiepiléptico, aprobado y eficaz en monoterapia tanto para las convulsiones generalizadas como para las parciales. Su mecanismo de acción es por antagonismo del sistema del glutamato a través del receptor NMDA. Su interés psiquiátrico está en relación con su efecto *antikindling*, del mismo modo que el valproato (Depakine) o la carbamazepina (Tegretol) y de ahí procede su indicación para el tratamiento de la manía, la depresión bipolar o la profilaxis de la ciclación en los trastornos bipolares.

Se aconseja la escalada lenta de dosis según el paciente y su tolerancia. Se vende en comprimidos de 25, 50, 100 y 200 mg. La dosis terapéutica más utilizada en adultos es de 400 mg diarios.

La lamotrigina es seguramente más eficaz como preventivo en las recurrencias depresivas del trastorno bipolar que en las maníacas. La lamotrigina supone una alternativa más cuando el litio no funcione, o el paciente sea litio resistente o esté contraindicada la administración de litio. Es un excelente complemento de los antidepresivos y posee en sí misma un cierto valor como antidepresivo. Ideal para utilizarla como coadyudante a los antidepresivos en las depresiones resistentes, en las depresiones graves, bipolares y melancólicas cuando no responden a un antidepresivo bien elegido. La combinación de antidepresivos y lamotrigina debe formar parte del protocolo de tratamiento de las depresiones resistentes, antes de plantearse el TEC, sola o en combinación con el litio.

Efectos adversos y precauciones: Aunque la tolerancia de la lamotrigina es generalmente buena, pueden aparecer cietos efectos secundarios como por ejemplo *rash* cutáneo (erupción de la piel), somnolencia y otros menores que no obligan a suspender el tratamiento. Uno de cada mil pacientes con lamotrigina puede desarrollar lo que se conoce com el sindrome de Stevens-Johnson, con repercusiones graves por lo que hay que sobrevalorar siempre las reacciones de *rash* que si son muy intensas deben obligar a suspender el tratamiento. La lamotrigina no interfiere en los niveles de estrógenos que se emplean para suprimir la ovulación o sea que no interfiere con los medicamentos anticonceptivos. Como todos los antiepilépticos no se aconseja su uso durante el embarazo y la lactancia y hay que advertir a los pacientes del riesgo de conducir o de manejar maquinaria peligrosa hasta no valorar su tolerancia en cada caso. Se desaconseja el consumo de bebidas alcohólicas con este tratamiento.

Gabapentina (Neurontin®)

La gabapentina es un fármaco cuyo mecanismo de acción no se conoce completamente. Se trata de un aminoácido con una estructura molecular similar a la L-leucina, que deriva de la molécula de GABA, (ácido gamma-aminobutírico) aunque se sabe que no tiene actividad sobre receptores GABA, ni sobre la recaptación de dicho neurotrasmisor. Aunque se trata de un fármaco aprobado inicialmente como anticonvulsivante, y como analgésico en el dolor idiopático, diversos estudios le han sugerido propiedades contra la ansiedad, así como también una acción beneficiosa en el control de la agresividad y los trastornos de la conducta, sobre todo, aquellos relacionados con la impulsividad. Sin embargo estas indicaciones que se le suponen no se encuentran todavía aprobadas.

Su indicación más frecuente es el síndrome por dolor neuropático tan común en Medicina general y el tratamiento de la fibromialgia, una patología tan misteriosa como frecuente.

Algunos autores recomiendan la gabapentina en la ansiedad social y en el trastorno de angustia a dosis altas (entre unos 1.200 y 1.800 mg), otros en las conductas adictivas y otros en la bulimia nerviosa y por lo que nos interesa en el control de la fase aguda de la manía (muy discutible) y en la fase de mantenimiento de los trastornos bipolares, sin embargo hay que insistir que estas indicaciones carecen de un respaldo bibliográfico definitivo.

Como sucede con los otros antiepilépticos, la gabapentina compone una larga lista de efectos adversos y de interacciones con otros antiepilépticos: los famosos efectos de ataxia locomotriz, los mareos, la excesiva sedación son los mas frecuentes por lo que se recomienda precaución con la conducción de vehículos a motor y maquinaria industrial peligrosa.

No se han realizado estudios adecuados sobre la administración de gabapentina en mujeres embarazadas, pero estudios en animales han demostrado que puede producir daños en el feto. Tampoco se conoce si la gabapentina pasa a la leche materna en cantidades significativas. Debido a los posibles efectos adversos que puede causar en el feto y en el lactante, se recomienda dejar de tomar este medicamento durante el embarazo y la lactancia materna.

Por ultimo la toxicidad del fármaco es muy baja, lo que lo hace ideal para el manejo de pacientes potencialmente suicidas. Sin embargo el manejo de este fármaco es complicado y en su uso se impone la escalada progresiva de dosis y las dosis definitivas no son estandard sino muy personalizadas y siempre a criterio del médico.

Antidepresivos

Los episodios depresivos del trastorno bipolar pueden ser tratados de forma muy eficaz con numerosos antidepresivos. Estos productos han demostrado ser un recurso muy eficaz en el tratamiento de los trastornos bipolares, y muchos pacientes se benefician, al menos durante los episodios depresivos agudos, de estas sustancias.

El error más común
Los antidepresivos no crean dependencia ni producen adición aunque se tomen prolongadamente.

Pero siempre se debe tener en cuenta que en el caso de pacientes bipolares, el empleo de antidepresivos puede llegar a desencadenar síntomas maníacos. En algunos pacientes, incluso se puede llegar a una aceleración del trastorno con incremento de episodios de perturbaciones anímicas, o a una ciclación rápida. Por el momento no se puede predecir qué tipo de pacientes se verá especialmente afectado por estos efectos. Evidentemente, los pacientes con trastorno bipolar I, las mujeres y los pacientes con un historial previo de ciclación rápida o de ciclotimia, sufren un riesgo que es superior al de los demás pacientes. Determinados antidepresivos, como la paroxetina y los inhibidores de la monoaminooxidasa (IMAO) padecen un riesgo muy elevado en lo que se refiere al desencadenamiento de síntomas maníacos.

Antidepresivos tricíclicos

Las primeras sustancias efectivas disponibles para el tratamiento de las depresiones fueron los antidepresivos tricíclicos. A pesar de las numerosas sustancias recientemente incorporadas a los antidepresivos, los tricíclicos siguen teniendo vigencia como estándar terapéutico. El nombre de esta clase de sustancia se deriva de su estructura química básica (tres anillos), también existen otras con una estructura básica de cuatro anillos (antidepresivos tetracíclicos). Los antidepresivos tricíclicos surten un efecto primario sobre la inhibición de la recaptación del neurotransmisor noradrenalina en la célula nerviosa.

A pesar de todos los conocimientos científicos y de las teorías que de ellos se derivan sobre la génesis de la depresión, debemos añadir, como se ha señalado en otros lugares, que se sabe muy poco del funcionamiento real de los antidepresivos: es un jeroglífico que aún no está resuelto.

Los antidepresivos tricíclicos no se utilizan hoy en día tanto como se hacía en tiempos pasados. Esto se debe, entre otras cosas, a la aparición de nuevos tipos de sustancias y a que algunos pacientes toleran mal los antidepresivos tricíclicos. Sin embargo, todos los efectos secundarios dependen de la dosis y, por regla general, sólo aparecen de forma pasajera.

Durante los primeros días de toma, los pacientes se encuentran a menudo «como embotados» o ligeramente adormecidos (sedación). Puesto que los antidepresivos tricíclicos bloquean al neurotransmisor acetilcolina, que participa en la regulación de funciones autónomas corporales, como es la digestión, en muchas ocasiones aparecen las molestias correspondientes, son los denominados efectos secundarios anticolinérgicos entre los que se cuenta: estreñimiento, xerostomía o sequedad de boca, visión borrosa o trastornos al orinar. En la mayoría de los casos se debe hacer una reducción de la dosis del antidepresivo

Los pacientes que padecen aumento de la tensión intraocular (glaucoma), o tienen problemas con la vejiga de la orina, sólo deben tomar antidepresivos tricíclicos bajo estricto control médico. Además, con estos antidepresivos se suele dar un aumento de peso.

Antidepresivos tricíclicos					
Sustancia activa	Nombre comercial	Dosis habitual diaria (mg/día)	Efecto calmante	Efectos anti-colinérgicos* secundarios	Aumento de peso
Amitriptilina	Tryptizol® Mutabase®	70 a 300	⇧⇧⇧	⇧⇧⇧	⇧⇧
Amitriptilinoxido		70 a 300	⇧⇧⇧	⇧⇧⇧	⇧⇧
Clomipramina	Anafranil®	100 a 200	⇧⇧	⇧⇧⇧	⇧
Desipramina		100 a 200	⇧	⇧	⇧
Doxepina	Sinequan®	100 a 200	⇧⇧⇧	⇧⇧	⇧⇧
Imipramina	Tofranil®	100 a 200	⇧⇧⇧	⇧⇧	⇧⇧
Lofepramina		105 a 210	⇧⇧	⇧⇧	
Maprotilina	Ludiomil®	100 a 150	⇧⇧	⇧⇧	⇧⇧
Nortriptilina		75 a 150	⇧	⇧	⇧
Trimepramina		75 a 400	⇧⇧⇧	⇧⇧⇧	⇧⇧

* Entre los efectos anticolinérgicos secundarios se cuentan la xerostomía, trastornos circulatorios y trastornos de la visión.

(⇧⇧⇧ = fuerte, ⇧⇧ = moderado, ⇧ = ligero)

La sobredosis de los antidepresivos tricíclicos es muy peligrosa, y muchos pacientes con perturbaciones anímicas han utilizado estas sustancias con intenciones suicidas. La dosis mortal en adultos asciende a 20 veces la dosis normal.

De todos modos los niños reaccionan considerablemente a los efectos tóxicos de los antidepresivos. ¡En todo caso mantenga estas sustancias fuera del alcance de los niños!

Inhibidores selectivos de la recaptación de serotonina (ISRS)

«Una nación de Prozac» era la cabecera que acompañaba, en 1988, a la introducción en el mercado de EE.UU. de una nueva clase de sustancia antidepresiva: antidepresivos sin los efectos secundarios de los tricíclicos y sin su potencial tóxico en caso de sobredosis. Esta nueva clase de sustancias antidepresivas influía poco en el neurotransmisor noradrenalina, y en su lugar bloqueaba la recaptación neuronal del neurotransmisor serotonina en la sinapsis, de ahí su nombre: inhibidores selectivos de la recaptación de serotonina (ISRS). Los resultados de los estudios han demostrado que el neurotransmisor serotonina que se utiliza para el tratamiento de la depresión es, evidentemente, el neurotransmisor más importante. Las experiencias en la terapia y las investigaciones científicas que se refieren al ISRS han ayudado a un mejor entendimiento de los trastornos bipolares.

Los efectos secundarios más notables de los ISRS son las dolencias gastrointestinales o el malestar, al menos durante los primeros días de la toma. En raras ocasiones se producen diarreas o vómitos. En numerosas ocasiones los ISRS, en especial la fluoxetina, tienen efectos estimulantes, un estado que, por regla general, prefieren los pacientes con situaciones de ánimo depresivo. Otros sienten un ligero «nerviosismo». También, y de modo ocasional, puede aparecer una cierta somnolencia (sedación) como efecto secundario. Cuando realmente aparecen, estos efectos secundarios van asociados a la fase de inicio del tratamiento y desaparecen con el tiempo.

De todos modos, tras unas semanas o meses de tratamiento con los ISRS, pueden aparecer alteraciones de la función sexual. Disminuye el interés por la sexualidad (trastornos de libido), o las personas afectadas tienen dificultades para alcanzar el orgasmo. A pesar de que médicos y pacientes hablan poco y de mala gana sobre el tema, hay que admitir que, aproximadamente, un tercio de los pacientes que toman antidepresivos ISRS pueden padecer estos trastornos. Las posibilidades de solventar este problema son limitadas. O bien se toman unas «vacaciones» de los antidepresivos «durante el fin de semana» o bien deben cambiar de tipo de sustancia, pasando a un antidepresivo con otro mecanismo de efecto.

Inhibidores selectivos de la recaptación de serotonina (ISRS)		
Sustancia activa	Nombre comercial	Dosis habitual diaria (mg/día)
Citalopram	Seropram®, Prisdal®	20 a 60
Fluoxetina	Prozac®, Adofen®, Reneurón®	20 a 40
Fluvoxamina	Dumirox®	100 a 200
Paroxetina	Motivan®, Frosinor®	100 a 150
Sertralina	Aremis®, Besitran®	100 a 200
Venlafaxina	Vandral®, Dobupal®	75 a 225
Ningún efecto tranquilizante ni efectos colinérgicos secundarios. Existe posibilidad de de efectos secundarios como trastornos gastrointestinales y, ocasionalmente, náuseas al al comienzo del tratamiento.		

Pero también hay pacientes que dicen que su vida sexual se ha intensificado desde que toman los antidepresivos ISRS y que, en el caso de los hombres, la erección y los orgasmos se han visto afectados de forma favorable. De hecho, los resultados científicos demostraron que los ISRS pueden servir de ayuda en el tratamiento de la eyaculación precoz.

Otros nuevos antidepresivos		
Sustancia activa	Nombre comercial	Dosis habitual diaria (mg/día)
Mirtazapina	—	15 a 30
Nefazodone	—	200 a 400

Otros nuevos antidepresivos

Durante el decenio de los 90 del siglo XX, para el tratamiento de la depresión se introdujeron numerosas sustancias nuevas que no eran ni antidepresivos tricíclicos ni ISRS: a estas sustancias se les denomina «antidepresivos atípicos» o «antidepresivos de segunda generación». Las sustancias aisladas influyen en ámbitos distintos del sistema biomecánico de señal de las células nerviosas: noradrenalina, serotonina u otros neurotransmisores, y muchas de las sustancias influyen, con diversa intensidad, sobre varios neurotransmisores, es decir, en el ánimo a través de la correspondiente zona funcional cerebral.

El perfil de los efectos secundarios de las sustancias independientes puede ser muy variado, con características análogas a las de los antidepresivos tricíclicos y los ISRS.

Inhibidores de la monoaminooxidasa (IMAO)

En conexión con un medicamento recién desarrollado que, a comienzos de los años 50 del siglo pasado, se utilizó contra la tuberculosis, se observó que algunos pacientes, por su efecto, experimentaban un claro efecto de elevación del ánimo.

Otras investigaciones sobre este fenómeno dieron como resultado, a lo largo de los años, que este fármaco de características antituberculosas dejaba inactiva una enzima del cuerpo, la que toma parte en el metabolismo de la amina del sistema nervioso: la enzima monoaminooxidasa (MAO) «anula» los componentes más importantes de los neurotransmisores serotonina, noradrenalina y otros mensajeros nerviosos.

Por medio de este efecto de neutralización de los neurotransmisores se elevaba la cantidad de estos mensajeros en el sistema nervioso.

Aunque este mecanismo no está aclarado, se acepta que la activación de la desasimilación de los neurotransmisores es responsable del efecto antidepresivo de los inhibidores de la monoaminooxidasa (inhibidores MAO: IMAO).

También el hipérico (*Hypericum perforatum*), hasta el momento la única planta efectiva como antidepresivo, se mostró como un IMAO (aunque muy débil).

Cuando, en el caso de pacientes depresivos, han fallado todas las demás sustancias antidepresivas, los IMAO pueden ser una buena alternativa de tratamiento. Quien tome inhibidores de la MAO está obligado, sin embargo, a adoptar estrictas medidas de precaución y debe estar preparado para incidentes desagradables.

La enzima monoaminooxidasa es también normalmente activa en la mucosa intestinal y el hígado, ya que muchas de las sustancias que aparecen de forma natural en los alimentos muestran gran semejanza con la noradrenalina y deben ser desactivados antes de alcanzar el flujo sanguíneo.

La noradrenalina tiene ciertas semejanzas con la adrenalina y si circula por la sangre en una elevada concentración puede provocar efectos parecidos a la misma: aumento de la tensión sanguínea, el corazón late más rápidamente y todo el sistema circulatorio se encuentra en estado de alerta.

Sobre todo el aminoácido denominado tiramina, que es un complemento alimenticio y forma parte de algunos alimentos, tiene un efecto adrenalínico sobre el cuerpo cuando la anulación de la enzima monoaminooxidasa queda desactivada en el intestino por la toma de un IMAO. Los pacientes que toman inhibidores MAO deben evitar ciertos alimentos: por ejemplo bebidas alcohólicas (cerveza y vino), cerveza sin alcohol, habas, quesos curados, hígado de vacuno y gallina, extractos de carne, sopas de sobre, productos ahumados, tofu, productos con levadura, salsa de soja, cremas ácidas, plátanos, aguacates, ciruelas, pasas, espinacas, tomates, yogurt y otros alimentos, así como los complementos alimenticios con contenido de tiramina. ¡A través de un asesor dietético se puede conseguir un listado completo de los alimentos que se deben evitar en caso de tener una medicación con inhibidores MAO!

Inhibidores de la monoaminooxidasa (IMAO)		
Sustancia activa	Nombre comercial	Dosis habitual diaria (mg/día)
Moclobemida	Manerix®	300
Selegilina	Plurimen®	10
Tranilcipromina	Parnate®	20 a 30

Los efectos secundarios pueden ser, entre otros, trastornos del sueño, sudoración intensa, mareos, aumento de peso y trastornos en la función sexual. ¡Una dieta especial puede corregir estos efectos!

Los IMAO pueden provocar también nerviosismo, trastornos en el sueño y sudoración excesiva (hiperhidrosis), así como trastornos circulatorios al cambiar de la posición supina a la erguida (hipotonía ortoestática). Otros posibles efectos secundarios son obnubilación, aumento de peso, retención de líquidos y trastornos en la función sexual. Las personas que toman IMAO deben informar a su médico de esta circunstancia para evitar que, en base al desconocimiento de la misma, se prescriba un estimulante circulatorio (¡adrenalina!), lo que podría provocar crisis circulatorias mortales.

Neurolépticos

Si se interroga a diez médicos o, sencillamente, a diez personas distintas, lo que significa la palabra «psicótico», se recibirán diez respuestas distintas, desde «loco», «demente», «desorientado», «incapacitado mental» hasta «de ideas delirantes». Es sorprendente que uno de los términos psiquiátricos más frecuentemente utilizado exprese, de hecho, tan poco. Lo cierto es que, además, muchas personas adjetivadas como «psicóticos», aun cuando sea un concepto carente de significado, han sido tratados con los denominados «antipsicóticos» o «neurolépticos», una decisión que coloca a estas personas en un «mundo a cámara lenta», carente de emociones y mal iluminado, y que puede causar otros muchos trastornos secun-

Antipsicóticos
Sustancias que son efectivas contra la psicosis.

Neurolépticos
Sustancias que son efectivas contra la psicosis. Este término deriva del griego y significa «relativo al sistema nervioso».

darios. Actuando de modo adecuado (es decir, conocer y disponer de un diagnóstico lo más exacto posible sobre los trastornos básicos esenciales, las sustancias más adecuadas para prescribir, el tiempo durante el que se deben tomar y la dosis para cada caso), los neurolépticos son un medida de tratamiento útil y valiosa. Para los trastornos bipolares se toleran mejor y son más efectivos, como muestran los más notables avances terapéuticos, los nuevos eficaces neurolépticos atípicos, como la olanzapina, en especial en caso de trastornos graves maníacos o depresivos con delirios y alucinaciones.

Neurolépticos clásicos

Durante los años 30 del siglo XX, se sintetizó en Europa el componente denominado fenotiacina, que tenía notables efectos tranquilizantes y sedantes. En especial se mostró como muy útil la clorpromacina en el caso de operaciones quirúrgicas, pues la sedación anestésica era absorbida de una forma más segura que con las demás sustancias.

Al principio de los años 50 del pasado siglo, los psiquiatras franceses, dentro del marco de estudios clínicos trataron con clorpromacina a pacientes severamente esquizofrénicos y maníacos, consiguiendo un gran éxito: la clorpromacina no sólo tiene un efecto fuertemente tranquilizador y sedante, sino que hace que también desaparezcan las alucinaciones y delirios, mostrando además efectos antipsicóticos. Las sustancias que tienen este espectro de acción se denominan neurolépticos «clásicos» o «típicos» así como antipsicóticos. Se distingue entre los de efecto suave, moderado y fuerte. Los trastornos bipolares episódicos de la enfermedad bipolar pueden llevar, en ocasiones, a síntomas extremadamente inquietantes o a modificaciones anormales del comportamiento en el estado depresivo o maníaco. Los estabilizadores anímicos y los antidepresivos se utilizan a menudo hasta que se consigue el efecto deseado. Pero, ¿cómo se puede ayudar, al menos a corto plazo, a pacientes maníacos agudos aquejados de terribles y excitantes alucinaciones?

Perfil terapéutico

El efecto tranquilizante de los neurolépticos aparece inmediatamente después de su ingestión. Es válido tanto para pacientes depresivos muy agitados como para maníacos. De todos modos, ha sido objeto de mucha controversia la determinación de hasta qué punto tiene efecto antipsicótico una sustancia, y cuál es la dosis adecuada.

Todas las sustancias de este tipo bloquean los receptores de la dopamina en el cerebro. Posiblemente, en el caso de la esquizofrenia no funcionan adecuadamente determinados circuitos de las células nerviosas que utilizan la dopamina como neurotransmisor y provocan alucinaciones y trastornos con pensamientos extravagantes. Todavía no está clara la forma en que los neurolépticos influyen en la función cerebral. ¡Tampoco está claro, y es controvertido, si las complicadas alteraciones psicóticas bipolares se pueden realmente tratar de forma sensata con los neurolépticos clásicos!

En el transcurso de los años 60 y 70 del siglo XX, junto con las fenotiacinas, se desarrollaron otras sustancias que podían bloquear a los receptores de dopamina. Sin embargo, el perfil de efectos secundarios de todas estas sustancias es más o menos similar. Esto, para las personas afectadas, no significa un avance importante.

Todos los neurolépticos clásicos tiene un efecto relajante y provocan somnolencia, algunos más que otros. En especial, en dosis elevadas el efecto es muy acusado.

Perfil de efectos secundarios

Los neurolépticos clásicos pueden producir, como algunos antidepresivos tricíclicos, efectos secundarios anticolinérgicos: sequedad de boca, estreñimiento o visión borrosa. Queda en el aire si el paciente se puede «acostumbrar». El problema principal de los neurolépticos clásicos es su desfavorable influjo sobre el tono muscular y el movimiento (motricidad) así como sobre la coordinación locomotora, un efecto secundario del bloqueo de la dopamina. En la terminología médica estos trastornos de movimiento se califican como «síntomas extrapiramidales» (SEP).

> **«Psicosis y psicótico». ¿Palabras vacías de contenido?**
> - Una definición normal de la psicosis reza lo siguiente: «Una persona que pierde la relación con la realidad. La persona oye, por poner un ejemplo, voces de seres inexistentes (alucinaciones) y/o manifiesta ideas de pensamiento y convicciones extravagantes (delirio).»
> - Una definición médica de la psicosis diría así: «Un trastorno o un estado psíquico, en el que la persona afectada ve mermada gravemente la capacidad de percibir, registrar o medir su entorno, y de reaccionar adecuadamente a ello.»

Neurolépticos clásicos

Sustancia activa	Nombre comercial	Dosis habitual diaria (mg/día)
Sustancias de efecto ligero		
Pipamperon	—	400
Promacina	—	600
Sulpirida	Dogmatil®	600
Sustancias de efecto moderado		
Clorpromacina	Largactil®	300
Clorprotixeno	—	350
Levomepromacina	Sinogan®	350
Peracina	—	400
Protipendil	—	350
Tioridacina	Meleril®	400
Trifluopromacina	Eskazine®	150
Sustancias de efecto fuerte		
Flupentixol	Deanxit®	6
Flufenacina	—	10
Haloperidol	Haloperidol®	5
Perfenacina	Decentan®	32
Pimocida	Orap®	6

Son posibles reacciones secundarias, entre otras, efectos anticolinérgicos como sequedad de boca, trastornos circulatorios, estreñimiento, trastornos de la visión y locomotores (extrapiramidales). Como norma, las sustancias utilizadas contra los trastornos bipolares solo se deben utilizar a corto plazo y con la dosificación necesaria.

La dopamina es el neurotransmisor más importante para el complejo control de la coordinación del movimiento en el sistema denominado extrapiramidal. El sistema piramidal (así denominado por los haces de fibras nerviosas triangulares en la médula ósea) es responsable de la ejecución exacta de los más precisos movimientos musculares.

El sistema extrapiramidal se ocupa de que el resto del cuerpo se mueva de tal forma que al final se consiga un movimiento ágil y sin trastornos. Los neurolépticos clásicos bloquean los receptores de dopamina y pueden provocar graves trastornos de movimiento. Al conocer a alguna persona que padezca la enfermedad de Parkinson, se percibe su paso lento y arrastrando los pies, la falta de expresividad de su cara y sus manos temblorosas. En el caso del Parkinson mueren células nerviosas en el cerebro, en la denominada sustancia negra, y con ello la transmisión de dopamina pierde su área de trabajo que es la coordinación central nerviosa del movimiento. Cuando se toman los neurolépticos clásicos no se mueren células nerviosas, pero el campo de trabajo de la dopamina queda bloqueado transitoriamente, con consecuencias parecidas a las que son denominadas como «pseudo-parkinsonismo». Otros síntomas extrapiramidales son, por ejemplo, los espasmos musculares en la lengua, en la cara o en el cuello. También pueden aparecer impulsos de movimiento incontrolable y molesto, la mayoría de las veces en las piernas, y la incapacidad de permanecer sentado y quieto (acatisia).

Estos síntomas se pueden tratar por medio de la disminución de la dosis de neurolépticos o con medidas antiparkinsonianas. Si los neurolépticos se toman durante años, puede aparecer lo que se denomina una discinesia tardía: movimientos involuntarios repetidos constantemente, por ejemplo en los músculos de la cara (guiños, masticar). No hay tratamiento para estos efectos a largo plazo, excepto abandonar los neurolépticos.

¡Los neurolépticos clásicos son sustancias altamente efectivas que, si son necesarias, deben suministrarse con el mayor cuidado y durante el menor tiempo posible! Los síntomas extremos de la manía severa y de la depresión psicótica, en el caso de los trastornos bipolares, no deben ser tratados con neurolépticos más que en casos especiales. Un gran avance para los pacientes son, por este motivo,

Síntomas extrapiramidales (SEP)
- Acatisia: incapacidad de poder permanecer sentado y tranquilo, los movimientos sólo consiguen que se produzca un ligero alivio.
- Discinesia: mal funcionamiento de la evolución del movimiento, por ejemplo masticar, o guiñar, monótonamente y de un modo involuntario.
- Distonia: espasticidad, por ejemplo en la musculatura de la lengua o del cuello.
- Pseudoparkinsonismo: Trastornos al caminar (ralentizado y arrastrando los pies). Espasticidad de la musculatura de la cara. Temblor en las manos.

los nuevos neurolépticos atípicos, que no provocan efectos secundarios extrapiramidales.

Neurolépticos atípicos

En el informe sobre las investigaciones del renombrado *American Journal of Psychiatry*, se describió, en 1994, el desarrollo del primer denominado «neuroléptico atípico» como el avance más importante para la terapia antipsicótica desde hacía más de 60 años. Este tipo de neurolépticos no provoca, aparentemente, ningún síntoma extrapiramidal, las nuevas sustancias muestran además un claro efecto estabilizador del ánimo.

Neurolépticos atípicos
- Olanzapina (Zyprexa®).
- Clozapina (Leponex®).

El primer neuroléptico atípico se fabricó en 1960, pero no fue hasta 1990 cuando se permitió su uso en EE. UU. El motivo fue que la clozapina, en el porcentaje en que se administra a los pacientes tratados, causa un potencial y peligroso descenso de los glóbulos blancos sanguíneos (agranulocitosis). Sin embargo, esta sustancia ha demostrado ser muy eficaz en pacientes con esquizofrenia, mientras que las demás terapias se mostraron impotentes, y la psiquiatría clínica y los avances farmacéuticos siguieron ocupándose intensamente de esta sustancia. Después de que se descubriera que un control semanal del hemograma podía reducir el riesgo de agranulocitosis causada por la clozapina, se puso esta sustancia a disposición de un gran número de pacientes.

El nuevo neuroléptico atípico olonzapina ya no presenta este riesgo, lo que constituye una buena noticia para todos los pacientes afectados por trastorno bipolar, sobre todo los que sufren afecciones severamente influyentes en el ánimo, con episodios maníacos agudos o ciclación rápida.

Perfil terapéutico

Los neurolépticos atípicos bloquean los receptores de dopamina, pero de un modo mucho más débil que los neurolépticos clásicos, e influyen en los receptores de serotonina. Sobre todo la olanzapina como neuroléptico atípico demuestra un gran parecido con la clozapina. Adicionalmente al efecto contrario en los receptores de dopamina y serotonina, la olanzapina influye favorablemente también en el metabolismo neurobioquímico de la acetilcolina, GABA y glutamato.

Hasta el momento más de 1.200 pacientes afectados de trastorno bipolar I y con síntomas maníacos han sido tratados con olanzapina en el curso de investigaciones clínicas estrictamente controladas de hasta 12 semanas de duración. Se analizó la efectividad y la tolerancia de la olanzapina comparándola con otros pseudomedicamentos (placebos), con valproato, haloperidol, así como el tratamiento concomitante combinado con estabilizadores anímicos (litio, ácido valproico). En lo referente a los síntomas maníacos, la olanzapina resultó tener una eficacia superior comparada con los placebos y el valproato. En especial los pacientes maníacos sin síntomas psicóticos, así como también en pacientes depresivos, la olanzapina fue claramente más eficaz que el haloperidol, ¡y mucho más tolerable! Los temidos trastornos locomotores (SEP) que ocurren en la toma de los neurolépticos clásicos, como el haloperidol, se observaron en mucha menor medida con la olanzapina que bajo la ingesta de placebos o de estabilizadores anímicos (litio, ácido valproico).

Los efectos estabilizadores de la olanzapina pueden esperarse en manías agudas, en estados mixtos bipolares (también en trastornos bipolares I), ciclación rápida aguda y, posiblemente, también en terapias de mantenimiento a largo plazo. Como estabilizador anímico clásico, la olanzapina no supone riesgo de desencadenamiento de episodios maníacos o depresivos. La olanzapina es fácil de tomar (una vez al día, independientemente de las comidas), y no es necesaria una constante analítica de sangre. Los resultados de los estudios mostraron que con olanzapina se puede alcanzar una estabilización anímica en lo referente a síntomas maníacos o depresivos, incluso a largo plazo (hasta 60 semanas). La olanzapina se puede prescribir sola o combinada con otros estabilizadores anímicos.

Los efectos secundarios más habituales de la olanzapina son la obnubilación, la sequedad de boca y la sensación de debilidad. Ocasionalmente se puede presentar un apetito más elevado y un aumento de peso, en especial en pacientes con alteraciones del apetito, lo que puede constituir un efecto concomitante aceptable. Gracias a la buena tolerancia, la olanzapina se puede considerar como posibilidad de tratamiento avanzado para pacientes con trastorno bipolar. La olanzapina es el primero neuroléptico atípico que se ha permitido en Europa, desde el año 2001, para el tratamiento de episodios maníacos graves con o sin factores psicóticos, así como en combinación con estabilizadores anímicos en el caso de trastorno bipolar. La *American Psychiatric Association (APA)*, en sus directrices terapéuticas actuales (2002), recomienda la olanzapina como medida de primera calidad en el caso de pacientes bipolares con episodios maníacos y mixtos. La olanzapina apunta magníficas posibilidades y en breve quedará también incluida en el grupo de los estabilizadores anímicos.

Protocolo de la olanzapina	
Tipo de medicamento	Neuroléptico atípico
Nombre comercial	Zypresa®
Dosis	5 a 20 mg, recomendable 15 mg.
Vida media	31 horas.
Ámbito de aplicación	• Manía aguda. • Manía con psicosis. • Combinación con estabilizadores anímicos.
Comienzo del efecto	• Efecto antimaníaco en el plazo de 1 semana. • Efecto antidepresivo en el plazo de 1 semana.
Mecanismos de efecto de los neurotransmisores	• Dopamina: antagonista receptor directo. • Serotonina: efecto receptor múltiple y equilibrado. • Acetilcolina: mejora indirecta de la liberación. • GABA: mejora indirecta de la liberación. • Glutamato: mejora y estabilización de la transición.

Eliminación	A través del hígado (glucoronización).
Medidas de precaución	• Severas medidas durante el embarazo. • No es recomendable en la época de lactancia.
Análisis de control	No son necesarios, aunque sí recomendables unos análisis de sangre regulares (valores hepáticos, plaquetas).
Efectos secundarios frecuentes	Obnubilación, sequedad de boca, mareos, sensación de debilidad.
Efectos secundarios poco frecuentes	Aumento de peso.
Acción y efecto recíproco	Posible sólo en raras ocasiones.

Otros antipsicoticos atípicos

Risperidona (Risperdal®)

La risperidona es un nuevo agente antipsicótico perteneciente a una nueva clase de antipsicóticos, los llamados derivados bencisoxazólicos y como otros antipsicóticos atípicos, está recomendado en el tratamiento de pacientes con esquizofrenia.

Además la risperidona también está indicada para el tratamiento de trastornos del comportamiento en pacientes con demencia en quienes los síntomas, tales como agresividad (explosión de ira verbal, violencia física), disturbios en su actividad (agitación, merodeo) o síntomas psicóticos son notorios por lo que también se ha intentado con buenos resultados en la fase aguda de la manía.

La risperidona puede administrarse en comprimidos o en solución oral una o dos veces al día, y más recientemente en forma de inyectable intramuscular cada 15 o 30 días. Los pacientes deberían iniciar el tratamiento con 2 mg por día de risperidona. A partir de ese momento, la dosis puede mantenerse sin cambios, o ajustarse en forma individual en caso de ser necesario. La mayoría de los pacientes se benefician con dosis diarias entre 4 y 6 mg/dia.

Dosis mayores de 10 mg por día no han demostrado ser superiores en eficacia a dosis menores y pueden producir síntomas extrapiramidales. La risperidona es generalmente bien tolerada. Los efectos colaterales más frecuentes asociados con el uso de risperidona son los siguientes: insomio, agitación, ansiedad, dolor de cabeza. somnolencia, fatiga, mareos, falta de concentración, constipación, dispepsia, náuseas/vómitos, dolor abdominal, visión borrosa, aumento de peso, disfunción eréctil, eritema y otras reacciones alérgicas. La risperidona posee menor propensión a inducir síntomas extrapiramidales que los antipsicóticos clásicos. Sin embargo, en algunos casos pueden producirse los siguientes síntomas extrapiramidales: temblor, rigidez, salivación excesiva, lentitud de movimientos, inquietud, etc. Estos son generalmente leves y desaparecen con la reducción de la dosis y/o la administración de una medicación antiparkinsoniana La risperidona puede inducir un incremento en la concentración en la sangre de prolactina lo que puede manifestarse como trastornos menstruales o amenorrea o disfunciones sexuales.

Ziprasidona (Zeldox®)

La ziprasidona es otro antipsicótico atípico que, como todos ellos, está indicada para el tratamiento de la esquizofrenia. Las dosis que se utilizan son, al inicio del tratamiento de 40 mg dos veces por día con las comidas. La dosis diaria puede ser ajustada luego de acuerdo al estado clínico individual hasta un máximo de 80 mg dos veces por día. Ocasionalmente pueden utilizarse dosis superiores. Se ha demostrado que este fármaco se absorbe mejor en presencia de alimentos en el estómago, por lo que se recomienda que se tome durante las comidas.

Efectos colaterales o secundarios, los más frecuentes son: cansancio, mareos y hipotensión. En tratamientos de mantenimiento prolongado, los niveles de prolactina en pacientes tratados con la ziprasidona estuvieron a veces elevados, pero, en la mayoría de los pacientes, retornaron a los rangos normales sin interrupción del tratamiento. Además, la manifestación clínica potencial (el aumento de la mama) ocurrió en muy pocos casos. La ziprasidona puede causar somnolencia. Se debe advertir a los pacientes que no conduzcan vehículos u operen máquinas durante el tratamiento.

La ziprasidona no debe administrarse en pacientes con infarto agudo de miocardio o en fallo cardíaco no compensado, o con arritmias tratadas con medicamentos antiarrítmicos y tomar precauciones si el paciente tiene antecedentes de convulsiones epilépticas.

Amisulpiride (Solian®)

Es un antipsicótico de la clase de las benzamidas sustituidas, se asocia a una mejoría de la sintomatología negativa de la esquizofrenia, significativamente superior a la de otros antipsicóticos. Se administra por vía oral. La dosis recomendada es de 400 a 800 mg/día, la dosis máxima no deberá exceder de 1.200 mg/día. En una sola toma al día si la dosis diaria es menor o igual a 400 mg y en 2 tomas al día si es mayor de 400 mg.

Reacciones adversas y precauciones: como con la mayoría de antipsicóticos, puede darse un aumento de los niveles de prolactina en la sangre (reversible al interrumpir el tratamiento) que se manifiesta con alteraciones del ciclo menstrual, aumento del tamaño de las mamas, tensión de las mismas, impotencia y frigidez. A veces aumento de peso. Ocasionalmente se presentan somnolencia y trastornos gastrointestinales como estreñimiento, náuseas, vómito y sequedad de boca. Pueden presentarse síntomas extrapiramidales (temblores, aumento del tono muscular, aumento de la salivación, e inquietud), que generalmente son reversibles con un tratamiento anticolinérgico. No se aconseja la asociación con alcohol, debido a que éste incrementa el efecto sedante de los antipsicóticos y la alteración de la vigilia puede tornar peligrosa la conducción de vehículos y el uso de máquinas.

Quetiapina (Seroquel®)

La quetiapina ha demostrado ser eficaz en el control de los síntomas de la esquizofrenia especialmente los denominados síntomas positivos. Recientemente se ha aprobado su utilización en la fase aguda de la manía, tanto como tratamiento único como combinado con otros eutimizantes.

Debe administrarse dos veces al día con o sin alimentos. La dosis efectiva es de 300 a 450 mg al día. Sin embargo, puede ajustarse en función de la respuesta clínica y de la tolerancia de cada paciente entre 150 y 750 mg al día: al igual que otros antipsicóticos, debe usarse con precaución en las personas de edad avanzada, en particular al principio del periodo de administración.

Reacciones secundarias y precauciones: el tratamiento puede provocar sensación de cansancio leve, boca seca, dispepsia o estreñimiento. También puede presentarse somnolencia, generalmente durante las primeras dos semanas de tratamiento, la cual suele resolverse sin que sea necesario interrumpir la administración del fármaco. Al igual que otros antipsicóticos, puede conducir a un ligero aumento de peso, y también puede causar hipotensión asociada con mareo y taquicardia.

En vista de los efectos básicos de quetiapina sobre el sistema nervioso central, debe tenerse precaución al combinarlo con otros medicamentos de acción central y con alcohol y por tanto deben extremarse las precauciones en la conducción de vehículos y en el uso de maquinaria

Aripiprazol (Abilify®)

El aripiprazol está indicado para el tratamiento de los episodios agudos y para el mantenimiento de la mejoría clínica de la esquizofrenia y de los trastornos esquizoafectivos. También existen estudios que confirman su eficacia en la manía aguda como tratamiento único o en asociación a otros eutimizantes.

La dosis inicial y de mantenimiento recomendada con aripiprazol es de 15 a 30 mg/día, administrada una vez al día sin tomar en consideración las comidas.

Efectos secundarios y precauciones, los más frecuentes son: dolor de cabeza, cansancio, fiebre, hinchazón de extremidades, hipotensión, taquicardia, dispepsia, náusea, vómito, estreñimiento, boca seca, insomnio, ansiedad, somnolencia, nerviosismo, aumento de la salivación, rinitis, tos, visión borrosa, dismenorrea. Todos ellos son efectos indeseables que se asocian a tratamientos con cualquier antipsicótico. En los estudios controlados con placebo, la incidencia de síntomas extrapiramidales con el aripiprazol, fue comparable a la del grupo con placebo.

Como en la mayoría de estos fármacos debe evitarse el consumo de alcohol concomitantemente y tomar precauciones con los medicamentos antihipertensivos por la posibilidad de producir una hipotensión ortostática. Aripiprazol debe administrarse con cautela en los pacientes con enfermedad cardiovascular conocida (antecedentes de infarto del miocardio o de cardiopatía isquémica, insuficiencia cardíaca o trastornos de la conducción) o enfermedad vascular. Al igual que con otros antipsicóticos, se debe tener precaución cuando se maneje maquinaria peligrosa, o conduciendo vehículos a motor.

Benzodiacepina

Las benzodiacepinas, también denominadas «tranquilizantes», son medios sedativos. En el caso del trastorno bipolar se pueden utilizar a corto plazo en el tratamiento de afecciones de angustia o alteraciones del sueño, así como, por emergencia, en casos maníacos graves. Una desventaja de esta sustancia es su capacidad de provocar adicción. La benzodiacepina puede utilizarse equivocadamente como droga adictiva, provocando dependencia física con el correspondiente síndrome de abstinencia cuando se deja de tomar. Otra de sus desventajas es que su efecto tranquilizante disminuye si se toma durante mucho tiempo.

En el caso de pacientes gravemente enfermos con estados agudos maníacos de alto grado, se puede combinar una efectiva benzodiacepina (por ejemplo, el loracepam) sólo a corto plazo con un neuroléptico como tratamiento de emergencia, si, por ejemplo, un paciente en el transcurso de un episodio maníaco no duerme durante días, se le administra una inyección de esta combinación de sustancias y en menos de una hora se dormirá profundamente. Con la benzodia-

> ¡La benzodiacepina no es un sustituto de los estabilizadores anímicos! Atención: ¡gran potencial de adicción!

cepina se puede amortiguar también la excitación o intranquilidad de pacientes maníacos durante horas, o incluso días, hasta que comience el efecto de los estabilizadores anímicos.

Otro campo de empleo del la benzodiacepina en el caso de trastornos bipolares son los síntomas de angustia o los trastornos del sueño. En el caso de un estrés psíquico inevitable, por ejemplo el miedo a un examen, la benzodiacepina puede provocar tensiones internas. Mejor y más saludable sería realizar regularmente ejercicios de yoga o un entrenamiento para liberar el estrés.

Benzodiacepina (tranquilizante)		
Sustancia activa	Nombre comercial	Dosis habitual diaria* (mg/día)
Alprazolam	Trankimazin®	0,75 a 1,5
Clonacepam	Rivotril®	1,5 a 3
Diacepam	Valium®	4 a 20
Loracepam	Orfidal®, Idalprem®	2 a 6
Oxacepam	Adumbran®	10 a 60
Yemacepam	—	15 a 30

* Las sustancias aplicadas al tratamiento de trastornos bipolares maníacos pueden causar dependencia a corto plazo. Frecuentemente suele ser suficiente con administrar la mitad, o menos, de la dosis señalada.

Antagonistas del calcio

Los antagonistas del calcio se prescriben habitualmente para el tratamiento de las patologías del sistema cardiocirculatorio, por ejemplo en tensión elevada (hipertensión), o en enfermedades cardíacas (insuficiencia cardíaca, trastornos del ritmo cardíaco). Estas sustancias ejercen su efecto en la membrana celular, influyendo e impidiendo la entrada de iones calcio en las células, sobre todo en las de la musculatura vascular. Ya que la membrana de las células nerviosas puede jugar también un papel en la generación de los trastornos bipolares, se supuso que había que investigar sobre las propiedades antimaníacas de los antagonistas del calcio. En un estudio científico del año 1982, se describió tal efecto en el antagonista del calcio llamado verapamil. Más adelante se han llevado a cabo muchos estudios con cientos de pacientes, con el resultado de que, en ciertos casos, algunos antagonistas del calcio tienen efecto antimaníaco.

En gran parte no están probados o son desconocidos, como ocurre en otros casos, los efectos estabilizadores de ánimo o antidepresivos de los antagonistas del calcio.

Los posibles antagonistas innovadores del calcio como estabilizadores anímicos en el caso de episodios recidivantes del trastorno bipolar son el verapamil, el nifedipino y el nimodipino. Hoy en día no se recomienda de un modo general el empleo de los antagonistas del calcio para el trastorno de la enfermedad bipolar.

Los antagonistas del calcio como potenciales estabilizadores anímicos:
- Nifedipino.
- Nimodipino.
- Verapamil.

Hormonas tiroideas

Las hormonas juegan un papel muy importante en el equilibrio anímico. Así por ejemplo, la distribución de la melatonina desde la epífisis sigue un ritmo diario e influye en las modificaciones de ánimo relativas a las épocas de los cambios de las estaciones. Los distintos niveles de sangre de la hormona sexual en las mujeres (estrógenos, gestágenos) o las hormonas del estrés que se reparten desde la glándula suprarrenal (por ejemplo, la cortisona) pueden del mismo modo influir en el estado anímico. En esta relación son de especial significado las hormonas tiroideas.

La tiroides adopta importantes tareas de control del metabolismo energético corporal. Si la glándula está poco activa, el paciente rebaja su actividad y engorda. Si la glándula trabaja a pleno rendimiento, se aceleran los procesos metabólicos, aumenta la frecuencia cardíaca y puede aumentar la inquietud y el nerviosismo.

Todavía no está claro el modo exacto en que la función de la glándula tiroides influye en el equilibrio anímico, sin embargo, para un tratamiento efectivo de las enfermedades bipolares es muy importante que exista una función glandular normal. Los resultados de los estudios han demostrado que una función reducida de la glándula tiroides (hipotiroidismo) es un efecto secundario muy habitual en el caso de ciclación rápida. A pesar de registrarse valores «normales» de las hormonas tiroideas en la sangre, muchos pacientes de ciclación rápida resultan beneficiados cuando se les administra un tratamiento con tales hormonas. Está aceptado que la terapia hormonal es capaz de reaccionar favorablemente con otros muchos tratamientos. Así, por ejemplo, el litio y otros estabilizadores anímicos, en muchos pacientes, tiene efectos mejores si, simultáneamente, se administran hormonas tiroideas, aun cuando disfruten de una función tiroidea totalmente normal.

Síntomas psiquiátricos de los trastornos funcionales de las hormonas tiroideas

Hipertiroidismo	Hipotiroidismo
• Irritabilidad.	• Trastornos bipolares depresivos.
• Trastornos del sueño.	• Somnolencia.
• Intranquilidad.	• Falta de iniciativa (letargia).
• Hiperactividad.	• Trastornos de concentración.
• Paranoia.	• Inhibición del raciocinio.
• Trastornos de concentración.	• Apatía y retraimiento social.
• Delirios.	• Alucinaciones.

Ácidos grasos omega 3

No todos los ácidos grasos se pueden crear en el organismo. No podemos renunciar a determinados ácidos grasos para conseguir una salud física, por lo que son denominados como esenciales. Los ácidos grasos esenciales, como las vitaminas o los minerales, se deben administrar con la alimentación. Por ejemplo la grasa de diversos pescados de aguas frías como, por ejemplo el salmón, la caballa, el arenque o las sardinas, contiene muchos y variados ácidos grasos no saturados, sobre todo los ácidos grasos omega 3. También el ácido eicosapentaenoico (EPA) y el ácido docosahexaenoico (DHA) pertenecen al grupo de los ácidos grasos omega 3 esenciales.

El ácido docosahexaenoico (DHA), en el metabolismo corporal, se necesita como sustancia básica para la síntesis en la denominada prostaglandina. Las prostaglandinas son eficaces antiinflamatorios y tienen efecto parecido a las hormonas en todo el cuerpo. Así, participan en la regularización de las funciones del sistema cardiocirculatorio, del reproductor y del inmunológico, así como en las funciones del sistema nervioso. El ácido eicosapentaenoico (EPA) evita, como «diluyente natural de la sangre», la agregación de plaquetas, por ejemplo en las paredes de las arterias y por ello, puede disminuir el peligro de un «endurecimiento» de los vasos sanguíneos (arterioesclerosis) o de la creación de coágulos de sangre (trombosis).

Los ácidos grasos esenciales juegan un papel importante como componente estructural de las materias grasas (lípidos) complejas de las membranas celulares. Por este motivo, los ácidos grasos esenciales ayudan en la protección frente a sustancias tóxicas, bacterias, virus, cáncer así como otras sustancias alergénicas, protegiendo a las células corporales. Los aceites de pescado así como los ácidos grasos omega 3 son válidos como sustancias candidatas muy prometedoras para un buen y tolerable tratamiento en el caso de trastornos bipolares leves. Según los resultados de las investigaciones, aumentan los indicios de que los ácidos grasos no saturados son de significado causal para, por ejemplo, la depresión. Los ácidos grasos esenciales son un componente básico de las membranas celulares sinápticas y juegan un importante papel en la transmisión de la señal neuronal. Se acepta que los ácidos grasos omega 3 pueden tener un efecto estabilizador del ánimo por medio de mecanismos parecidos a los del litio o el valproato.

Hasta el momento, en el marco de cinco estudios se analizaron los niveles de ácido graso omega 3 en sangre en el caso de depresión, cuatro estudios se ocuparon de los casos de esquizofrenia y un estudio doble ciego del año 1999 analizó los ácidos grasos omega 3 como tratamiento concomitante en el trastorno bipolar: 30 pacientes con trastorno bipolar tomaron durante 4 meses la terapia básica de 9,6 gramos de ácidos grasos omega 3 al día, así como un medicamento placebo (aceite de oliva). Las personas que fueron tratadas con ácido graso omega 3 permanecieron significantemente más tiempo sin molestias y salieron mejor parados, en todos los criterios de los análisis, que el grupo de comparación.

Sin embargo, el estado actual de las investigaciones no hace aún posible una recomendación de terapia que sea válida de un modo genérico para los ácidos grasos omega 3.

Terapia electroconvulsiva

La terapia electroconvulsiva (TEC) como forma de tratamiento psiquiátrico no disfruta de buena prensa en la opinión pública. Todavía rondan en las cabezas ideas horribles y diversos mitos relativos al «tratamiento con electroshock». Cuando este método aún estaba en pañales, era realmente un procedimiento brutal y muy desagradable. Pero no se debe olvidar que en aquellos tiempos todavía no existía ningún tratamiento para las afecciones psiquiátricas sintomatológicamente graves, y que cualquier tratamiento quirúrgico, hace 120 años, se llevaba a cabo sin ningún tipo de anestesia.

La terapia electroconvulsiva moderna, que cumple todas las normas y se practica bajo anestesia, es una opción de tratamiento muy efectiva para los episodios depresivos y maníacos de la enfermedad bipolar. Facilita a los pacientes gravemente enfermos una rápida y clara mejoría de los síntomas, aun cuando hayan rechazado las demás terapias o éstas no se hayan practicado.

Convulsiones artificiales en el «nido del cuco»[1]

El desarrollo de la terapia electroconvulsiva resultó partir de un equívoco. Durante los años 30 del siglo pasado, el médico húngaro Joseph Ladislaus von Meduna afirmaba que las personas afectadas

---

1. *Nota de la T.* Es una referencia a la obra *Alguien voló sobre el nido del cuco*, en la que la palabra cuco (en inglés: *cuckoo*), además del ave, puede significar loco o trastornado y, por tanto, el «nido del cuco» equivaldría a «casa de salud» o «psiquiátrico».

de esquizofrenia nunca podrían padecer una epilepsia o viceversa. Tal y como sabemos hoy en día, esta teoría no es correcta. Sin embargo, von Meduna comenzó, en pruebas con animales, a buscar un procedimiento para la creación artificial de convulsiones epilépticas. En el año 1935 comunicó en un informe que los síntomas esquizofrénicos en algunos pacientes se podían mejorar considerablemente con la ayuda de convulsiones artificiales.

Algunos años después, dos psiquiatras italianos informaron sobre una eficaz solución a los ataques epilépticos por medio de la aplicación de breves impulsos de corriente eléctrica de baja tensión a través de unos electrodos colocados en el cráneo.

Ugo Cerletti y Lucio Bini también desarrollaron sus métodos por medio de experimentos con animales y, a continuación, los probaron satisfactoriamente en pacientes con esquizofrenia. En los años siguientes se demostró que estos métodos de tratamiento tenían un efecto milagroso, sobre todo en el caso de depresión grave. No obstante, se debe tener en cuenta que hasta este momento no existía ninguna terapia antidepresiva, los enfermos depresivos graves se encaminaban, por regla general carentes de movimiento y expresividad, al encuentro de la muerte. La novedad de una forma eficaz de tratamiento antidepresivo se difundió rápidamente por el mundo.

La terapia electroconvulsiva experimentó a continuación el mismo destino que otros denominados «remedios milagrosos». Con demasiada frecuencia y en demasiados casos se utilizó con personas que no tenían ni la más mínima esperanza de «curación». En muchas ocasiones el tratamiento fue abusivo y falto de escrúpulos y, a veces con móviles abyectos, fue utilizado contra las personas. No se tomaron en cuenta los efectos secundarios del método: convulsiones epilépticas con masiva contracción muscular y fractura de huesos, así como paros de la respiración que podían conducir a la muerte y trastornos del ritmo cardíaco.

Los responsables de la mala reputación de esta terapia fueron, en gran medida, los psiquiatras americanos de los años 1960 y 1970. A causa de los terroríficos informes, la opinión pública forzó una serie de requisitos, cada vez más rigurosos, exigidos a los tratamientos con la TEC que, finalmente, acabaron por ser prohibidos. Pero estos tiempos han pasado: hoy en día el procedimiento es más seguro y se administra sin dolor, tiene pocos efectos secundarios y con un claro campo de aplicación.

Perfil terapéutico

La terapia electroconvulsiva se lleva a cabo hoy en día bajo los efectos de la anestesia, la mayoría de las veces en una sala especialmente preparada y que también permite una intervención rápida en caso de emergencia. La aplicación en sí dura sólo unos segundos y el despertar ocurre 10 a 15 minutos después del tratamiento. Por regla general se administran narcóticos inyectables por vía intravenosa con barbitúricos, adicionalmente se utiliza una inyección de un relajante muscular, con lo que se consigue que el paciente esté inconsciente y la musculatura totalmente relajada. Esto previene las fuertes contracciones musculares durante la fase de las convulsiones. Adicionalmente se administra un antiarrítmico para la protección de trastornos peligrosos para el ritmo cardíaco.

La técnica moderna facilita el empleo de corrientes eléctricas de una intensidad y duración específicas. Los electrodos que transfieren la corriente se utilizan en ambas sienes (posición bilateral), o sólo en una de ellas y en el centro de la frente (unilateral). Por regla general se prefiere la posición unilateral ya que, después de la aplicación, los trastornos de memoria son menos señalados que en el caso de la posición bilateral. Si, en raras ocasiones, la TEC unilateral no surtiera efecto, se utiliza el bilateral. Un ciclo de terapia se compone de 6 a 12 aplicaciones de TEC, realizándose tres aplicaciones a la semana. Todo el tratamiento puede durar entre 2 a 4 semanas.

El mecanismo de acción real de la TEC es todo lo contrario a lo ya explicado. Durante el ataque convulsivo, se activan de un modo simultáneo y rítmico las células nerviosas del cerebro. Tiene lugar un reparto masivo de neurotransmisores. Se puede imaginar que, por medio del impulso de la corriente, se lleva a cabo, como en un ordenador, un «reseteado» así como un «reinicio». Los resultados actuales de las investigaciones indican que esta activación se produce en cada una de las neuronas. De los experimentos con animales se

---

Películas y documentales asociados al tema de la psiquiatría norteamericana de los años 1950 a 1970.
- *Frances* (1982) muestra el abuso del tratamiento psiquiátrico como medio disciplinario violento en el caso de la actriz Frances Farmer.
- *Alguien voló sobre el nido del cuco* (1975) muestra, entre otras cosas, el empleo insensato de la TEC en 1945.
- *Dialogues with madwomen* (1994) documenta conmovedores informes de mujeres norteamericanas que sobrevivieron a la psiquiatría en los años setenta.

sabe que por medio de una TEC se puede ver influido también el sistema de neurotransmisión intracelular, por ejemplo, el sistema de la proteína G. De un modo parecido al litio, la TEC facilita evidentemente un «nueva contratación» de células nerviosas.

Efectos secundarios

Cuando la anestesia desaparece, el paciente despierta algo aturdido y se siente, durante aproximadamente una hora, mareado. Esto es también un efecto de la TEC y no es sólo debido a la anestesia. Sólo en raras ocasiones, como puede ser en una aplicación bilateral así como al final del ciclo de terapia, se observa un fuerte estado de confusión.

En dos terceras partes de los pacientes tratados disminuye la función de memoria en diversas escalas. Lo más normal es que el paciente olvide acontecimientos que tuvieron lugar durante la semana de aplicación de la TEC. Evidentemente, el tratamiento trastorna el proceso de integración en la memoria a largo plazo de los recuerdos a corto plazo. Estos trastornos de memoria son fenómenos que se extinguen paulatinamente según pasa el tiempo de la aplicación del ciclo TEC. La mayoría de las veces, algunos meses después la memoria queda totalmente restablecida.

Muchos de los pacientes tratados con TEC no sufren ningún tipo de trastorno de memoria, y para la mayoría de ellos no constituye un problema grave. En primer plano queda el alivio a causa de la eliminación de los trastornos bipolares graves, tanto depresivos como maníacos.

En el caso de los pacientes bipolares, tras la TEC se puede dar un ligero estado hipomaníaco, lo que supone una señal de que hay que detener la aplicación. En contraposición a los antidepresivos, por medio de la TEC no aumenta el riesgo de oscilaciones elevadas del ánimo (por ejemplo, la ciclación rápida).

TEC en el trastorno bipolar

La TEC es apropiada como tratamiento para la eliminación de síntomas graves, tanto en episodios maníacos como depresivos, del trastorno bipolar y es válida como el más importante antidepresivo, ¡y con un efecto muy rápido! Se pueden interrumpir rápidamente los episodios, aunque no se consigue una estabilización anímica a largo plazo, por lo que se deberá continuar con una terapia de mantenimiento, por ejemplo con estabilizadores anímicos. Por regla general, durante la TEC se interrumpe la medicación.

Muchos pacientes hablan de una espectacular mejoría de su estado anímico, con frecuencia después de sólo 3 o 4 aplicaciones, es decir, en una semana. En especial los pacientes con graves tendencias suicidas o que rehúsan la toma de alimentos o líquidos resultan beneficiados con la TEC. Los estados animicos de peligro vital mejoran sustancialmente.

También las mujeres embarazadas que sufren depresión, en el caso de trastorno bipolar, son aptas para un tratamiento TEC, ya que no pueden tomar estabilizadores anímicos debido al riesgo de aborto. En el caso de personas mayores con depresión grave, se considera que la TEC es la primera elección terapéutica.

En el marco de un trabajo conjunto del año 1994, se informó que la TEC también podía ser efectiva en manías extremas: aproximadamente el 80 por ciento de los pacientes bipolares tratados con TEC informaron de una notable mejoría de su estado de ánimo. En el caso de estados maníacos, la mejora ocurrió más rápidamente que en los casos depresivos. Tras 12 meses, los pacientes depresivos estaban restablecidos, los maníacos lo hacían pasados 6 meses.

Los resultados de estudios del año 2001 mostraron que los pacientes bipolares necesitaban TEC de un modo mucho menos significativo que los pacientes unipolares y reaccionaban a la TEC de forma especialmente rápida, se desconocen las causas de esta diferencia. Los estados maníacos de severidad extrema, con estados de agitación y lesiones a uno mismo o a los demás, así como las embarazadas con manía, son considerados como aptos para la TEC.

También la TEC es una alternativa de terapia para los pacientes bipolares graves, con ciclación rápida, difíciles de tratar o los pacientes que deban ser tratados con altas dosis de medicación. La terapia electroconvulsiva puede ofrecer ventajas a muchos enfermos afectados de trastorno bipolar, pero en la práctica se utiliza poco. Para ello puede haber muchas causas –siendo una de estas causas el hecho que para un ciclo de TEC son necesarios varios narcóticos–, que sobrecargan en exceso a los afectados. Además una terapia medicamentosa supone un esfuerzo menor y es más fácil de aplicar.

Protocolo de la terapia electroconvulsiva (TEC)	
Tratamiento bilateral	Electrodos colocados en ambas sienes.
Tratamiento unilateral	Un electrodo se coloca en el centro de la frente, el segundo electrodo en una sien.
Preparación	Se coloca al paciente sobre una mesa de tratamiento. Inmediatamente antes del tratamiento se inyecta un antiarrítmico para proteger de alteraciones anormales en el ritmo cardíaco.
Anestesia inyectable	Se inyecta un barbitúrico anestésico por vía intravenosa, con lo que el paciente pierde la consciencia.
Relajación muscular	Se aplica por vía intravenosa un relajante muscular. El paciente queda totalmente relajado.
Estimulación eléctrica	Se activa un impulso eléctrico en un intervalo que oscila entre medio a unos pocos segundos.
Reacción	• Durante 25 a 40 segundos se registran ligeras contracciones musculares. A causa de la relajación muscular el paciente permanece prácticamente inmóvil. • La frecuencia cardiaca aumenta ligeramente. • La presión sanguínea aumenta ligeramente.
Control	Durante la aplicación de la terapia se practica una electroencefalografía (EEG).

Despertar	El anestesista aplica oxígeno por medio de una mascarilla. El paciente despertará al cabo de 5 o 10 minutos más tarde.
Ciclo de la terapia	La TEC se aplica por regla general tres veces a la semana. Entre 6 a 12 tratamientos suponen un ciclo normal de la terapia que, por tanto, dura entre 2 a 4 semanas.
Efectos secundarios	• Aturdimiento transitorio y ligero estado de confusión. • Trastornos de memoria pasajeros a corto y largo plazo.
Indicaciones	• Tratamiento de la sintomatología de episodios graves, tanto maníacos como depresivos, del trastorno bipolar. • Constitución de amenaza para sí mismo o para otros. • Trastornos maníacos durante el embarazo.
Contraindicaciones	La terapia electroconvulsiva no se debe aplicar a pacientes con graves enfermedades básicas (afecciones cardiocirculatorias o respiratorias) o a aquellos que presenten graves riesgos frente a la anestesia.

Estimulación magnética trascraneana

Los fundamentos técnicos del procedimiento se basan en el principio de la inducción electromagnética: con ayuda de un potente campo magnético se producen estímulos eléctricos en el tejido cerebral sin que (como en el caso de TEC) ocurra una circulación directa de la corriente eléctrica. Desde hace años la EMT se ha utilizado para confeccionar el «levantamiento cartográfico» del cerebro: la estimulación electromagnética de determinadas zonas del cerebro provoca, por ejemplo, una activación de grupos musculares distantes o de sensaciones en determinadas partes del cuerpo. La EMT también se ha utilizado para estudiar el control de las funciones del habla y

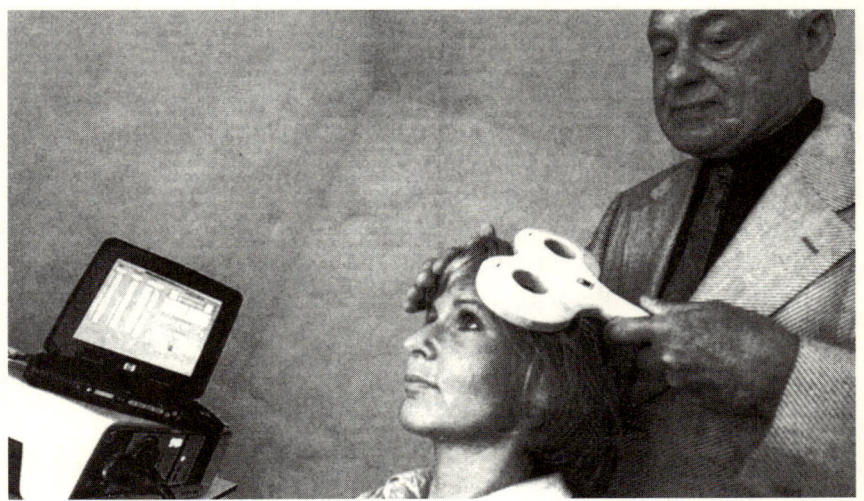

Aplicación de estimulación magnética trascraneana (EMT).

los movimientos corporales complejos. Durante el tratamiento EMT se coloca una bobina magnética sobre la cabeza y la energía electromagnética del campo que de allí se desprende tiene efecto en las células nerviosas dentro del cráneo, con lo que se pueden activar dichas células. Las corrientes eléctricas inducidas por la bobina magnética en el cerebro son tan pequeñas, que no hay que temer a las convulsiones. Durante los 20 minutos de empleo de la EMT, el paciente está tranquilamente sentado en una silla. Por el momento no se han observado efectos secundarios de la EMT.

Que la EMT sea realmente efectiva en el caso de la depresión se pudo comprobar a lo largo de un marco de estudio, pues tanto en las aplicaciones EMT correctas (efectivas) como las no correctas (inefectivas), los pacientes sólo sienten un cosquilleo en el cuero cabelludo, el paciente no sabe si se está realizando una aplicación correcta/beneficiosa o incorrecta/no beneficiosa. De ese modo se puede experimentar un efecto placebo.

Numeroso resultados de investigaciones indican que en el caso de depresión está disminuida la actividad cerebral en la zona prefrontal y, por ello, las aplicaciones EMT son especialmente efectivas. Así, en el marco del análisis de 12 personas en las que se utilizó durante dos semanas y a diario la EMT, se observó que los síntomas depresivos mejoraban claramente, pero no así en pacientes tratados con las formas de aplicación «no efectivas» de EMT (estudio doble ciego con control por placebo). Los pacientes con depresión, en los que los antidepresivos no son efectivos, también resultan beneficiados con la EMT.

La EMT es una alternativa de tratamiento «suave» muy prometedora en el caso de trastornos bipolares. Todavía no hay resueltas muchas preguntas referentes a este método tan «joven», como: ¿en qué lugar de la cabeza se deben emplazar exactamente las bobinas magnéticas para conseguir un determinado efecto? ¿Con qué frecuencia debe usarse? ¿Qué intensidad debe tener el campo magnético? ¿En qué se basan los efectos de la EMT? ¿Qué seguridad ofrece la EMT en casos de elevadas intensidades magnéticas?, se está trabajando en la respuesta.

Estimulación del nervio vago

Un «marcapasos» implantado quirúrgicamente en el cerebro para la estimulación del nervio vago (ENV) también ejercería, evidentemente, su efecto sobre las depresiones. Hasta el momento se han tratado más de 10.000 epilépticos con este procedimiento.

Los resultados de un estudio a largo plazo con el sistema mostraron que, dos años después de la implantación del marcapasos, dos tercios de los 60 participantes en los que no habían ejercido efecto los antidepresivos vieron favorablemente afectado su estado anímico gracias al marcapasos. En el caso de los pacientes depresivos que no habían reaccionado a ocho de los medicamentos más habituales, también resultó ineficaz la ENV.

El marcapasos se compone de un electrodo que tiene contacto en la parte de la nuca, con el nervio vago, y un generador de impulsos. El generador de impulsos se introduce por una abertura en el pecho. Estimula el nervio en intervalos de 30 segundos y envía impulsos al sistema límbico, que es una de las zonas más importantes para el estado anímico.

Todavía no está aclarada la importancia que puede tener uno de estos marcapasos en el tratamiento de las depresiones y de los trastornos bipolares.

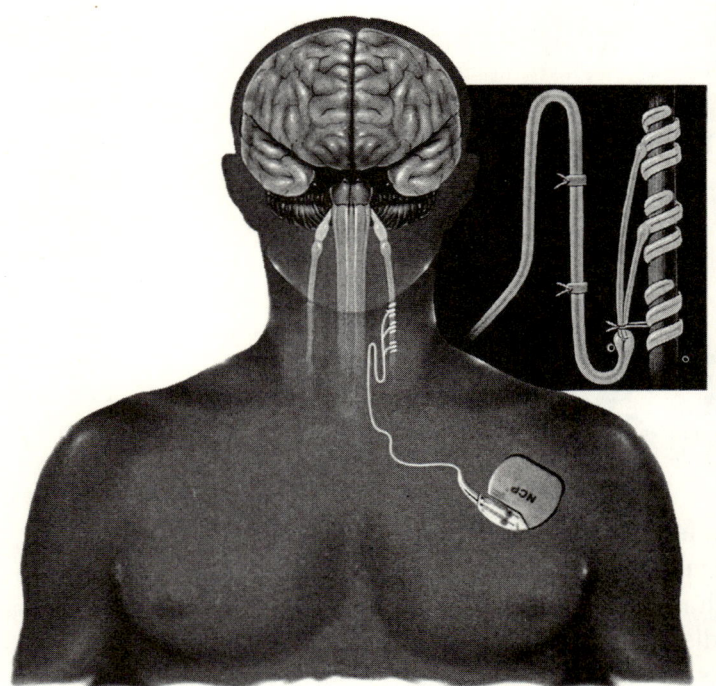

Principio de la estimulación del nervio vago con ayuda del implante de un marcapasos generador de impulsos.

Cura de restricción del sueño (agripnia)

Para el tratamiento agudo de los episodios depresivos, la cura de restricción del sueño puede ser una alternativa. Los datos de los estudios al respecto indican que aproximadamente dos tercios de los pacientes tratados con esta cura de sueño tiene que continuar con una terapia estabilizadora del ánimo. Las desventajas de este procedimiento se basan en el elevado riesgo de un cambio anímico hacia la manía, y la mayoría de las veces sólo tiene un efecto a corto plazo. Resulta frecuente que, después de la noche más cercana sin despertar, se produzca una recaída hacia la depresión.

Terapia luminosa o fototerapia

La terapia luminosa (fototerapia) es apropiada, sobre todo, para el tratamiento de trastornos afectivos estacionales (TAE). Si un pa-

Radiación luminosa con una intensidad de unos 10.000 lux.

ciente afectado de bipolaridad (a menudo pacientes bipolares I) observa un aumento de sus síntomas depresivos condicionado por el devenir de las estaciones, por ejemplo en invierno, una radiación con una lámpara de luz clara[1] puede mejorar su situación anímica. Durante aproximadamente 30 a 60 minutos, por las mañanas o por las tardes, la persona afectada se sienta ante la radiación luminosa. Ocasionalmente se observa una mejora pasados unos días, pero, al igual que con los antidepresivos, pueden pasar incluso semanas hasta que se alcanzan los objetivos deseados. En el marco de un estudio con pacientes TAE, que sufren depresión en invierno, se mostró que la terapia luminosa era beneficiosa en el 60 a 80% de los casos. En todo caso, en los enfermos bipolares se debe continuar con una terapia estabilizadora del ánimo.

Los efectos secundarios de la terapia luminosa son, entre otros, el dolor de cabeza provocado por estrés en los ojos o sequedad, tanto en la conjuntiva como en la mucosa nasal. Demasiada luz puede provocar síntomas de episodios hipomaníacos, como por ejemplo irritabilidad, trastornos en el sueño o ánimo elevado.

---

1. *Nota de la T.* Bombillas que emiten luz de características bastante semejantes a la emitida por el Sol. Se suelen denominar lámparas *fullspectrum* o «todo espectro».

Psicoterapia

Ningún medicamento me puede ayudar a superar la repugnancia frente a los medicamentos: igual que ninguna psicoterapia puede evitar todas mis fases maníacas o depresivas. Necesito las dos cosas. Es un pensamiento singular que uno deba agradecer a los medicamentos su vida, sus manías y su resistencia, y a esa única, rara y, por último, profunda relación llamada psicoterapia.

Kay Redfield Jamison

Al igual que no existe un remedio milagroso para el cáncer o el sida, tampoco lo hay para la curación de los trastornos bipolares. Como ocurre a menudo en la medicina, se procede con combinaciones de diversos medicamentos, que, en algunas, aunque raras, ocasiones pueden llevar a efecto «pequeños milagros», y eso también ocurre en el caso de los trastornos bipolares.

Los trastornos psíquicos son conocidos y estudiados desde hace milenios. Pero sólo desde hace cincuenta años existen medicamentos eficaces para su tratamiento. En paralelo a los crecientes avances en el conocimiento de la base biológica de los trastornos bipolares, creció también el reconocimiento de los trastornos bipolares como «patología», igual que la hipertensión arterial y la diabetes y que, en muchos casos, pueden llegar a controlarse. Pero continúa la obstinación hacia ideas preconcebidas y la estigmatización de las personas con afecciones psíquicas, lo que constituye un desafío constante para todos nosotros.

A principios del siglo XX se sistematizaron, a manos de Kraepelin y otros psiquiatras avanzados, las formas de aparición de los trastornos bipolares pero, sin embargo, por aquel entonces no existía la terapia medicamentosa. Este hueco fue cubierto, casi en 1950, por la psicoterapia. Además, cada vez se fue haciendo más claro que los trastornos bipolares graves, tanto maníacos como depresivos, por no hablar de los cuadros clínicos psicóticos o esquizofrénicos, se pueden tratar de un modo efectivo y eficiente gracias a la psicoterapia. Hoy en día existen muchos y diversos métodos psicoterapéuticos que se pueden considerar como muy valiosos, en muchos de los casos seguramente como complemento irrenunciable a una terapia medicamentosa psiquiátrica. En primer lugar está el asesoramiento a través de conversaciones con el médico, una amplia información sobre el complejo trastorno bipolar facilitado por todos los implicados así como un acompañamiento psicoterapéutico hecho a medida para los afectados, en especial, durante las fases libres de molestias.

Terapia de grupos y personalizada

La psicoterapia se puede realizar tanto en grupos como de forma aislada:

- En muchos casos la psicoterapia de grupos es muy efectiva. En especial resultan muy beneficiados los pacientes bipolares, pues pueden compartir con los demás sus experiencias, sentimiento y problemas, sienten con los demás (empatía) y aprenden unos de otros. Un psicoterapeuta puede dirigir de modo eficiente, como moderador, los procesos de interacción y comunicación. Cada vez más, en muchos países, se van creando grupos de autoayuda de personas aquejadas de bipolaridad, con o sin el apoyo de terapeutas profesionales, que, por otra parte, pueden ofrecer un mutuo intercambio de información y diversas ayudas.
- Una psicoterapia personalizada puede ser también muy efectiva en el caso de la depresión, actuando como un antidepresivo, y esta circunstancia ha sido comprobada en muchas investigaciones. En especial los procedimientos orientados «cognitivamente» alcanzan elevado éxito en el caso de la depresión: el raciocinio, la experiencia y las perspectivas de futuro son interpretadas, por regla general, de un modo «negativo» (triada cognitiva). La terapia cognitiva de conversación intenta cambiar estas convicciones e ideas «negativas» del afectado en convencimientos e ideas «realistas».

El mundo me daba igual y yo sólo quería preocuparme por mí mismo. Cuando había algo que era bueno para mí, lo tomaba o lo hacía. Me compré unas gafas, aprendí a nadar, quise sobrevivir. Fui a Alcohólicos Anónimos. Allí estaban todas esas perso-

nas, padres alcohólicos. Súbitamente comprendí que no estaba solo. Fue tan increíble, tan inconcebiblemente refrescante y alentador. ¡Toda una habitación llena de gente que sabía lo que yo sentía! Yo les gustaba. Era querido. Valoraban mis opiniones. ¿Qué aprendí de la terapia? ¿Qué fue lo mejor? Aprendí a hablar de ello, que es lo importante. Era lo que siempre quise. La terapia me permitió a hablar de las cosas que no me iban bien.

Susan Pedrick

Psicoterapia básica

La conversación médica (psicoterapia básica o psicoterapia de apoyo o de soporte) es el proceso de psicoterapia más utilizado por el psiquiatra, y consiste en conversaciones con el enfermo, con los familiares, padres, profesores, psicólogos, personal sanitario y trabajadores sociales. Se sitúa en un primer plano la cercanía humana con los correspondientes compañeros de charla. Escuchar con comprensión, sin presiones de tiempo y en una atmósfera de confianza mutua, debe ser el elemento básico del diálogo entre médico y paciente: el paciente puede, quizá por primera vez, contar sus problemas y las afecciones que le acarrea su patología, posiblemente salga de su aislamiento con las demás personas y se consiga una gran descarga, relajación y tranquilidad.

En las conversaciones médicas la persona afectada debe también ser informado de que sus problemas y síntomas son, de hecho, individuales, pero que están dentro de un contexto más amplio (por ejemplo, de una patología o un modelo de comportamiento psíquico) que puede ser afectado de forma muy positiva por medio de las distintas posibilidades de terapia. El médico debe intentar analizar los problemas que ha planteado el afectado, debe ver los síntomas en el contexto de las situaciones e informaciones biográficas, debe identificar mecanismos de disparo e intensificadores y pensar en posibilidades de cambio.

También el asesoramiento y la información sobre posibles causas de los síntomas y las posibilidades de solución de las situaciones problemáticas o de conflicto, así como la gestión eficaz de las crisis,

Empleo de la terapia cognitiva
Entre los objetivos de la psicoterapia cognitiva está el cambio de las ideas «negativas» en ideas «realistas»:
- Convencimiento «negativo»: «En la oficina donde trabajo todos evitan el contacto conmigo. ¡Nadie quiere nada con los enfermos mentales».
- Idea «realista»: «Cabe la posibilidad de que algunos me eviten, pero en cuanto se han dado cuenta de que, en realidad, no soy distinto a ellos, han desaparecido las desconfianzas. ¡De los demás no quiero saber nada!»

deben ser el resultado de los largos procesos de comunicación entre el médico y el paciente, en los que se respetará siempre el punto de vista del paciente.

Psicoanálisis clásico

La terapia psicoanalítica se basa en las enseñanzas sobre la personalidad y la enfermedad aportadas por el psicoanálisis, que fue creado por Sigmund Freud (1856 a 1939). La base de este concepto es la idea de que los conflictos inconscientes pueden llevar a trastornos del desarrollo psíquico y que pueden evocar a lo largo de la vida posterior muchos problemas que no se podrán superar o hacerlo de un modo insuficiente. Los conflictos no asimilados y «neuróticos» surgen (a menudo desplazados en el tiempo) como puntos de partida de trastornos psíquicos y patologías físicas (psicosomáticas).

El psicoanálisis utiliza la conversación, por regla general la conversación entre paciente (cliente) y psicoterapeuta. Pero también hay terapias de grupo y familiares. Al principio surge la necesidad de la construcción de una relación de plena confianza, del reconocimiento de la característica individual y el destino de uno mismo, del aprecio de sus posibilidades, el afán de superación y la franqueza sin prejuicios ante las complicaciones de la vida, los miedos y los conflictos de los que buscan ayuda. El terapeuta explora aquellas situaciones problemáticas que constituyen el fondo de una enfermedad. Los conflictos inconscientes se pueden hacer más claros y se pueden experimentar de forma consciente. Las contradicciones internas, los miedos irracionales, las experiencias de enfermedad y de lesión psíquica se distribuyen por temas y se trabaja sobre ellas con el fin de encontrar nuevos convicciones y posibilidades de solución.

Los conflictos desplazados se pueden manifestar en todas las relaciones presentes como distorsiones de las percepciones e ideas. El psicoanálisis lo designa como «transferencia». En especial los conflictos desplazados no resueltos de la temprana niñez pueden, posteriormente, desarrollar a lo largo de la vida problemas en relación con la pareja o los colegas, e incluso también con el psicoterapeuta. El psicoanálisis presta especial atención a este tipo de transferencias e intenta trabajar con ellas. Con ello se abre un acceso a ideas que la persona afectada reconoce, pero de las que no puede concretar su significado. Los acontecimientos de la vida diaria, los recuerdos, sueños, impresiones e ideas que se manifiestan durante la conversación son el «material» del psicoanálisis individual.

El psicoanálisis utiliza principalmente el raciocinio y la comprensión: para la persona que busca ayuda supone la experiencia de poder confiar sin límites en un oyente benévolo y, asegurada la intimidad de su diálogo con el terapeuta, experimentar una sensación, al ser aceptado sin prejuicios con todos sus apuros y angustias, que puede ser efectiva en el proceso de restablecimiento.

Si en aquel entonces nadie me hubiera escuchado, no estaría aquí sentado hoy, porque estaría desorientada. Fue curioso, ¡un terapeuta que era un ser humano! No me trató como una esquizofrénica. Indagó en sus propios conceptos de la realidad.

Karen Wong

Terapia del comportamiento

La terapia del comportamiento intenta trabajar de modo pragmático tanto los esquemas de comportamiento así como los síntomas. El paciente debe, primero, aprender a reconocer este tipo de esquemas del comportamiento y luego, con la ayuda del terapeuta, intentar conscientemente encontrar y practicar nuevas formas de comportamiento que puedan influir positivamente en los síntomas de la patología.

Al comienzo de la terapia se informa de acontecimientos, condiciones vitales, características de la personalidad y propiedades del carácter que puedan haber sido causa conjunta de los síntomas. Se pregunta a los pacientes sobre su idea de la génesis y la evolución de la problemática, así como sus estrategias de superación. Luego el paciente y el terapeuta determinan los esquemas de comportamiento que deban ser modificados y de qué modo y manera se puede alcanzar el objetivo de esa modificación. Se dispone de uno o varios principios terapéuticos del comportamiento.

- Activación positiva: en especial en pacientes aislados socialmente, mejor dicho, en pacientes depresivos es muy efectivo el establecimiento de actividades positivas. Se estimula paulatinamente al paciente, y con ello se le incita a planificar las actividades a desarrollar a lo largo del día. Se pone especial atención al balance de las actividades agradables y que impulsan los progresos.
- Entrenamiento de las capacidades sociales: el objetivo es una mejora de la autoafirmación y una reducción de la ansiedad en el entorno social. La motivación hacia un incremento del contacto con las demás personas o la capacidad de manifestar un reconocimiento razonable o una crítica acertada son tareas principales de la terapia.
- Desensibilización y confrontación de estímulos: muchas personas ven mermada su vida cotidiana por la ansiedad y las presiones. Posibles empleos de terapia para el mejor manejo de la ansiedad propia pueden ser los métodos de relajación, así como también una confrontación consciente, guiada por el terapeuta, con las situaciones angustiosas.
- Terapia cognitiva: para el tratamiento de las depresiones y los trastornos de ansiedad juega un papel importante la superación de los pensamientos negativos («el vaso está medio vacío») y su reemplazo con pensamientos positivos («el vaso está medio lleno»).

Terapia del comportamiento centrada en la familia

En el caso de trastorno bipolar, se ha mostrado especialmente beneficiosa la terapia del comportamiento con inclusión de los familiares. Ya que la mayoría de los afectados se encuentran en edad infantil o juvenil, el campo de acción de la familia aún «no está muy alejado», como puede ocurrir con la familia de pacientes bipolares en caso de una edad madura; en situaciones de crisis, la familia representa una importante «zona de refugio» protectora para el afectado, pero esto sólo es factible en el caso de que la familia posea información acerca de la patología y disponga de estrategias efectivas de superación. Integrante esencial de este concepto de terapia es la explicación a «todos los implicados» de la esencia, causas y posibilidades de tratamiento del trastorno bipolar (psicoeducación), así como entrenamiento de conversación para mejorar el entendimiento entre la familia o el juego de roles.

En Estados Unidos se han conseguido sorprendentes resultados con la terapia del comportamiento centrada en la familia en el caso de pacientes afectados de enfermedad bipolar. El esfuerzo es grande y durante periodos de varios meses, y de forma regular, se deben llevar a cabo seminarios que duran varias horas. El éxito de la terapia justifica el esfuerzo, ya que los trastornos bipolares van asociados a una pesada carga económica para la sociedad, ¡una sugerencia para la psiquiatría en nuestro país es incrementar este tipo de terapia!

Terapia interpersonal y del ritmo social

Partiendo de la observación de que los pacientes bipolares padecen trastornos de sueño, lo que en la mayoría de los casos acarrea también la perturbación del «ritmo social» (trabajo, profesión, tiempo libre, familia), se ha desarrollado un procedimiento de terapia que se concentra en la estabilización de estos ritmos y en la gestión del estrés, la «terapia interpersonal y del ritmo social» (TIPRS). Los afectados, con la ayuda de listas de comprobación y de un diario de anotaciones, obtienen una visión y un control sobre su estado de ánimo y los factores individuales de su trastorno, así como de su entorno de relación.

Por regla general, al principio de la TIPRS tienen lugar sesiones de asesoramiento en las que el paciente se familiariza con los métodos de adopción de la responsabilidad propia que se van a poner en práctica. Por ejemplo, se determinan los «marcadores sociales de tiempo» propuestos que deben aparecer en su vida diaria al menos tres veces por semana. El paciente determina para cada marcador social de tiempo un espacio de una hora y media dentro del cual debe ejecutar la actividad elegida, por ejemplo, la comida entre las 12 y las 13:30. El objetivo es el cumplimiento obligatorio de esos plazos de tiempo. Las actividades figuran en un listado que se analiza al final de la semana y permite la valoración del autocontrol conseguido.

En el transcurso de una reunión, el terapeuta y el paciente hablan de las anotaciones. Los conflictos y factores de estrés, por ejemplo para las relaciones entre las personas (interpersonales) se pueden identificar de un modo más sencillo. El objetivo del tratamiento es crear «balance saludable» entre las actividades de rutina diaria, la actividad social, la estimulación social y el estado anímico. A menudo es útil incluir a la familia y el compañero/a del paciente. Una forma de vida regulada del paciente posibilita la vida en conjunto en un entorno personal. Para un éxito a largo plazo del tratamiento, a menudo es de un significado decisivo la cooperación de personas de relación. La familia y la pareja del afectado sirven de eficaz apoyo.

Protocolo de la terapia interpersonal y del ritmo social (TIPRS)	
Objetivo de la terapia	• Mejora anímica clara y duradera. • Ritmo de estabilización social. • Acuerdo a largo plazo entre biorritmos y estado anímico.
Marcador social de tiempo	Compromiso de cumplimiento en determinados plazos de determinadas actividades, como puede ser la hora de comer, el comenzar a trabajar o el momento de irse a la cama.
Control del estímulo	Prevención ante un estímulo interpersonal infra o supravalorado.

Terapia psicosocial

Si, en el «peor de los casos», es imprescindible un tratamiento hospitalario, el paciente afectado dispone dentro de los departamentos de las clínicas psiquiátricas de muchas terapias que van más allá de las meras terapias «medicamentosas».

Terapia ambiental

«Vivir» en una clínica psiquiátrica se diferencia claramente de la situación existente en un hospital convencional para enfermedades físicas. Los pacientes sólo permanecen en cama durante los ataques extremadamente agudos, de lo contrario se mueven libremente por los espacios del complejo y toman parte de las actividades que se ofertan. Durante el tiempo libre los pacientes pueden permanecer en sus habitaciones o bien reunirse, tanto en salas agradablemente equipadas y preparadas para la vida en sociedad dentro de la clínica, o también fuera de ella.

Las estaciones psiquiátricas modernas están organizadas como sociedades terapéuticas. Se promueve la sensación de sociedad y las posibilidades de comunicación de sus habitantes. La vida en conjunto y el entendimiento mutuo son factores de influencia que se estiman como muy importantes y favorables. Para este objetivo sirven las comidas en común, las reuniones, las excursiones conjuntas de todos los pacientes, los grupos de lectura y muchos tipos de actividades de ocio conjuntas. El personal especializado apoya con todos los medios disponibles el mantenimiento de una atmósfera positiva.

La evolución en el día a día de los pacientes se lleva a cabo, por regla general, según un plan definido de un modo individual. Las actividades terapéuticas y de tiempo libre se combinan y organizan según unas posibilidades razonables. Es fundamental evitar que el paciente se sienta aislado y que sólo se ocupe de sus propios problemas y síntomas.

Terapia de trabajo

Los episodios agudos de trastornos bipolares graves, en el caso de pacientes bipolares llevan a menudo a la disminución del rendimiento en el trabajo que, tras una larga enfermedad, dificultan su reincorporación a la vida laboral. En el marco de la terapia de trabajo, el paciente debe prepararse de nuevo para las exigencias de la vida laboral, debe reestructurar su autoconfianza. El punto clave de la terapia son las exigencias de rendimiento: resistencia y concentración, la capacidad de adaptación y de perseverancia, acostumbrarse a las estructuras de tiempo fijadas, la comprensión de tareas complejas y la capacidad de trabajar en equipo.

En la terapia individual o en la de grupo se pueden entrenar las actividades de trabajos manuales industriales (trabajos de embalaje, clasificación, montaje y corte, trabajos con madera, tejer, coser, hacer cerámica) y las actividades que potencian la mente (tareas administrativas con el ordenador). El grado de dificultad se va elevando paulatinamente, desde tareas sencillas sin exigencia especial de independencia y atención, hasta la capacidad media de rendimiento de una persona sana.

Terapia artística

La terapia artística –pintar, dibujar y también trabajos plásticos– es una de las mejores posibilidades de favorecer o estimular la creatividad y hacer patentes los propios sentimientos y los problemas conscientes o inconscientes para uno mismo y los demás. Las clínicas

«El grito III», de Paloma (nacimiento 1952), dibujo al carbón sobre papel (1999).

psiquiátricas ofrecen por regla general la organización de actividades artísticas como instrumento de terapia. El color, la forma y la estructura de un cuadro expresan mucho más que muchas palabras acerca del estado de ánimo y mental de una persona. Los pacientes pueden crear sus propios cuadros en un grupo de pintura o bien pueden trabajar conjuntamente en talleres artísticos.

Terapia musical

En muchas instituciones psiquiátricas se ofrece la posibilidad de la terapia musical. En el caso de la terapia musical activa, el paciente, siguiendo las instrucciones del terapeuta, puede improvisar con distintos instrumentos musicales sencillos y sonoros, puede cantar o moverse al ritmo de una música que suena, o puede dejar que la música ejerza su efecto sobre él y le transmita al terapeuta sus sensaciones y sentimientos.

Las actividades musicales se pueden llevar a cabo de modo individual o en grupo. La terapia musical ayuda a la exploración de las propias posibilidades creativas, puede contribuir al descubrimiento y adentramiento en el propio mundo de los sentimientos así como a la intensificación de la percepción corporal. La música es el «lenguaje directo del sentimiento» que está a disposición de todas las personas y mejora su capacidad de comunicación con los demás seres humanos.

Psicoeducación

Por medio de procedimientos psicoeducativos, los pacientes y sus familiares deben ser informados acerca de los trastornos bipolares y sus posibles métodos de tratamiento. El objetivo de los seminarios de información es hablar sobre los posibles conceptos de la patología, llamar la atención sobre los síntomas precoces de aviso del acecho de cambios anímicos episódicos y mejorar la preparación para la cooperación (en inglés: *compliance*).

- Los familiares y los pacientes, en el marco de varias reuniones de seminario, son informados sobre los aspectos más interesantes de los trastornos bipolares.
- La información general sobre la patología engloba la aclaración de conceptos técnicos, diagnósticos, características, frecuencia y evolución de los trastornos bipolares así como de las enfermedades concomitantes (comorbilidad).
- Los participantes hablan sobre sus dolencias propias, intercambian experiencias e informan de vivencias personales y de la repercusión de su enfermedad.
- Se establecen temas acerca de modelos y factores de estrés y problemas interpersonales, las influencias del ritmo social y biológico, así como los patrones de pensamiento y actividades anímicas.
- Se presentan informaciones básicas sobre posibilidades de tratamiento con medicamentos durante los episodios agudos de los trastornos, así como durante los intervalos libres de molestias. Además se ofrecen hipótesis prácticas para la superación conjunta de la enfermedad bipolar como, por ejemplo, listas de comprobación de los síntomas individuales de advertencia precoz, la identificación individual de los factores de estrés, las primeras estrategias de superación, los análisis sobre ritmos sociales y biológicos de cada individuo, la planificación de actividades, gestión del estrés y las posibilidades para la transformación de los modelos negativos de pensamiento.

Para prevenir las nuevas fases de enfermedad, se elabora con el paciente un plan de crisis individual (por ejemplo los síntomas de aviso tempranos, ayuda a través de posibles compañeros de conversación, disminución de esfuerzos, tratamiento medicamentoso). La psicoeducación se puede llevar a cabo en conversaciones por separado o en grupo. En el grupo, las personas afectadas y sus familiares adquieren, a menudo, la experiencia de que no están solos con sus problemas, que hay otras personas que tienen que luchar contra dificultades parecidas. Esta solidaridad sirve, la mayoría de las veces, de desahogo.

Protocolo de la psicoeducación

Información y explicaciones sobre...

Síntomas y evolución de trastornos bipolares	• Señales de aviso y síntomas de trastornos bipolares. • Desarrollo del último episodio agudo. • Episodios vitales individuales. • Experiencias con la terapia psiquiátrica. • Posibilidades de evolución del trastorno.
Etiología y solución de trastornos bipolares	• Modelo de vulnerabilidad al estrés. • El rol del estrés y los episodios vitales. • Antecedentes genéticos y biológicos. • Riesgos y factores de protección.
Posibilidades de influencia en el marco de modelos de vulnerabilidad al estrés	• Tipo y efectos de los medicamentos. • Posibilidades psicosociales del tratamiento. • Posibilidades de ayuda por parte de la pareja y los parientes. • Posibilidades de autoayuda. • Entrenamiento para la prevención de recaídas.

Capítulo 8
VÍAS PARA LA ESTABILIDAD ANÍMICA

Ahora, igual que ocurría en tiempos pasados, siguen siendo desconocidas las verdaderas causas del trastorno bipolar. Las formas de tratamiento que han resultado efectivas se han descubierto de un modo más o menos casual, tal y como muestra el ejemplo del litio, y la forma médica de actuar debe servirse, también más o menos, de la propia experiencia, es la denominada terapia empírica.

A pesar de que a mediados del siglo pasado se reunieron una gran cantidad de datos sobre la eficacia de determinados medicamentos aplicados a gran número de pacientes, la decisión de la terapia a aplicar para cada paciente individual depende a menudo de la existencia de una experiencia previa con el tratamiento, por tanto, no se basa en «datos firmes de diagnósticos» como ocurre en la medicina: no hay análisis químicos de laboratorio relativos a la sangre o a los tejidos, no existen tomas de rayos-X o tomografías computerizadas que aseguren el diagnóstico del trastorno bipolar y que puedan indicar, gracias a esos datos, la terapia adecuada.

Cuando un paciente llega a una clínica psiquiátrica con síntomas maníacos, el psiquiatra, de acuerdo con sus observaciones y su experiencia, genera un diagnóstico. Posiblemente esto resulte sencillo cuando la manía resulta evidentemente acentuada, pero no es tan fácil cuando la persona que busca ayuda dice: «Soy depresivo» o «Tengo oscilaciones anímicas», es en ese momento cuando se pueden tener en cuenta numerosos diagnósticos no psiquiátricos.

La dificultad de emitir un diagnóstico sobre una enfermedad bipolar puede ser tan complicada como lo es, también, la decisión de una terapia adecuada para cada caso individual. Por estos motivos no hay recomendaciones de terapia que sean válidas de modo amplio y universal. Las causas para los trastornos masivos de la regulación del ánimo no son conocidas, por lo que los psiquiatras y sus pa-

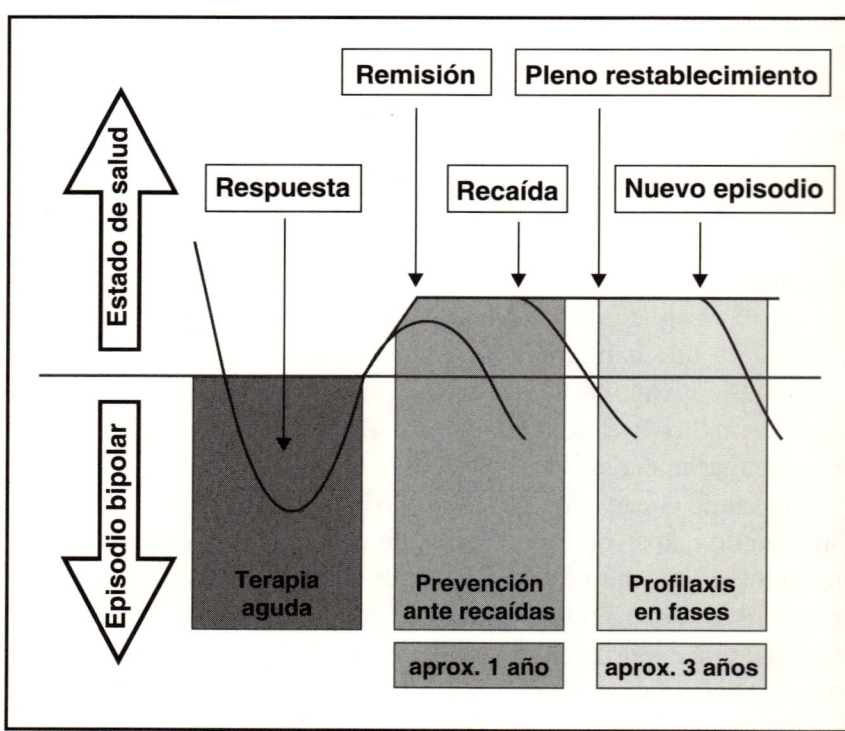

Fases de la terapia del trastorno bipolar.

cientes, en la misma medida, deben arreglárselas a base de «prueba y error» y «esperar y observar».

Sin embargo, resulta grato afirmar que hoy en día existen muchas opciones de tratamiento que son más avanzadas y eficaces que hace cincuenta años, entre ellas se encuentran, sobre todo, los neurolépticos atípicos como la olanzapina. Además han dado muy buen resultado determinadas estrategias para la terapia medicamentosa de los trastornos bipolares en el caso de episodios agudos (terapia aguda), durante la fase de estabilización (terapia de mantenimiento) y para la prevención contra nuevos episodios de la patología (profilaxis recidivante).

Principios de la terapia

Ya que existen muchos medicamentos distintos, además de otros métodos para el tratamiento de los trastornos bipolares, se han desarrollado los denominados «algoritmos de terapia», planes de evolución orientados, tipo de medicamentos, momento y orden en que pueden ser útiles, fármacos que se pueden reemplazar por otros en caso de ineficacia y cuáles son los que se pueden combinar. Los psiquiatras europeos pueden recurrir también a planes elaborados según modelos internacionales. Pero, en la práctica y en el caso de pacientes individuales, es frecuente que el plan de tratamiento se pueda desviar notablemente de estos algoritmos terapéuticos.

- Para el tratamiento de los bipolares, el paciente y su médico deben tener la suficiente paciencia y deben contar con la perspectiva de una terapia a largo plazo.
- Los medicamentos para el tratamiento de los bipolares necesitan, al menos, de dos semanas hasta que se hacen patentes sus efectos terapéuticos. En ocasiones tiene poco sentido, en el caso de episodios sintomáticos de trastorno bipolar, llevar a efecto un rápido cambio en la medicación. Además, existe el peligro de que la impaciencia lleve a la prescripción de medicamentos de muy distinta composición, con peligro de ocasionar daños en lugar de proporcionar ayuda.

- En el caso de bipolares leves, se debe conceder al menos 4 semanas de tiempo hasta decidir si se ha prescrito el medicamento adecuado, excepto, como es lógico, que se observen efectos secundarios inaceptables.
- Otros efectos secundarios aparecen sólo de forma temporal al principio del tratamiento, pero luego desaparecen rápidamente y van mejorando con el tiempo.
- En el caso de un trastorno bipolar II o ciclotimia, hay que contar con un tiempo más largo hasta que se aprecien los efectos. No es raro que pasen de 3 a 6 meses antes de observar un tímido y paulatino comienzo de los efectos que se desean obtener en los estabilizadores anímicos.
- El psiquiatra actuante nunca debe perder de vista el diagnóstico y su decisión terapéutica debe ser lo más estricta posible y se tiene que ajustar al diagnóstico que él mismo ha generado, se encuentra ante un tratamiento de trastornos bipolares patológicos, y no frente a un tratamiento con somníferos por trastornos de sueño o tratando un desasosiego a base de tranquilizantes. Si se determina como diagnóstico que estamos ante un trastorno bipolar, todos los síntomas observados deben interpretarse en primer lugar como orientados hacia esa patología. Guillermo de Occam, teólogo y filósofo inglés de la Edad Media, ya se convenció de que la explicacion más sencilla a un fenómeno es mejor que una más complicada y que, la mayoría de las veces, la sencilla es la correcta.
- Cada paciente bipolar debe adicionalmente llevar a cabo una psicoterapia.
- Los pacientes bipolares, y preferentemente también su pareja y sus familiares, deben participar conjuntamente en un programa psicoeducativo.

Terapia aguda

En el caso de una manía extremadamente severa se puede empezar con → neurolépticos. Hoy en día mucho se habla en favor de la buena tolerancia de los → neurolépticos atípicos como, por ejemplo, la → olanzapina, y si es necesario a corto plazo la → benzodiacepina.

El estabilizador anímico → litio es válido, al igual que lo era antes, como medio clásico para el tratamiento de la manía aguda. Si el litio no causa efecto, se pueden tomar en cuenta estabilizadores anímicos como la → carbamacepina o el → ácido valproico. En el caso de estados mixtos bipolares primero se utiliza el → ácido valproico, y en segunda instancia → carbamacepina o → litio. Si se hace indispensable un → antidepresivo, son preferibles → los inhibidores selectivos de la recaptación de serotonina (SSRI), hay que evitar los antidepresivos tricíclicos. Si el litio muestra menos efecto en la ciclación rápida, puede ser más efectivo el → ácido valproico, la → lamotrigina o la → carbamacepina.

En el caso de episodios de severidad entre leve a moderada, que es el caso de un tercio de los afectados, es beneficioso el tratamiento exclusivo con → litio. Se deben evitar los antidepresivos cíclicos, se prefieren → los inhibidores selectivos de la recaptación de serotonina (SSRI). En el caso de depresión severa, depresión con riesgo de suicidio o en el caso de ineficacia de los antidepresivos o del litio así como en los embarazos, es muy efectiva y beneficiosa la → terapia electroconvulsiva.

Terapia de mantenimiento

La terapia de mantenimiento, una vez reducidos los síntomas agudos, debe prevenir y evitar una recaída en «antiguos» episodios que hicieran cambiar repentinamente el ánimo en dirección contraria (hacia la manía o la depresión). Aquí es válida la regla básica de que un tratamiento que, de acuerdo con la experiencia del psiquiatra que lleva a cabo el tratamiento, ha resultado beneficioso una vez, debe continuarse en forma análoga, sin modificaciones, por lo menos durante 6 a 12 meses.

Profilaxis recidivante

La base para la prevención de una recaída, en el caso de un trastorno bipolar, es un cumplimiento consecuente bajo control psiquiátrico de una terapia medicamentosa de estabilizadores anímicos. Si se retira la medicación de modo arbitrario, no es infrecuente que se llegue a graves episodios de trastornos bipolares con todas sus desfavorables consecuencias hasta que, seguramente, se haga necesario un tratamiento hospitalario. La → psicoterapia competente y la → psicoeducación (individual o en grupo) como medida de acompañamiento pueden resultar muy beneficiosas, por ejemplo una → terapia interpersonal y del ritmo social (TIPRS), la → terapia cognitiva de comportamiento o la → terapia de comportamiento centrada en la familia.

**Pautas terapéuticas actuales (2002)
de la *American Psychiatric Association* (APA)**

- Episodios maníacos de severidad leve a moderada: monoterapia con litio o valproato o un neuroléptico como la olanzapina.
- Episodios maníacos graves: terapia combinada de un estabilizador anímico más un neuroléptico.
- Episodio depresivo: litio o lamotrigina.

Capítulo 9
SINGULARIDADES BIPOLARES

Existen determinados subgrupos de pacientes que, en relación al diagnóstico y la terapia de los trastornos bipolares, precisan de una atención especial. Entre ellos se cuentan, sobre todo, los niños y las mujeres. En los tiempos más recientes se ha observado que los niños se «manifiestan» como un grupo de pacientes con afecciones especialmente severas. Puesto que el trastorno bipolar afecta sobre todo a adultos jóvenes, para las mujeres se plantean de forma especial preguntas de cómo pueden superar tanto el deseo de tener hijos como el embarazo y los periodos de lactancia. Otra peculiaridad de la afección bipolar son los trastornos que, a menudo, se dan de un modo simultáneo (comorbilidad) como, por ejemplo, otros trastornos psíquicos o problemas con el alcohol y las drogas.

Trastorno bipolar en la edad infantil

Durante mucho tiempo se pensó que el trastorno bipolar en personas jóvenes sólo en contadas ocasiones se presentaba con formas extremadamente severas, y eso a pesar de que los resultados de los hallazgos científicos que se referían a los adultos daban suficientes indicios como para pensar que los primeros síntomas de los trastornos bipolares aparecían, por regla general, antes de los 20 años. Ya Emil Kraepelin se dio cuenta de que el mayor número de «primeros ataques de trastorno maniacodepresivo» se observaban en una edad entre los 15 y los 20 años.

Desde hace poco tiempo la investigación psiquiátrica también investiga en forma creciente las particularidades del trastorno bipolar en niños y jóvenes. De hecho, ha quedado claro que el trastorno bipolar en niños y jóvenes es distinto al de los adultos. Si los pacientes bipolares jóvenes han sido tratados hasta ahora con medidas de terapia más o menos modificadas, pero similares a las aplicadas a los adultos, cada vez ha quedado más claro que este grupo de pacientes debe ser tratado teniendo en cuenta sus peculiaridades.

Los trastornos bipolares en niños aparecen en bastantes ocasiones y pueden comenzar muy precozmente: un estudio mostró que aproximadamente un tercio de los niños afectados eran menores de 12 años, los primeros síntomas se observaron, como media, a los 8 años y medio.

Durante mucho tiempo se había hecho caso omiso de este grupo de pacientes y esto fue debido a que la sintomatología de los niños no tiene por qué corresponderse exactamente con la de los adultos.

Si el trastorno comienza antes de la pubertad, la mayoría de las veces se desarrolla en su forma más severa, que si el diagnóstico inicial surge en la edad adulta. Además, en las familias con niños bipolares es frecuente que haya más miembros afectados de trastornos bipolares, tanto por parte de la madre como del padre. Otra diferencia es que el primer episodio de un trastorno bipolar es casi siempre una depresión, y en raras ocasiones resulta ser una manía o hipomanía. Según los resultados de los estudios, del 20 al 30% de los pacientes que en los primeros años han sufrido depresión, sufrirán síntomas maníacos a lo largo de su vida.

Los pacientes jóvenes y adultos se diferencian de un modo más claro en la evolución del trastorno bipolar. En la niñez el trastorno es más continuado que en los adultos: mientras que los adultos viven episodios bien delimitados de depresiones y manías, con sus consiguientes intervalos de larga duración libres de afecciones, en los niños el trastorno transcurre, la mayoría de las veces, en forma de largas ciclaciones rápidas periódicas. No es anormal que el ánimo depresivo y maníaco pueda cambiar incluso varias veces al día (ciclación ultra rápida así como la ciclación ultra-ultra rápida).

El niño maniacodepresivo

Es fácil reconocer a un niño depresivo, es llorón, apático o letárgico y da la sensación de estar enfermo. Pero, ¿cómo se puede diferenciar entre un comportamiento hipomaníaco o maníaco y las ansias de movimiento normales en la edad infantil así como de un trastorno por déficit de atención con hiperactividad (*ADHD: Attention Deficit Hyperactivity Disorder*)? La clave para esta diferencia se encuentra en la observación del ánimo del niño: los niños con ADHD son hiperactivos, pero no tienen un tono altamente expansivo.

Un niño hiperactivo no puede estar sentado tranquilo en el colegio y probablemente moleste en clase con sus continuas tonterías. Un niño maníaco acusa al profesor de incompetencia e intenta hacerse cargo de la clase. Un niño maníaco posiblemente está convencido de que puede quedarse con todas las cosas, aunque no le pertenezcan, si bien queda claro que estas libertades no son válidas para los demás. El niño maníaco está convencido de que puede hacer una brillante carrera como médico o como estrella del rock, a pesar de que falle en todas las asignaturas y que no domine ningún instrumento musical. Los niños normales tienen también semejantes fantasías, pero pueden distinguirlas de la realidad y se subordinan a las reglas de la escuela y de la familia.

Los niños maníacos manifiestan posiblemente ideas inconstantes y no se puede interrumpir su locuacidad, se lamentan acerca de su acelerado flujo de pensamientos. En el caso de niños mayores, la hipersexualidad puede ser un problema: son activos sexualmente sin orden ni concierto o se masturban excesivamente, profieren maldiciones de carácter marcadamente sexual o se enamoran locamente de su profesor o su ídolo famoso. Cuando estos niños tienen en sus manos un teléfono móvil, la factura del mismo puede constituir una

Características de los trastornos bipolares en niños:
- Primer episodio: depresión.
- Tipo de desarrollo: ciclación rápida o estado bipolar mixto.
- Duración: crónica o continuada.
- Intervalo: escasa mejoría de los síntomas o continuas oscilaciones anímicas.

buena sorpresa para los padres. Los niños normales creen en magos y se dejan hechizar por historias mágicas, los niños maníacos hacen que estas ideas imaginarias sean la base de argumentos reales de sus juegos: un niño normal juega a ser un «pájaro» al correr por el patio balanceando los brazos. En el caso de un niño maníaco es de temer que realmente crea ser un «pájaro» y que pueda saltar por la ventana. ¡Los síntomas bipolares pueden tener las mismas consecuencias mortales que en los adultos!

El niño hiperactivo-bipolar

Es posible que los niños con hiperactividad así como con trastorno por déficit de atención con hiperactividad (ADHD) se diferencien de los niños bipolares, pero de todos modos aumentan los indicios, extraídos de las investigaciones, de que en algunos niños pueden coexistir ambos estados al mismo tiempo. En el marco de un estudió se determinó que el 11% de los niños con diagnóstico ADHD también cumplían con criterios de trastorno bipolar. Después de cuatro años se volvió a examinar a esos niños y se mostró que, además, otro 15% de los niños fueron diagnosticados como bipolares. De aquí se ha deducido que ADHD puede constituir un precoz signo de advertencia acerca del trastorno bipolar: los niños con ADHD que en los años posteriores desarrollan un trastorno bipolar tienen síntomas graves y trastornos de comportamiento.

Con una edad más avanzada se pierden los trastornos por ADHD. Si ocasionalmente continúan los síntomas ADHD en la edad adulta, los trastornos conciernen la mayoría de las veces a la atención y la concentración, ¡no al equilibrio anímico!

Los síntomas del trastorno bipolar se aceleran según va avanzando la edad.

La relación exacta entre el ADHD y los trastornos bipolares es, en gran medida, desconocida. ¿En los niños el ADHD y el trastorno bipolar son dos patologías distintas, con síntomas parecidos, pero causas distintas? Todavía hay que encontrar muchas respuestas para las preguntas sobre trastornos bipolares y conductuales en la niñez.

Ayuda para niños bipolares

El tratamiento de los niños afectados de bipolaridad es complicado o, mejor dicho, su desarrollo constituye un extraordinario desafío para cada terapeuta. La mayoría de las experiencias de terapia se refieren al empleo del litio. Ya que predominantemente se deben tratar complejos estados bipolares mixtos o evoluciones de ciclación rápida, en los niños se debe contar, en contraste con lo que ocurre con los adultos, con una menor eficacia del litio. La dosis del litio es menor y, para prevenir un riesgo elevado de envenenamiento, se debe controlar de un modo estricto el nivel de litio en sangre. Ocasionalmente se pueden utilizar también otros psicofármacos (estabilizadores anímicos, neurolépticos y otros), pero el éxito puede resultar inconstante. En muchos casos se hace obligatoria la improvisación en la terapia medicamentosa pues, por el momento, no existe un concepto óptimo de tratamiento para niños bipolares.

Se debe partir del hecho de que el desarrollo normal de los niños con trastorno bipolar sufre en muchos de sus ámbitos: las relaciones interpersonales dentro de la familia, la formación en la escuela, el comportamiento en grupos de la misma edad, el estado emocional y el desarrollo mental. Los niños afectados de bipolaridad necesitan, incluso más que los adultos, un amplio cuidado psicoterapéutico. Todavía hay muchas incógnitas sobre la evolución posterior de un trastorno bipolar que comienza prematuramente. Los resultados de los estudios muestran una vez más que los trastornos bipolares en niños son más difíciles de controlar: 55 adultos con diagnóstico bipolar I y que se trataron clínicamente bajo hospitalización fueron observados durante 5 años. Se mostró que casi la mitad de los jóvenes sufrieron episodios de recaídas y de ellos, la mitad, sufrieron dos o más episodios durante esos 5 años. No se sabe prácticamente nada de la evolución a largo plazo de la enfermedad bipolar en niños. El niño afectado de bipolaridad supone un desafío para la investigación, para los médicos, padres y psicoterapeutas. Es urgente un concepto de tratamiento que pueda ayudar a los niños más de lo que hoy en día es posible.

Mujeres con trastorno bipolar

¿Es hereditario un trastorno bipolar?
Los trastorno bipolares no se heredan directamente, pero si aparecen con más frecuencia dentro de la misma familia.

Posibles riesgos para el nonato por los psicofármacos
- Malformaciones por la influencia de los medicamentos durante los primeros momentos del embarazo.
- Síntomas en recién nacidos por reacciones, efectos secundarios o supresión de psicofármacos.
- Aparición de secuelas psicomotrices, sobre todo por antidepresivos tricíclicos, fluoxetina, benzodiacepina y litio: ralentización del desarrollo mental y motor, trastornos de concentración y de atención.

El tratamiento de mujeres con un trastorno bipolar es complicado en muchos aspectos ya que, por regla general, las afectadas resultan ser mujeres en edad fértil. Muchas mujeres enferman por primera vez durante el embarazo. Otras, que están tomando psicofármacos, desean recibir información médica acerca de las ventajas e inconvenientes de una terapia medicamentosa durante el embarazo, y también de los riesgos que supone el abandonar la medicación. Muchas mujeres quieren saber los efectos sobre el niño de un trastorno bipolar no tratado. A menudo, mujeres con un trastorno bipolar quedan embarazadas, sin tenerlo previsto, mientras están tomando psicofármacos y necesitan urgentemente un asesoramiento completo.

Los psicofármacos no están permitidos en las embarazadas, no obstante, muchas pacientes llevan una terapia medicamentosa consecuente. La toma de psicofármacos puede presentar un riesgo para el nonato y sin embargo, en el caso de la madre, la eliminación de la medicación puede elevar el riesgo de recaída, durante el embarazo o el periodo de lactancia, en un episodio depresivo y maníaco.

El médico y la paciente deben sopesar conjuntamente la terapia medicamentosa que se debe utilizar antes y durante el embarazo, si la paciente puede amamantar a su hijo y si se han tenido en cuenta las exigencias que trae consigo un hijo recién nacido. Además se debe reforzar la atención al desarrollo de nuevos episodios de enfermedad durante el embarazo o el puerperio.

Deseo de hijos

El trastorno bipolar no repercute normalmente en la fertilidad. De todos modos, y aun cuando no están claros los motivos, las mujeres con trastorno bipolar no se quedan embarazadas tan rápidamente como ellas quisieran. En el caso de problemas de fertilidad puede resultar razonable efectuar una revisión ginecológica de la mujer y un análisis de la capacidad de procreación del compañero masculino. La planificación de un embarazo es muy importante, ya que la terapia medicamentosa de la paciente se debe ajustar de tal modo que la probabilidad de un nuevo episodio de enfermedad, así como el riesgo para el nonato, sea lo menor posible, sin embargo no existe un 100% de seguridad.

Para evitar este dilema, las mujeres con trastorno bipolar deberían tener especialmente en cuenta la utilización de métodos anticonceptivos efectivos, además de evitar quedarse embarazadas sin haberlo planificado. Una evidencia precoz del embarazo, así como la eliminación a tiempo de los medicamentos, puede disminuir claramente los riesgos de malformaciones.

Embarazo

No en raras ocasiones las mujeres con trastorno bipolar se quedan embarazadas, mientras están tomando psicofármacos, de un modo no planificado. A menudo la mujer no se da cuenta antes de la quinta o sexta semana, a menudo incluso después, de que está embarazada, y en ese momento el desarrollo orgánico del nonato ya se ha completado hasta la mitad, con lo que ya se han podido originar defectos estructurales.

Una eliminación brusca de las medicinas en dicho momento ya no puede evitar esas malformaciones y, además, se podría producir un empeoramiento de la enfermedad bipolar de la mujer, lo que conlleva un constante riesgo para el nonato, pues los síntomas de un episodio maníaco o depresivo de la futura madre pueden afectar también al hijo que va a nacer: una alimentación insuficiente, un déficit de sueño, una excesiva ansia de movimiento o una impulsividad así como una tendencia al suicidio, una falta de iniciativa con descuido de los reconocimientos preventivos, pueden hacer obligatoria durante el embarazo la terapia psicofarmacológica. El trastorno bipolar crónico y los episodios que aparecen con más asiduidad son de elevado riesgo para la madre y para el nonato. Los resultados de las investigaciones científicas indican que los síntomas depresivos y de ansiedad que no se han tratado durante el embarazo elevan también para el niño el peligro de la aparición de secuelas psicomotrices. El peligro de que una mujer con trastorno bipolar sufra, durante o después del embarazo, un episodio depresivo o maníaco, so-

¡Embarazo sin estrés! Las mujeres embarazadas con trastorno bipolar deben evitar factores de estrés, como la falta de sueño o los excesos emocionales, que pueden favorecer la aparición de episodios agudos.

bre todo cuando se ha dejado drásticamente el litio, es elevado (de un 30 a un 50%).

Algunas mujeres con trastorno bipolar informaron de una mejora de su ánimo durante el embarazo, se sentían más equilibradas y con mayor capacidad que antes. Pero se ha comprobado que aproximadamente la mitad de todas las mujeres afectadas que eliminan radicalmente los estabilizadores anímicos durante el embarazo, llegan a sufrir depresiones.

- Litio: la dosis de litio debe ser, o bien lo menor posible o, durante la planificación del embarazo, se debe reducir paulatinamente hasta llegar, de forma lenta, a eliminarlo. Si la terapia de litio se mantiene debido a unos síntomas graves, son necesarios unos controles médicos muy estrictos. Cuando se suprime el litio durante el embarazo, se debe volver a implantar la terapia 48 horas después del parto, ya que el riesgo de recaída es muy elevado.
- Carbamacepina, ácido valproico: básicamente son válidas las mismas recomendaciones que en el caso del litio, sin embargo la seguridad de la ingesta de estas sustancias, en el caso de embarazadas con trastorno bipolar, no está tan bien investigada como en el caso del litio. Con la ayuda de los antecedentes clínicos se puede aclarar si es asumible, antes del comienzo del embarazo o al menos en los tres primeros meses del mismo, una paulatina administración de carbamacepina o ácido valproico,
- Neurolépticos: básicamente se debe plantear la cuestión acerca de si una mujer afectada de trastorno bipolar y embarazada necesita realmente los neurolépticos o si le basta con una terapia con estabilizadores anímicos.
- Antidepresivos: los antidepresivos tricíclicos son válidos como sustancia relativamente segura durante el embarazo, aunque se debe mantener la alerta durante los tres primeros meses del mismo. La mayoría de las veces son necesarias dosis más elevadas. Los inhibidores selectivos de la recaptación de serotonina (ISRS) se pueden eliminar a corto plazo antes de la concepción –lo que no es válido para la fluoxetina, que tiene una vida media más larga– y son calificados como sustancias altamente seguras.

> **Riesgos que representa para los nonatos el consumo de tóxicos y drogas**
>
> - La nicotina puede inducir en el recién nacido un peso inferior al normal en el momento del parto.
> - La marihuana puede suponer problemas de crecimiento en los niños y contribuir a riesgos de parto prematuro y «pequeñas» deficiencias congénitas.
> - La cafeína puede contribuir a trastornos en el crecimiento y desarrollo de los niños.
> - El alcohol puede suponer una disminución de las dotes intelectuales del niño y acarrearle trastornos cardíacos, retraso del desarrollo corporal y defectos visuales.
> - La heroína alberga el riesgo de un grave síndrome de abstinencia en el recién nacido así como un retraso en su desarrollo físico y mental.
> - La cocaína puede inducir en el niño un peso inferior al normal en el momento del parto, trastornos en el crecimiento y «pequeñas» deficiencias congénitas, así como trastornos en el desarrollo del lenguaje y conducir a futuros déficits cognitivos.

- Se debe renunciar al empleo de inhibidores MAO y a la toma de benzodiacepina.
- Terapia electroconvulsiva (TEC): la TEC es un método seguro de tratamiento durante el embarazo, pero sólo se debe administrar cuando exista una depresión severa o una manía con características psicóticas que sólo se puedan tratar con medicación,
- Cafeína, nicotina, alcohol y drogas: todas las sustancias potencialmente dañinas que pueden llegar al cuerpo del niño a través de la placenta constituyen un riesgo para la seguridad del nonato. Las mujeres embarazadas deben, en la medida de lo posible, renunciar al consumo de este tipo de tóxicos.

Parto

Como norma general se debe plantear que, antes de la fecha prevista para el parto, se haya buscado una clínica adecuada que tenga, si es posible, un departamento de neonatología. Allí se debería presentar la embarazada y enseñar toda su documentación, incluyendo las informaciones disponibles sobre su actual terapia medicamentosa. Lo mejor es también esforzarse por conseguir con la debida antelación un/una pediatra que pueda practicar la realización de los frecuentes reconocimientos necesarios al recién nacido, y si está planeado, dar el pecho al niño.

La dosis de los psicofármacos debe reducirse a un tercio 14 días antes de la fecha prevista del parto para, de esa forma, disminuir el riesgo de complicaciones durante el desarrollo del mismo. Los estabilizadores de ánimo deben volver a tomarse en su dosis habitual no más tarde de 48 horas después del parto. Se recomienda que antes del alumbramiento se elimine por completo la administración de litio. Si esto no fuera posible, se debe tener en cuenta la inexcusable administración de una cantidad suficiente de líquidos durante el proceso del parto.

Cuando los medicamentos se suprimen o se reduce la dosis, es muy eficaz llevar un severo control ambulatorio de las mujeres en avanzado estado de gestación para poder reconocer a tiempo un reforzamiento de los síntomas. Al menor indicio de trastorno se debe renunciar a disminuir la dosis de fármacos y se deben asumir los posibles síntomas en el recién nacido.

Puerperio

Está muy difundida la idea de que el periodo posterior al parto es una época plena de satisfacciones y alegrías, pero es posible que muchas pacientes bipolares se avergüencen de tener síntomas depresivos o psíquicos. También muchos médicos subvaloran estos síntomas y dejan pasar meses hasta que llevan a cabo medidas de terapia. Los síntomas psíquicos no tratados pueden hacer que un trastorno bipolar se convierta en crónico y pueden acarrear trastornos del desarrollo psíquico, emocional y social del niño. Un trastorno bipolar después del parto (postparto) debe ser reconocido y tratado a tiempo. También es muy importante que se aclaren a la paciente los síntomas de cualquier trastorno anímico postparto. Cuanto antes se reconozcan tales síntomas, más rápidamente se podrá ayudar. Una depresión después del parto no significa necesariamente que la madre no esté feliz por el nacimiento de su hijo. También los factores de estrés pueden desarrollar episodios de trastornos bipolares: exigencia excesiva en las tareas del hogar, déficit de sueño, un niño intranquilo o una escasa ayuda en el hogar.

- «Blues» del puerperio: con esta expresión se entiende un ánimo ligeramente depresivo que aparece tras el parto en las tres cuartas partes de las mujeres, y no sólo en las pacientes bipolares, y que es debido a las modificaciones hormonales. Los síntomas típicos, pasados unos días del parto, son la inestabilidad, la irritabilidad, la tendencia al llanto así como trastornos en el sueño y en el apetito. Los síntomas remiten de modo espontáneo pasados de 10 a 14 días tras el parto. No es necesario llevar a cabo un tratamiento.
- Depresión del puerperio: del 10 al 15% de todas las mujeres sufren una depresión puerperal durante el primer mes posterior al alumbramiento. Sin embargo, las mujeres con trastornos bipolares están más afectadas que las mujeres sanas. No son raras las ideas de suicidio y se debe preguntar sobre ellas. Para el tratamiento se pueden utilizar antidepresivos (ISRS, por ejemplo), por lo menos durante 4 meses, o bien una terapia de sustitución con estrógenos, los gestágenos fortalecen aparentemente la depresión. También puede ser útil una terapia cognitiva de comportamiento.
- Psicosis del puerperio: en el caso de mujeres con trastorno bipolar existe el riesgo de padecer una psicosis de postparto, que puede aparecer en el 20 al 30% de los casos (en el caso de mujeres sanas el porcentaje es del 0,1 al 0,2%). Este riesgo se puede disminuir si dentro de las 48 horas posteriores al parto se vuelve a administrar el tratamiento con los estabilizadores anímicos habituales. Los síntomas psicóticos de tipo maníaco pueden aparecer durante las 48 a 72 horas tras el alumbramiento, pero lo más normal es que lo

hagan a los 10 o 14 días. Una de cada cuatro mujeres con trastorno bipolar debe contar, en sus siguientes embarazos, con una nueva psicosis de puerperio.

Lactancia

Como regla general se puede afirmar que una mujer aquejada de bipolaridad puede dar de mamar a su hijo. Todos los psicofármacos pasan a la leche materna, pero en muy distinta concentración.

El pediatra debe ser informado del tipo de medicación que se toma, pues este dato puede ser necesario para practicar al niño ciertos reconocimientos adicionales. Si el niño precisa de algún medicamento (por ejemplo, antibióticos), debe quedar claro si es compatible con los psicofármacos que van incorporados a la leche materna.

- Litio: no es recomendable la toma de litio durante la lactancia, e incluso está calificado como contraindicación, ya que dicha sustancia aumenta rápidamente en el cuerpo del recién nacido llegando a alcanzar concentraciones tóxicas.
- Carbamacepina, ácido valproico: las dos sustancias se incorporan en muy escasa medida a la leche materna. En ocasiones muy raras el niño puede estar algo adormilado o hacer mal la toma de alimento.
- Antidepresivos: los antidepresivos pasan a la leche materna en una concentración muy baja y no constituyen un riesgo para el niño. Sólo con la doxepina y fluoxetina, y en casos aislados, se han observado molestias en lactantes. La clomipramina y la sertralina parecen no afectar al niño, y para los restantes antidepresivos faltan datos para saber cuál es el grado de seguridad durante la lactancia. Si las tomas se organizan de forma que la última de ellas tenga lugar algunas horas después de la ingestión del medicamento, la concentración de muchos de los antidepresivos en la leche materna resultará más reducida.
- Benzodiacepina: la dosis y el tiempo de administración de la benzodiacepina se deben decidir en base a los efectos que puedan ejercer sobre el niño, lo mejor es intentar evitar la toma de todas estas sustancias.

- Neurolépticos: básicamente, es posible amamantar si se están tomando neurolépticos. Sin embargo, el niño puede aparentar estar cansado y falto de estímulos, sobre todo si las dosis son muy altas. Se recomienda que los neurolépticos se administren a lo largo de varias dosis diarias, con lo que la concentración en la leche materna resultará más baja. Además, se deben intercambiar las tomas de pecho con las de biberón. Si la madre toma clozapina es desaconsejable que amamante a su hijo, ya que esta sustancia se incorpora a la leche materna con gran diversidad de concentración, y no se pueden controlar bien los efectos sobre el niño.

Comorbilidad: algo más que un trastorno

El término «comorbilidad» aparece en el acerbo médico al menos desde el año 1970. Emil Kraepelin ya utilizó en el año 1909 la expresión «psicosis combinada» y se dió cuenta de que la aparición conjunta de dos o más diagnóstico en la misma persona no era algo «poco frecuente». Bajo comorbilidad se entiende, independientemente del tipo de patología básica, la «aparición de más de un trastorno en una persona en un espacio de tiempo definido».

Existen buenos argumentos para que, también en los trastornos bipolares, haya que tener en cuenta las posibles apariciones de enfermedades secundarias:

- El tratamiento médico contra la comorbilidad es más caro. Si aparece una depresión junto con otros trastornos, los costes anuales de la enfermedad se llegan a doblar, prolongándose también notablemente la duración de los tratamientos con hospitalización.
- Determinadas enfermedades psiquiátricas secundarias (comorbilidades) elevan la posibilidad de tener que ser ingresado con mayor frecuencia en los hospitales.
- La comorbilidad provoca también, y no en pocas ocasiones, complicaciones médicas, elevándose la mortalidad y también los suicidios.
- La comorbilidad contribuye frecuentemente a la falta de efectividad de los tratamientos (resistencia al tratamiento) y a la complicación de la evolución de la patología y de su tratamiento.

Estos argumentos indican que es de gran importancia, para la evolución de la enfermedad y las perspectivas de éxito del tratamiento, el registro de los diagnósticos comórbidos. Los resultados de un gran estudio realizado en EE.UU. en el año 1999 señalaron que gran parte de los pacientes con trastorno bipolar sufrían, además, al menos otra enfermedad psiquiátrica. Está claro que los pacientes afectados de bipolaridad deben, en muchos casos, luchar contra la existencia de otros trastornos o enfermedades simultaneas. En todo caso, durante los últimos 20 años tales comorbilidades sólo se han comprobado científicamente en un número limitado de estos trastornos psíquicos.

Trastorno de ansiedad

La probabilidad de que un paciente con trastorno bipolar pueda sufrir, además, a lo largo de su vida un trastorno de ansiedad es extremadamente alta: en el marco del estudio antes mencionado, la probabilidad de, padeciendo una bipolaridad, sufrir también de ansiedad, se eleva al 93%. Casi cada paciente bipolar está expuesto, a lo largo de su vida, a un trastorno de ansiedad, en especial, tras experiencias que hayan resultado traumáticas para la psique (síndrome de estrés postraumático).

Trastorno de pánico

Los pacientes bipolares sufren con especial frecuencia un trastorno de pánico. En el marco de los estudios epidemiológicos se ha demostrado que del 18 al 33% de los afectados por bipolaridad deben, adicionalmente, contar con uno de tales diagnósticos. Los resultados de los estudios clínicos muestran frecuencias comparables: uno de cada tres a seis pacientes bipolares ha sido afectado por un trastorno de pánico, y, a la inversa, uno de cada seis o diez pacientes con trastorno de pánico han sido diagnosticados con un trastorno bipolar. Estos resultados permiten deducir que pudiera existir, eventualmente, una base conjunta genética para los sucesos patológicos o para la combinación de un trastorno bipolar y uno de pánico.

Fobia

Según los resultados del estudio de 1999, aproximadamente dos tercios de los pacientes bipolares deben contar con sufrir de angustia ante los espacios abiertos (agorafobia) u otro tipo de fobia sencilla. De un modo inverso, en el caso de trastornos fóbicos, en un 3,4% de los casos se observa simultáneamente un trastorno bipolar: los pacientes con agorafobia tiene 16 veces mayor riesgo de sufrir un trastorno bipolar, los pacientes con fobia social generalizada, 8 veces, y los pacientes con una fobia sencilla 6 veces mayor riesgo.

Trastorno de ansiedad generalizada

Casi la mitad de los pacientes bipolares muestran adicionalmente, según los resultados de los estudios epidemiológicos y clínicos, un trastorno de ansiedad generalizada. Además los pacientes bipolares con un trastorno simultáneo de ansiedad padecen un riesgo más elevado de suicidio, recurriendo a menudo a las drogas u otras sustancias adictivas y, en gran número si se les compara con los enfermos bipolares sin trastorno de ansiedad, no reaccionan a la terapia con litio.

Trastorno violento

Los resultados de los estudios epidemiológicos realizados en Canadá demuestran que uno de cada cinco o seis pacientes con trastorno bipolar están afectados de trastornos violentos, en contraste con ello, el número de pacientes con trastornos depresivos es claramente más bajo (del 12 al 10%). En el caso del trastorno bipolar, los trastornos violentos se doblan durante la aparición de episodios depresivos, pero no se observan durante los episodios maníacos. Muchos aspectos indican que un trastorno violento en conexión con uno bipolar se da más en los trastornos bipolares I que en II. En el caso de pacientes bipolares II, en el historial médico (anamnesis) se observan, más a menudo que en los pacientes sin trastornos violentos, intentos de suicidio, ligeras depresiones crónicas o trastornos impulsivos (distimia). Los pacientes con síndrome Tourette, es decir, trastornos violentos más tics vocales y motores incontrolables, tienen igualmente un elevado riesgo de sufrir un trastorno bipolar.

Catatonia

También el síndrome de la catatonia (trastornos marcados del movimiento voluntario, pérdida completa del movimiento o patrones de movimientos extravagantes o estereotipados) aparece a menudo en pacientes con trastorno bipolar y se encuentra, sobre todo, en estados bipolares mixtos. En el caso de pacientes con trastorno bipolar y con síndrome catatónico es frecuente, además, que surjan evoluciones más complicadas y un peor panorama de fases libres de molestias que en aquellos pacientes que no sufren esta comorbilidad.

Abuso de alcohol, drogas y otras sustancias

Uno de los efectos secundarios más preocupantes de los trastornos bipolares es el elevado número de pacientes que tiene problemas de abuso de drogas, alcohol y otras sustancias. En el marco de un gran estudio realizado, casi tres cuartos de los pacientes analizados tenían en su diagnóstico vital un abuso de sustancias además de una dependencia de ellas. Más del 60% de los investigados resultó ser alcohólico. Los resultados de otros dos estudios mostraron que el riesgo de un abuso de alcohol en el trastorno bipolar, en contraste con la población normal, se multiplicaba por 2,5.

¿La enfermedad bipolar crea propensión al abuso de las drogas y el alcohol?

¿El alcohol y las drogas, en el caso de personas aquejadas de trastornos bipolares, puede desembocar en un trastorno bipolar? ¿tienen etiología común los trastornos bipolares y las adiciones?, probablemente todas estas preguntas se pueden contestar con un «sí». La comparación de pacientes bipolares con y sin abusos de alcohol demostró que los pacientes con diagnóstico de adicción era, a menudo, jóvenes, hombres y solteros, que frecuentemente sufrían de estado mixtos bipolares en lugar de episodios puros de trastornos bipolares. Además, en estos pacientes se observa adicionalmente trastornos de ansiedad (por ejemplo, ataques de pánico), y también es claramente elevado el riesgo de suicidio en este grupo de pacientes. Al médico le queda la dura tarea de diferenciar entre una comorbilidad «auténtica» (trastorno bipolar con abuso de alcohol o dependencia del mismo) y la bebida impulsiva como «autoterapia» inútil durante los episodios complicados.

Todavía es más complicada de comprender la comorbilidad del abuso de drogas en el trastorno bipolar. Casi la mitad (46%) de todos los pacientes bipolares, de acuerdo con los resultados de los estudios, debe contar con enfrentarse a lo largo de sus vidas con algún tipo de problema relacionado con las drogas. El peligro de abusar de las drogas es cinco veces más elevado que el relativo al alcohol. Las anfetaminas, el cannabis (hachis), la cocaína y los alucinógenos (por ejemplo, el LSD) son consumidos (en orden descendente) con más frecuencia por los pacientes con trastornos bipolares, el abuso de opiáceos y la benzodiacepina juega sólo un papel secundario.

Lista de comprobación del alcoholismo

- ¿Ha pensado alguna vez en reducir su consumo de alcohol? ☐ Si ☐ No
- ¿Se pone «nervioso» si alguien critica su consumo de alcohol? ☐ Si ☐ No
- ¿Ha tenido alguna vez sensación de inferioridad o culpabilidad por el hecho de beber? ☐ Si ☐ No
- ¿Ha tenido alguna vez, al despertar por la mañana, la necesidad de tomar un trago para calmar los nervios y combatir la resaca? ☐ Si ☐ No

Resultado:
- *Una respuesta «si» indica un posible problema con el alcohol (abuso, dependencia).*
- *Varias respuestas afirmativas señalan con mucha probabilidad un problema definitivo con el alcohol.*

Es de gran importancia para el médico y los pacientes dejar claro que los dos problemas (los trastornos bipolares y la dependencia o abuso de sustancias) deben ser tratados. ¡Ni el trastorno bipolar ni los problemas con las drogas o el alcohol desaparecen «por sí mismos»!

Enfermedades médicas con trastornos bipolares

Las migrañas, para los pacientes bipolares, constituyen un efecto secundario que surge con más frecuencia que en los pacientes de otras enfermedades psíquicas: el riesgo de padecer una migraña es cinco o seis veces superior.

En muchas enfermedades médicas pueden aparecer secundariamente manías, pero resulta dudoso pensar que esto se pueda tratar como una comorbilidad. Básicamente resulta válido decir que, en la primera aparición de una manía para el caso de una persona por encima de los 50 años, se debe descartar para el diagnóstico una causa médica. La comprensión de tales manías secundarias en el caso de patologías médicas es muy útil para poder emitir una opinión sobre el trastorno bipolar. A modo de ejemplo, las manías secundarias en pacientes con ataques de apoplejía han mostrado que los trastornos en la zona prefrontal derecha del cerebro pueden jugar un papel importante en el desarrollo de síndromes maníacos.

Otras afecciones médicas que pueden resultar incrementadas en el trastorno bipolar, o que se pueden manifestar debido a manías secundarias, son la esclerosis múltiple, la enfermedad de Parkinson (sobre todo por medio de una terapia L-Dopa), las epilepsia del lóbulo temporal o la hiperfunción del tiroides (hipertiroidismo).

Capítulo 10
EL GENIO BIPOLAR

No existe un gran genio sin un componente de locura.

Aristóteles
(384 a 322 a. de C.)

La expresión «genio loco» conlleva un gran núcleo de verdad. Las biografías que se ocupan de la historia de las vidas de personalidades famosas arrojan un inesperadamente elevado número de indudables afecciones psiquiátricas entre artistas, sobre todo pintores, escritores y compositores. Los análisis médicos de la historia de estas preeminentes vidas mostraron que eran las enfermedades bipolares las que aparecían con mayor frecuencia.

Biografía de la psique creativa

El poeta inglés Lord Byron (1788-1824) soportó a lo largo de su vida episodios de desbordante entusiasmo y de aniquilante desespe-

Autorretrato de Vincent van Gogh con la oreja vendada (1889).

ración. Según las observaciones de sus amigos y médicos, es prácticamente seguro confirmar un diagnóstico de bipolaridad. En ambas líneas del linaje de Byron, se descubren, durante varias generaciones, casos de suicidio, «demencia» y homicidio.

Durante décadas, los biógrafos médicos se han quebrado la cabeza por conocer el tipo de patología que podría sufrir Vincent van Gogh (1853-1890), que le hizo mutilarse a sí mismo y que trajo como consecuencia frecuentes internamientos en la «institución psiquiátrica» de Saint Paul en Saint-Rèmy. La evolución episódica acelerada de los trastornos bipolares de van Gogh permite deducir que se trataba de un trastorno bipolar. Incluso el mismo van Gogh anotó en su diario acerca de depresiones y algunos de sus médicos le diagnosticaron una manía. También en la historia familiar de van Gogh se encuentran puntos de referencia de trastornos bipolares: su hermano Theo describió por carta a Vincent su lucha contra la depresión, y su hermano Cor se suicidó. La coloración inigualable de muchos de sus cuadros advierte de su esporádica percepción «psicótica».

El compositor Robert Schumann (1810-1856) mostró tendencias suicidas a los 18 años y lo comentó casi un año después: «Música eterna durante la noche y nada de dormir». En 1834 anotó: «Casi no puedo hacerme con mi enfermedad, que es una pura y amarga melancolía». A la edad de 34 años, en 1844, vivió su primer episodio de depresión psicótica grave, su mujer, Clara, informa de ello: «Ahora se suceden días horribles. Robert no duerme ninguna noche, sus fantasías le dibujan imágenes espeluznantes, habitualmente, por las mañanas le encuentro bañado en lágrimas, se ha dado totalmente

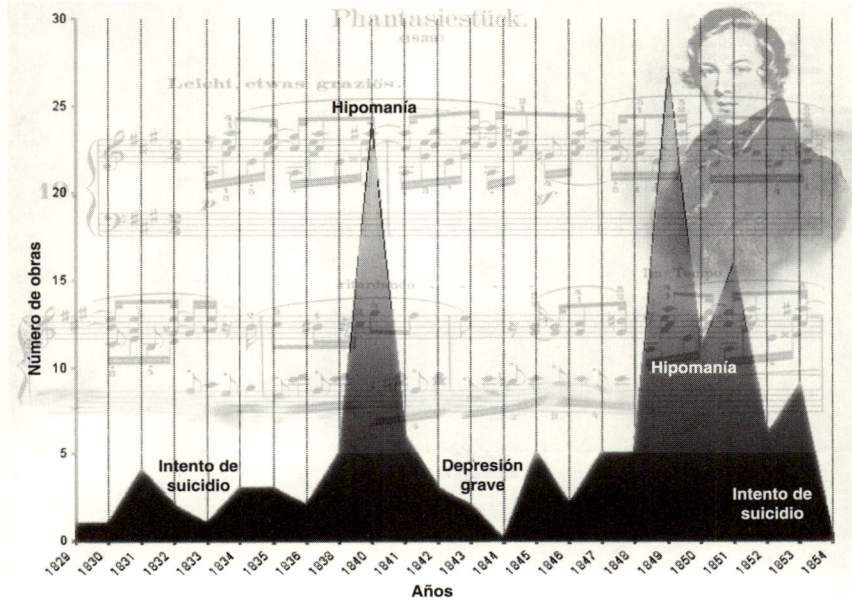

Las fases de la producción artística del compositor Robert Schumann coinciden de forma sorprendente con sus oscilaciones anímicas extremas.

por vencido.» Tras su restablecimiento creó algunas de sus obras musicales más importantes, incluyendo tres de sus cuatro sinfonías. Diez años después todo había llegado demasiado lejos, Clara escribe en 1854: «Por la noche, algo después de habernos ido a la cama, Robert se levantó y escribió una melodía que, tal y como dijo, le había cantado un ángel. Luego se acostó y estuvo fantaseando durante toda la noche. Cuando se iba acercando la mañana, los ángeles se convirtieron en demonios y cantaron una música horrible, le dijeron que era un pecador y que le arrojarían al infierno.»

Algunas semanas después, en el punto más álgido de un episodio de depresión psicótica, Robert Schumann se cayó a las heladas aguas del Rin, fue salvado por unos pescadores y llevado al asilo de Endenich, donde murió un año más tarde. El estudio y análisis de la obra de Schumann ha mostrado impresionantes episodios de incontenible fuerza creadora, interrumpidos por fases de inactividad paralizadora, una energía creativa fuertemente fluctuante que, de modo sorprendente, se compatibiliza perfectamente con las extremas oscilaciones anímicas de Schumann. No es posible dudar de encontrarnos ante un diagnóstico de trastorno bipolar.

Sylvia Plath y Ted Hughes. Londres 1959.

La poetisa Sylvia Plath (1932 a 1963) fue la *Shooting star* (estrella fugaz) de la escena de la literatura angloamericana de los años 50, dominada por hombres. Su juventud estuvo marcada por la ambición y la energía creativa incansable. En el transcurso de pocos años creó más de cuatrocientos poemas, con 19 años cometió su primer intento de suicidio. Durante los diez siguientes años sufrió oscilaciones anímicas cada vez más intensas, sobre todo depresiones extremas. A pesar de formar pareja estable con el poeta inglés Ted Hughes, sus oscilaciones anímicas se fueron haciendo cada vez más incontrolables.

Un crítico señaló la paradoja de sus impulsos de autodestrucción como «una fuente real de su energía creativa, una fuente de energía vital». Su última obra, tildada como autobiografía, «La campana de cristal», es una de las mejores descripciones que existen sobre el mundo de los sentimientos bipolares. La «ventana terapéutica» existente hasta el comienzo de la eficacia antidepresiva de los inhibidores MAO, contribuyó evidentemente a que se quitara la vida. También en la historia familiar de Sylvia Plath se comprueba la existencia de trastornos bipolares.

Las puertas de la percepción

A pesar de que los artistas no tienen por qué estar enfermos psíquicamente para crear sus obras, los análisis psicobiográficos de las personalidades de fama han arrojado como resultado que un gran número de los más reconocidos artistas, músico y escritores, han debido padecer trastornos bipolares. La frecuencia de trastornos bipolares en personalidades creativas, según un estudio de Kay Redfield Jamison (1944), asciende del 30 al 50%, unas diez veces más que el porcentaje de estos trastornos en el total de la población.

Además, Jamison determinó que más de la mitad de todos los poetas ingleses e irlandeses nacidos entre 1705 y 1805 padecían trastornos psicológicos y, de ellos, más de un tercio sufría trastornos bipolares. Pero esto no sólo es válido para el pasado: también las estrellas de la actualidad están afectadas por trastornos bipolares: músicos conocidos en todo el mundo, como Sting o Tom Waits, directores de cine como Francis Ford Coppola o el actor Jean-Claude Van Damme. ¿Por qué las personas con propensión a emociones extremas son, a menudo, más creativas que el resto de la gente?

Emil Kraepelin contestó así a esta pregunta: «La excitación intencionada que lleva consigo la enfermedad pude liberar... fuerzas que están contenidas por todo tipo de inhibiciones.» Tales inhibiciones no son, sin duda alguna, una característica de un estado hipomaníaco o maníaco en el caso de un trastorno bipolar: desaparece el miedo al fracaso, se superan las reservas sociales y religiosas y se rompen los tabúes morales.

Además, a menudo los estados anímicos extremos abren el acceso a las «puertas de la percepción», a las experiencias trascendentes o a los estados de éxtasis de la personalidad. La música, la pintura o la poesía son, evidentemente, las mejores herramientas creativas para transmitir, tras el regreso de las profundidades más rigurosas de la depresión y de los paisajes extáticos de la manía, mensajes increíbles y fascinantes extraídos de los límites de la percepción humana. Las visiones de William Blake forman parte de estas manifestaciones.

La sinuosa evolución de las oscilaciones anímicas extremas en el caso de los trastornos bipolares, permite el trabajo creativo durante las fases de restablecimiento libres de dolencias, en caso de que la fuerza creadora durante el estado depresivo o anímico no se haya transformado en una obra visible. La emoción, aun sin trastorno bipolar, es un motor de la creación artística.

No es casualidad que las actuales terapias artística y musical sean componentes básicos del catálogo de tratamiento psiquiátrico. La medicina y la psiquiatría casi no pueden explicarse las percepciones interiores de las personas con extremadas sensaciones vitales. El litio y los antidepresivos no protegen eficazmente a todos los afectados ante nuevas oscilaciones anímicas. ¿Cómo pueden sobrevivir las personas frente a la maldición de una extremada oscilación congénita del ánimo?

Obra de arte y ánimo estable

La música, la pintura y la poesía son caminos para la transformación y el entendimiento de los sufrimientos. Hay que suponer que muchos artistas van por caminos terapéuticos que ellos mismo han elegido, y, cuando se les pregunta, añaden abiertamente: «la música (o la pintura) es mi vida». El director de cine danés, Lars von Trier, sufre de numerosas fobias, entre otras a los hospitales. Algunas obras principales (*The kingdom*, *Breaking the waves*[1]) se crearon, lógicamente, en hospitales o trataron el tema de la intranquila vida interior de una clínica.

Los creativos viven peligrosamente. Los poetas están al borde del precipicio. Las experiencias en la zona límite de la percepción pueden ser mortales, tal y como muestran las biografías de van Gogh, Hemingway o Sylvia Plath. ¿Hubieran existido los cuadros de van Gogh, los escritos de Hemingway y los poemas de Sylvia Plath si hubieran tomado estabilizadores anímicos?, ¿hubieran alcanzado las cimas creativas a las que llegaron?

---

1. *N. de la T. El reino* (título original danés *Riget*, miniserie de television sobre un hospital embrujado) y *Rompiendo las olas* (película sobre sexo y religión, estrenada en Hipanoamérica con el título *Contra viento y marea*).

Elohim creating Adam **(Elohim creando a Adán) 1795. Ilustración de William Blake (1757-1827) para la historia de la creación.**

Realmente esta pregunta se trató de resolver en los años 70 del siglo XX. Tras la incorporación del litio a la terapia psiquiátrica, se interrogó a artistas y escritores sobre la influencia de esta sustancia en su potencial creativo. Sorprendentemente, más de la mitad de los encuestados indicaron que su potencial creativo no se había visto disminuido por la acción del litio, y sólo uno de cada cuatro encuestados vio afectada su obra a causa del litio. ¿Cuáles hubieran sido las respuestas si esos artistas hubieran sido tratados con ácido valproico u olanzapina?

Se puede aceptar con toda seguridad que los grandes genios afectados por la bipolaridad habrían elegido una vida que les hubiera aliviado de la sensación de montaña rusa de sus sensaciones, liberados de la prisión de la depresión y del frenesí de la manía.

En el anexo se puede encontrar referencias sobre textos literarios de autores con bipolaridad, así como información biográfica sobre conocidas personalidades bipolares.

Famosos pacientes bipolares

Alvin Ailey (1931-1989)	Bailarín y coreógrafo (American Dance Theater).
Buzz Aldrin (nacido en 1930)	Astronauta (Apollo XI).
Hector Berlioz (1803-1869)	Compositor (*Sinfonía fantástica*).
William Blake (1757-1827)	Pintor, poeta y visionario (*Canción de inocencia, Europa, América*).
Lord Byron (George Gordon) (1788-1824)	Poeta (*Don Juan*).
Francis Ford Coppola (nacido en 1939)	Director de cine (*Apocalypse Now*).
Paul Gauguin* (1848-1898)	Pintor (*¿De dónde venimos?, ¿qué somos?, ¿adónde vamos?*).
Vincent van Gogh* (1853-1890)	Pintor (*Los girasoles*).
Graham Greene (1904-1991)	Escritor (*El tercer hombre*).
Georg Friedrich Händel (1685-1759)	Compositor (*El Mesías*).
Ernest Hemingway* (1899-1961)	Escritor y periodista (*¿Por quién doblan las campanas?*).
Kay Redfield Jamison (nacida en 1946)	Escritora y psiquiatra (*Una mente inquieta. Testimonio sobre afectos y locura*)
Otto Klemperer (1885-1973)	Músico y director de orquesta.
Vivien Leigh (1913-1967)	Actriz (*Lo que el viento se llevó*).
Robert Lowell* (1927-1977)	Poeta (*Por los muertos de la Unión, El delfín*).
Wolfgang Amadeus Mozart** (1756-1791)	Músico y compositor (*La flauta mágica, Réquiem*).
Ilie Nastase (nacido en 1946)	Tenista y político.
Sylvia Plath* (1932-1963)	Poetisa (*Ariel, La campana de cristal*).
Jaco Pastorius** (1951-1987)	Músico de jazz (bajista) (*Donna Lee*).
Jackson Pollock** (1912-1956)	Pintor (*La loba, Full Fathom Five.*)
Axl Rose (nacido en 1962)	Músico de rock (Guns N'Roses).

Famosos pacientes bipolares *(continuación)*

Anne Sexton* (1928-1974)	Poetisa (*Live or Die*).
Robert Schumann* (1810-1856)	Músico y compositor (*Fausto, Carnaval, Fantasía, Escenas de niños*).
August Strindberg (1849-1912)	Autor dramático (*La señorita Julia*).
Gordon Sumner (Sting) (nacido en 1951)	Músico y compositor (Trio: Police, Ghost in the Machine y Mercury Falling).
Jean Claude Van Damme (nacido en 1960)	Luchador y actor (*El último gran héroe*).
Tom Waits (nacido en 1949)	Músico, compositor y cantante (*Closing Time, Asylum Years, Night on Earth*).
Brian Wilson (nacido en 1942)	Músico y compositor (miembro de los Beach Boys: Good Vibrations).
Hugo Wolf* (1860-1903)	Compositor (*Spanisches Liederbuch* «Libro de canciones españolas»).
Virginia Woolf* (1882-1941)	Escritora (*Al faro*).

*   Intentó o cometió suicidio.
** Muerte por accidente o en circunstancias no aclaradas.

Capítulo 11
VIVIR CON EL TRASTORNO BIPOLAR

En caso de trastorno bipolar, no existe una estrategia de tratamiento que, en general, sea apropiada y efectiva para todos los afectados. Los síntomas y la evolución del trastorno pueden ser muy distintos para cada una de las personas, como también distintas son las formas de tratamiento de cada caso individual. Sin embargo, existen unas posibilidades básicas que pueden mejorar la calidad de vida de los pacientes bipolares.

Confrontación y aceptación

La verdad es amarga y casi inaceptable para la mayoría de los jóvenes con trastorno bipolar: no hay curación para este trastorno, sólo hay tratamientos y posibilidades de control, además de prevención ante recaídas episódicas de una patología cuyos inevitables síntomas pueden torturar reiteradamente y sin compasión a los afectados.

Se preguntan: ¿por qué precisamente yo?, ¿por qué precisamente en una época de la vida en la que la alegría de vivir, la elección de pareja, de profesión, el colegio y la universidad, aparecen en un primer plano junto con la búsqueda del propia destino, del lugar que se va a ocupar en el mundo?

Ellos dirán: ¡sólo fue una crisis pasajera de depresión o manía!, ¡me encuentro bien, no estoy enfermo!, ¡ no quiero esta enfermedad!

De todos modos, lo mejor es situarse ante lo inevitable: una enfermedad que dura toda la vida, que se encuentra «dormida» en el interior, y que puede provocar trastornos bipolares inevitables e incalculables.

Algunas personas se sienten aliviadas, después de años de lucha con ellos mismos o tras la odisea de una peregrinación por diversas instituciones médicas, cuando finalmente son diagnosticados y reciben un tratamiento razonable. Ese no es el caso de aquellas otras personas para las que la aceptación de esta enfermedad es una idea insoportable e intentan por todos los medios (la mayoría inadecuados) tener sus emociones bajo control.

El único consejo sensato que se les puede ofrecer es el siguiente: acepte su enfermedad, deje que se le trate y siga los requisitos del tratamiento. Según el estado actual de los conocimientos, cualquier otro consejo sería una falsedad porque no sabemos nada exacto sobre las causas del trastorno bipolar, aunque sí conocemos las posibilidades de un control satisfactorio de la sintomatología de su evolución. Actualmente no existe otro camino para salir del asiento proyectable de la volubilidad emocional. Si usted se quiere apear de la montaña rusa de las emociones debe decidirse a controlar su patología, por lo que ¡no permita que sea la enfermedad quien le controle a usted!

Tras años de lucha entre la desesperación, el rechazo y la resignación, quizá usted ha llegado a un punto tal en el que pueda decir: no puedo seguir viviendo así, tengo que cambiar mi vida. Acaso desea algo más: ¡volver a mi vida normal!; el primer paso para conseguir-

Control consciente
- Elabore, junto a su médico y sus terapeutas un plan de tratamiento personalizado.
- Acepte la responsabilidad de cumplir ese plan de tratamiento.
- Esfuércese para controlar la enfermedad con todos los medios que tenga a su disposición, ¡no permita que sea la enfermedad la que le controle a usted!

lo es el reconocimiento de la propia enfermedad, la declaración de la misma y la aceptación del trastorno bipolar, esta es la primera y única condición previa para un tratamiento eficaz y con expectativas de éxito.

¡Bienvenido a la vida normal!

Familia
- Fije la responsabilidad familiar que usted estime adecuada.
- Organice y cumpla el desarrollo de su actividad diaria.
- Establezca prioridades.
- Identifique sus propios factores personales de estrés y desarrolle estrategias para prevenirlos.
- Acepte ayudas razonables de la familia para superar las tareas laborales diarias.
- ¡No se aísle, participe en la vida!

Escuela
- Cuente con que, al principio, le resultará especialmente costoso concentrarse.
- Informe a sus profesores, si lo considera oportuno, acerca de su posible *handicap*.
- Infórmese sobre las posibilidades que tiene de tomarse «tiempos muertos» esporádicos.
- Cultive los contactos con sus profesores de la escuela y la universidad.
- Cultive los contactos con sus compañeros de colegio y de estudios.
- ¡No se aísle, participe en la vida!

Trabajo
- Informe a sus jefes, si lo considera oportuno, acerca de su *handicap*.
- No se exija demasiado, trabaje en principio sobre la base de una jornada reducida, pues eso constituye una circunstancia perfectamente normal para una afección médica.
- Aumente lentamente su ritmo de trabajo.
- Cultive los contactos con sus colegas o sus jefes.
- ¡No se aísle, participe en la vida!

> **Miedos infundados**
> *¿Se puede crear dependencia de los medicamentos que se utilizan para el tratamiento del trastorno bipolar?*
> - Los estabilizadores anímicos no crean dependencia.
> - Los antidepresivos no crean dependencia.
> - Los neurolépticos no crean dependencia.
>
> *¿Se ve modificada la personalidad cuando se toman medicamentos para el tratamiento del trastorno bipolar?*
> - No hay indicios que digan que puede haber trastornos de personalidad por la ingestión de los medicamentos necesarios para el tratamiento del trastorno bipolar.

Como usted sabe, el trastorno bipolar evoluciona episódicamente, siempre puede aparecer de nuevo. Incluso si, tras el restablecimiento, se siente casi o totalmente «normal», deberá contar con una posible recaída en un trastorno bipolar grave. Es muy probable que tenga que seguir tomando su medicación durante toda la vida, sobre todo los estabilizadores anímicos. Sólo en casos extraños ocurre que sea suficiente con tomar la medicación durante uno o dos años. Los antidepresivos y los neurolépticos pueden ser necesarios, de acuerdo con las necesidades, sólo durante un corto espacio de tiempo.

Ellos se preguntan: si uno se encuentra bien, ¿no puedo, sencillamente, dejar la medicación? No, pues la enfermedad se puede encontrar en una fase de inactividad. Usted se encuentra bien porque la medicación ejerce su acción y, en consecuencia, faltan las oscilaciones anímicas extremas. Si el tratamiento se interrumpe en ese momento, existe un grave peligro de que llegue un renovado trastorno bipolar, con posibles consecuencias catastróficas tanto en la vida personal, laboral o escolar, la probabilidad de una recaída en los dos primeros años asciende a un 80%. ¡Después también puede producirse un nuevo episodio, una vez finalizada la medicación y si usted tiene suerte, uno o dos años después de estar libre de episodios!

Ninguna persona sensata dejaría de tomar la medicación si sabe que, debido al padecimiento de una enfermedad vascular que le puede ocasionar un ataque al corazón, eso le supone una disminución del riesgo de muerte. Esto es válido también para los enfermos bipolares, cuyo riesgo de muerte es claramente más elevado.

Mantenimiento del ánimo

¿Cómo se puede llegar al mayor control posible del propio ánimo? Para la mejora y el mantenimiento de su salud es probable que necesite de algunas condiciones previas: sentido de la propia responsabilidad, autodisciplina y un estilo saludable de vida.

Modificaciones del estilo de vida

Al menos durante la fase del primer trastorno bipolar, las modificaciones en el estilo de vida o la evitación de factores externos de estrés pueden ayudar a que se produzca una estabilización del ánimo. Si la enfermedad ha seguido progresando, resulta cada vez más difícil influir en ella, que comienza a llevar una «vida propia», circunstancia que ya observó Emil Kraepelin en sus pacientes bipolares.

Preocúpese de mantener un estilo de vida saludable. Aliméntese bien y equilibradamente, evite las dietas rigurosas y aprenda a apreciar el gusto de la buena comida. Evite tomar drogas y un consumo excesivo de alcohol. Las drogas y el alcohol no sólo constituyen un conocido factor de estrés, sino que, en exceso, pueden ser perjudiciales para la salud y una «autoterapia» inútil. Cuídese de mantener una rutina personal de sueño y practique actividades físicas.

Ponerse a tono por medio de un estilo de vida saludable

- Practique un estilo de vida sano.
- Evite el consumo de alcohol.
- No ingiera ningún tipo de droga.
- Aliméntese de forma sana y equilibrada.
- Preocúpese de practicar ejercicio físico de forma regular.
- Desarrolle una rutina de sueño sana.
- Preocúpese por evitar sus factores personales de estrés.

Prevención de recaídas

Una de las tareas más importantes del mantenimiento del estado de ánimo es la prevención de recaídas (profilaxis recidivante). No existe ninguna duda de que la ingestión racional de los medicamentos recetados es la medida más efectiva para la profilaxis recidivante. ¡Se llega a entender en toda su plenitud que los jóvenes no puedan aceptar que van a estar enfermos crónicamente, es decir, por tiempo indefinido. Sólo las «personas mayores» están «enfermas». Pero eso no ayuda en nada. Quien sufre de trastorno bipolar está obligado a pensar cual es la mejor forma de controlar su ánimo.

Cada persona afectada debe desarrollar su propio método individual para la toma eficaz de su medicación. Existen pequeños medios auxiliares para mejorar la eficacia de las tomas, por ejemplo, un envase de pastillas con reloj incorporado. Hable con su médico sobre la medicación que mejor se corresponde con el desarrollo de sus actividades personales.

Numerosos resultados de estudios se ocupan claramente de la elevada importancia de una profilaxis recidivante segura a base de medicamentos. En algunos casos, por ejemplo, el dejar de tomar el litio no sólo lleva a graves trastornos del ánimo, sino que también puede hacer que el litio deje de ser eficaz: de 55 pacientes que dejaron de tomar el litio, en 10 de ellos la efectividad posterior de esta sustancia fue muy escasa.

Control del estrés

Si no puede deshacerse de su estrés, preocúpese en lograr la mejor estrategia para pasarlo por alto. Hable del problema con su médico y desarrollen conjuntamente un plan aceptable para rebajarlo. Muchos pacientes con trastorno bipolar son personas muy orientadas hacia la eficacia y tienen trabajos que les exigen gran rendimiento. Pero, aunque usted trabaje en casa y tenga que cuidar de la familia, tampoco le resultará sencillo deshacerse o liquidar su estrés. Aprenda a eludirlo. Piense durante una fase de ánimo estable, en un sistema que sea idóneo para controlar su estrés.

Expertos en las propias emociones

Conviértase en un experto del trastorno bipolar. Tenga muy presente todos sus síntomas. Muchos pacientes aquejados de enfermedad bipolar disponen de un patrón inconfundible que les previene sobre la llegada inminente de una fase de trastornos bipolares. Aprenda a reconocer la fase previa a un trastorno bipolar inminente. Si, de repente, necesita dormir menos, si está más intranquilo, si tiene la sensación de que debe abandonar los medicamentos o si está irascible, puede estar a punto de sobrevenir un nuevo episodio. Busque ayuda médica con tiempo. También puede redactar un libro-diario del ánimo y registrar allí su estado de ánimo. Piense que no todas las oscilaciones anímicas del trastorno bipolar están descritas, y que forman parte de la vida normal.

Aprenda a reconocer sus oscilaciones de ánimo y reaccione ante ellas. Esto será especialmente importante cuando vuelva a la vida laboral o continúe con su formación.

- Un episodio depresivo se manifiesta a menudo por trastornos de concentración, sensación de excesiva exigencia, debilidad de estímulos, pérdida de la autoestima, susceptibilidad ante lo que dicen y piensan los demás sobre uno mismo, miedos de superación, dudas sobre sí mismo o incapacidad de tomar decisiones.
- Un episodio maníaco se manifiesta a menudo por trastornos de concentración, inconstancia, sensación de energía ilimitada, arrogancia, trastornos de sueño, disminución de la necesidad de dormir, aumento de la autoestima, intranquilidad física e impulsos de movimientos, incremento de la irritabilidad y tendencia a las peleas.

En el anexo de este libro encontrará direcciones de contacto y links de Internet y de numerosas asociaciones regionales, e internacionales, todo en el campo del trastorno bipolar.

¿Qué hacer ante el anuncio de episodios maníacos o depresivos?

Signos depresivos	**Signos maníacos**
• Hable con su médico sobre ello por si bastara con reajustar su dosis de medicamentos.	
• Hable con parientes, amigos y compañeros de trabajo con los que tenga confianza.	
• Pregunte sobre la situación real de su estado de ánimo.	
• Disminuya su carga de trabajo.	• Disminuya los estímulos excesivos.

> **¿Qué hacer ante el anuncio de episodios maníacos o depresivos?**
> *(continuación)*
>
> **Signos depresivos**
>
> - Deje para más adelante los trabajos más complicados y laboriosos.
>
> - Estructure su proceso laboral de forma que el cumplimiento de sus asuntos prioritarios le suponga también una satisfacción.
>
> - Procúrese actividades en las que quepa esperar sensaciones de éxito.
>
> - Haga a propósito aquellas cosas que le resulte agradable hacer.
>
> **Signos maníacos**
>
> - Procúrese un entorno escaso en estímulos.
>
> - Evite grupos de estímulo.
>
> - Intente de forma totalmente consciente dormir bastante, relajarse y comer suficiente.
>
> - Ceda a una persona de su confianza la tarjeta de crédito y las llaves del coche.
>
> - Aplace sus decisiones importantes.
>
> - Suspenda citas importantes.
>
> - Tómese bastante tiempo para sus actividades de descanso y relajación, dedíquese a sus hobbies y disminuya su carga de trabajo.

Autodisciplina

Acostúmbrese a no dejar todos los asuntos para el último momento. Desarrolle un plan de asunción de responsabilidades sobre las tareas que ha asumido. Ocúpese de su declaración de la renta, del pago de las facturas de luz y de teléfono y del seguro médico. Ocúpese de poner en orden y estructurar las cosas pequeñas de la vida diaria, aunque ésta sea una actividad que también deben hacer a diario las «personas normales y sanas». Mantenga las citas y ocúpese de ser puntual. Renuncie a los excesos de alcohol y drogas, cuanto menos alcohol, mucho mejor. Evite compañías excesivamente estimulantes y no se pase las noches en vela. Por medio de la prevención de la indisciplina en su vida, evitará eficazmente la carga de estrés, lo que puede servir de forma notable a aportar una estabilidad a su ánimo, del mismo modo que a sus relaciones interpersonales y su capacidad laboral.

La red de apoyo

Cualquier persona, tanto sana como enferma, haría bien integrándose en una red de ayuda y apoyo recíprocos. Las personas con enfermedad bipolar no constituyen una excepción a esta circunstancia. Los elementos más importantes de esta red son las personas que están más cercanas a usted, miembros de la familia que son de toda confianza y amigos. Estos pueden constituirse en valiosos observadores de sus modificaciones anímicas, sobre todo cuando, en las fases tempranas, se ha perdido la visión de la enfermedad. Al menos esas personas de su confianza deben estar al corriente de su estado, de las características del trastorno bipolar. Si es posible, esa persona en la que confía debe conceder también una autorización por escrito («testamento psiquiátrico»), de modo que usted tenga a alguien que pueda hablar en su nombre, en casos de crisis agudas, con el médico, la clínica, la policía o la justicia. ¿Quien debería estar informado sobre su diagnóstico? ¿A quién se le puede confesar que se sufre un trastorno bipolar? Una posible respuesta sería la siguiente: todos aquellos que deban saberlo, así como todos los que puedan o quieran ayudar.

A la primera categoría pertenecen el médico de cabecera, el dentista, así como todos los médicos y terapeutas con lo que se tenga relación. En caso de que usted trabaje con administradores de bienes, con asesores jurídicos y abogados que tengan relación con asuntos personales importantes, este círculo de personas también debería estar informado. Habiendo informado a su jefe, usted puede mantenerse en un discreto segundo plano. Naturalmente, tendrá que contestar con todo rigor al cuestionario de preguntas necesario para tramitar la póliza de su seguro de vida o en el marco de su entrevista de contratación para un trabajo. Dependerá mucho de su propia opi-

¡Es más fácil decir que hacer!
¡Autodisciplina, modificación de las costumbres o responsabilidad! ¿Quién quiere oír hablar de eso? Pero no hay elección, tanto si se está enfermo como sano: la vida es complicada y peligrosa, las costumbres saludables y la responsabilidad son términos clave para una superación eficaz en la vida, tanto en los días buenos como en los malos. ¡Y cuando se encuentre bien, no se aparte de los que le aman y a los que se acogió cuando estaba necesitado de ayuda!

Gestión de las crisis
- La mejor estrategia para evitar una urgencia o una crisis es la profilaxis recidivante: ¡Profilaxis recidivante quiere decir lo mismo que profilaxis de suicidio!
- ¡No tenga en casa ningún tipo de arma!
- Establezca, conjuntamente con los miembros de su familia o con personas de su confianza, un plan de emergencia. Entregue a todos ellos las informaciones necesarias (persona de contacto, número de teléfono, dirección, testamento).
- Decida, en un intervalo libre de molestias, quién desea que le trate y dónde le deben internar en caso de surgir una crisis aguda.

nión sobre la personalidad de su jefe, del clima de trabajo y del tipo de actividad el que usted, por sí mismo, quiera hacer pública su afección. Las personas enfermas e impedidas, en la selección de puestos de trabajos (por ejemplo en los servicios públicos), no deben ser discriminadas. Pero todo el mundo sabe que, en la práctica, esto no ocurre así. Una parte importante de la red de apoyo personal es el contacto e intercambio de información con otras personas afectadas. Los grupos de autoayuda y las instituciones para el apoyo y la mejora de la calidad de vida de los enfermos psíquicos proporcionan ayudas muy útiles para la superación de muchos problemas de los que deben soportar las personas afectadas de bipolaridad. Tome contacto con este tipo de grupos. Desgraciadamente existen muy pocos grupos para enfermos bipolares. ¡En caso de que quiera mejorar esta situación, intente crear su propio grupo! Para ello utilice las direcciones que se mencionan en el anexo.

Superar casos de urgencia y crisis

Las decisiones que se toman bajo presión, bajo la coacción de circunstancias inesperadas o en situaciones de crisis, se contemplan de forma distinta a las decisiones adoptadas tras una madura reflexión: en casos de emergencia o en crisis no previstas, reaccionamos la mayoría de las veces de una forma precipitada en lugar de actuar prudente y conscientemente. Para pacientes bipolares que, por regla general, deben contar con crisis depresivas o maníacas, e incluso con casos de urgencia, lo mejor es tener preparado un plan de emergencia para estos casos. ¿Sabe usted lo que hay que hacer cuando su ánimo está fuera de control?, ¿sabe quién se va a ocupar de sus hijos o de su negocio cuando usted debe ser internado en una institución para su tratamiento durante un largo espacio de tiempo?, ¿sabe a quién se debe dirigir cuando aumenten de forma aguda las tendencias suicidas? El trastorno bipolar, ahora igual que antes, debe ser considerado como una patología potencialmente mortal, sobre todo en relación a la amenaza de suicidio durante la evolución de episodios depresivos graves. La hospitalización de los pacientes bipolares surge, la mayoría de las veces, a causa del alto riesgo de suicidio.

Capítulo 12
GUÍA PARA LOS FAMILIARES Y LA PAREJA

Cuando un miembro de la familia padece una afección crónica, toda la familia resulta afectada. Lo que es válido para enfermedades crónicas como la diabetes, la hipertensión o el infarto de miocardio también lo es para el trastorno bipolar: los familiares también lo sufren. Como familiar y lo mismo que le ocurre al afectado, debe acostumbrarse a convivir con esa «otra» vida. A pesar de todos los esfuerzos de una explicación realista sobre los trastornos psíquicos y la estigmatización, los prejuicios del público forman parte de la vida diaria, y usted igual que el paciente, debe enfrentarse con ellos. Se puede entender perfectamente que usted tenga miedo de estos prejuicios y que, a causa de ellos, se hable de usted. Sin embargo, es conocido que un trastorno psíquico, aunque se genere en el cerebro, es considerado una patología física y puede ser tratada.

Hay que tener claro que su familiar o su pareja, cuando están enfermos, muestran pautas de comportamiento que a menudo no se pueden explicar, ya que el afectado es «otro». Esto resultará particularmente complicado para usted y debe contar con ello.

Como miembro de la familia, sentirá las fases maníacas, y también las depresivas, como una excesiva cargan tanto para su relación de pareja como en la vida familiar. En el caso de oscilaciones anímicas leves no resulta muy complicado, pero en el caso de trastornos muy marcados puede llegar a hacer insoportable la convivencia con el familiar.

El trato con personas depresivas

Cuando se observa que alguien de nuestro entorno más cercano padece una depresión, tal hecho puede hacernos despertar ciertos sentimientos: aflicción, consternación, miedo, ansiedad, desamparo, pena y rabia. Los episodios depresivos influirán en la forma de sentirnos como pariente o como pareja. La primera fase depresiva o maníaca del familiar o la pareja con la que se convive es, la mayoría de las veces, muy desconcertante. Es muy probable no entender lo que está pasando, por qué está ocurriendo, y por qué que el estado anímico no mejora por sí mismo, el afectado sencillamente no se «controla».

Está claro que nuestro familiar o pareja no son sencillamente «perezosos», «sin fuerza de voluntad» o «incapaces», sino que están enfermos, sufren una depresión y precisan ayuda, y cuando se manifiestan ideas suicidas, la situación se hará todavía más penosa. Cuanto más se sepa sobre este trastorno, mejor se podrá tratar con él. Quizá tengamos miedo de hacer muchas preguntas y, por esa causa, exasperar al enfermo. Simultáneamente tampoco se desea que la persona afectada sufra la sensación de que la evitamos y no nos ocupamos de ella.

Intentemos, en la medida de lo posible, apoyar y entender a nuestro enfermo. Tengamos con él la mayor paciencia posible. Hagámosle entender que sabemos que él, por sí solo, no puede hacer nada para mejorar su estado. No permitamos los sentimientos de culpa, nadie es «culpable» de esa situación: «¡Una persona está enferma y necesita ayuda!»

- Hable con voz pausada y baja.
- Concéntrese en un sólo tema de conversación, evite abordar varios temas a la vez. Cuando alguien está aislado y depresivo, se deben evitar que se den sobresaltos en la conversación.
- Sea usted paciente y espere. Su familiar puede estar muy retardado tanto en el aspecto motor como en el psíquico. Puede pasar tiempo hasta que el enfermo reaccione ante una palabra suya. En esta situación es útil disponer de capacidad de escuchar. No pierda la paciencia. Las personas depresivas hablan mucho sobre el tema, lo mal que se encuentran y el poco sentido que tiene la vida para ellos.
- No haga ninguna propuesta para la solución de estos problemas, ya que las personas afectadas a menudo no son accesibles a los buenos consejos. Dedíquese, por tanto, sencillamente a escuchar. Hágale entender que usted está ahí para escucharle. Utilice una voz que respalde y fortalezca al paciente. No ofrezca soluciones para la depresión, puesto que usted no las tiene. No se sienta sometido a presión. Si la persona afectada se irrita con facilidad, reduzca sus pretensiones y compórtese de la forma más neutral posible. Hable sobre el tiempo, sobre lo que se va a servir hoy como comida o sobre cualquier otro tema superfluo. Evite temas conflictivos.
- Evite «agobiar» a preguntas a su familiar o pareja sobre el porqué o la causa por la que pudiera haber aparecido la depresión. No permita sentimientos de culpabilidad ni expectativas exageradas. Las personas con una depresión moderada no están en situación de aceptar sus buenos consejos. Está en la propia naturaleza del trastorno el que los afectados no sepan lo que les puede ayudar y no tengan idea de cómo ha surgido la depresión.
- En el caso de una depresión grave o crónica dentro del marco de un trastorno bipolar, debe usted pensar que el estado actual en el que está esta persona depresiva, a pesar de amarla mucho, puede suponer una carga para usted. Es totalmente normal. Con pacientes con depresión grave es suficiente con tener contactos cortos y

adecuadamente limitados. Si su pariente está hospitalizado, los distintos familiares deben irse turnando para visitarle.

El trato con personas maníacas

La manía es una grave sobrecarga para los componentes de la familia. Ellos mismos se sienten frustrados y enfadados. Temen por su sustento cuando su familiar enfermo cierra negocios insensatos o cuando se dedica a comprar sin tino. Ocasionalmente pueden llegar a sentir incluso odio. Permítase tener esos sentimientos. No se sienta culpable. El trastorno bipolar, en especial la manía, es una afección grave que abarca y ejerce su efecto sobre todas las personas que están en el círculo del afectado.

Piense que la persona maníaca cree tener siempre la razón. No acepte discusiones. El paciente es un enfermo y carece de responsabilidad frente a lo que hace o dice. Su tarea es asumir responsabilidades, devolver las compras insensatas o interceder con buenas palabras, en favor del enfermo, ante familiares o compañeros del trabajo. Esto puede resultar agotador y estresante. Sea indulgente cuando el enfermo se encuentra inerme ante cualquier situación o bien cuando provoca situaciones embarazosas. Lo más terrible surge en el momento en que su allegado, siendo maníaco, no muestra ninguna comprensión de su enfermedad.

Puede llegar a ser insoportable el que uno de sus hijos padezca de manía, cuando su querida hija se convierte, de repente, en una joven sexualmente hiperactiva, o cuando su amable marido se ha convertido en un derrochador de dinero, que va dando gritos por todas partes, busca pelea con usted y quiere ligar y acostarse con otras mujeres. Pero usted lo sabe: su familiar o su pareja no son malos, sino enfermos graves que necesitan ayuda.

Si su allegado es maníaco, usted experimentará las agresiones o será utilizado como elemento amortiguador frente a los demás. Quizá se encuentre humillado y traicionado. Ocasionalmente los matrimonios se deshacen pues no se sabe cómo ayudar al otro. No adopte tan importantes y graves decisiones durante el tiempo en que su pareja esté gravemente enferma. Espere hasta que la afección sea tra-

> **Consejos para relacionarse con personas maníacas**
>
> - Evite que vengan visitas con frecuencia. Disminuya ruidos en la casa. La música se debe escuchar en tono suave. Evite reuniones.
> - Mantenga solamente conversaciones de corta duración.
> - Preocúpese solamente por temas realmente importantes. Intente evitar discusiones. Un maníaco no tiene la capacidad de realizar argumentos razonables.
> - No hable de las sensaciones del enfermo, pues esto solo conducirá a la aparición de discusiones.
> - Evite comportamientos autoritarios. Intente actuar de forma práctica, realista y con firmeza.
> - No se deje desconcertar por los consejos de sus parientes. Ellos mismos deben estar informados sobre el estado del paciente y hacer lo que usted estime correcto.
> - No se deje «contagiar» por la euforia o las ideas faltas de realismo de un maníaco.
> - No intente convencer al afectado de que sus planes están faltos de realismo.
> - Active su red de apoyo y ayuda para enfermos.

El campo de minas del maníaco
Convivir con una persona maníaca es como caminar por un campo de minas sin saber cuando el otro puede explotar.

tada. Luego vuélvalo a pensar. Reflexione si quiere seguir viviendo con esa persona, y cómo conseguirlo.

- En la fase inicial, los maníacos son prácticamente irresistibles. Se debe intentar, sobre todo, adoptar una actitud realista y no dejarse «contagiar». Los conflictos y los detalles son los elementos que «desvían» más a un maniaco. Intente mantener alejado a su familiar o pareja de actividades estimulantes, como pueden ser las reuniones o fiestas.
- Piense siempre que, cuando la manía está gravemente acentuada, su pariente carece de conciencia de su estado. Los afectados no se dan cuenta frecuentemente de que gastan mucho dinero, de que conducen muy rápidamente o de que están realizando negocios que representan mucho riesgo. Asuma responsabilidades dentro de la medida de lo posible, ocúpese de que, durante las fases maníacas de la enfermedad, la persona afectada no tenga acceso al

dinero o a las tarjetas de crédito y escóndale las llaves del coche. Una persona maníaca no es responsable de sus actos, está enferma y necesita ayuda.
- En el caso de manía grave no es posible controlar al afectado, por lo que existe el peligro de que le ataque físicamente a usted o que tenga enfrentamientos graves con alguien. Lleve al paciente urgentemente al hospital, en caso de emergencia hágalo solicitando ayuda a la policía o a otras personas. ¡Hágale a su allegado el mismo «favor» que le haría si estuviera gravemente enfermo (está en grave estado maníaco); si tuviera un ataque al corazón o un accidente, usted no le dejaría en la estacada! Llevando al hospital a un paciente bipolar afectado de un episodio de manía le puede usted salvar la vida.

Cómo explicar a los niños el trastorno bipolar

Los niños son muy sensibles e intuitivos. Se dan cuenta muy rápido de que algo está sucediendo en la familia. Sobre todo cuando observan modificaciones en el comportamiento de uno de sus progenitores. Mantenga la atmósfera familiar de tal forma que los niños puedan preguntar todo lo que deseen. Los niños pequeños, que van a la guardería o a los primeros cursos del colegio, piensan a menudo que son «el centro del universo». Si uno de sus padres se encuentra mal, creerá que es culpa suya. Si un niño rompe algo y al día siguiente encuentra deprimida a su madre, puede deducir que es «culpable» del ánimo melancólico de su madre; se debe evitar esta situación. Díga a los niños que existe la posibilidad de que el que ayude al enfermo, sea el padre o la madre.

Es muy duro para los niños el tener que contemplar como el padre o la madre sufren. También se les exige demasiado exponiéndoles a la irritabilidad y la agresividad de un progenitor maníaco. Los niños tienen miedo de estas alteraciones y anhelan la llegada del momento en el que su progenitor se cure. Ahorre este sufrimiento al niño y manténgalo en un entorno emocionalmente equilibrado y seguro, en casa de unos amigos o familiares, al menos durante el tiempo que dure la fase aguda de la enfermedad. Si se observa que los síntomas bipolares mejoran, o al menos disminuyen, ha llegado el momento de volver a normalizar la relación entre el niño y el progenitor enfermo.

La afección psíquica se debe explicar a los niños tal y como es. Explíquele la situación y no intente presentarla como normal. Conteste siempre a todas las preguntas de su hijo cuando éste sea un adolescente. Explíquele que su padre/madre padece un trastorno. Utilice la expresión «trastorno bipolar». Dígale, por ejemplo: «Tu madre tiene un trastorno bipolar. Esto significa que se puede sentir de dos formas distintas. O bien puede estar depresiva, a veces triste, sin motivo alguno, incluso puede llorar, o puede dormir todo el día. Puede tener trastornos de la alimentación o del sueño. En ocasiones le ocurre todo lo contrario. Si tu madre se comporta de alguna de esas dos formas, esto es síntoma de su trastorno bipolar. Tu madre va a ser tratada y puede ocurrir que, a menudo, haya que internarla en un sanatorio.»

Cómo se inician los trámites de un tratamiento

Cuando un familiar padece una depresión moderada, la mayoría de las veces está conforme con el tratamiento, pues su sufrimiento es grande. Una persona con grave depresión o incluso con riesgo de suicidio, o con una depresión con características psicóticas, se negará normalmente a ponerse en tratamiento. Esto ocurre a causa de que la creciente gravedad de la depresión le hace perder la comprensión de la enfermedad. Insista en que el internamiento en un hospital es muy eficaz o que, al menos, visite a un médico.

Los episodios hipomaníacos raramente precisan de tratamiento. Sin embargo, podría ocurrir que, por ejemplo, su pareja, que está afectada por un episodio hipomaníaco, casi no necesite dormir o quiera mantener una actividad sexual más elevada de la que usted desea. Proponga entonces un tratamiento medicamentoso. Es obligatorio realizar tratamiento médico en el caso de un episodio maníaco. Tiene todo el derecho, incluso en contra de la voluntad del afectado, de internarlo en un hospital. Puede ser que, la primera vez que surja un caso grave, necesite de ayuda policial. Los pacientes con manía pueden ser obligados a acudir a un hospital, sobre todo cuando existe el riesgo de que puedan dañarse a sí mismos o a otras personas, o cuando ya no sean capaces de cuidarse por sí solos.

Cómo se evita la tendencia al suicidio

Póngase en contacto con algunos de los grupos de autoayuda o de familiares que se indican en el anexo este libro.

Tan pronto como aparezcan tendencias suicidas, se debe trasladar al hospital a la persona afectada. Intervenga en caso de que él o ella se niegue. Intente superar sus propios sentimientos de culpa o la «compasión». Llame a la policía si se siente desbordado por la situación. También el médico de urgencia es una persona adecuada de contacto si su familiar muestra tendencias suicidas. A menudo, la manifestación de tendencias suicidas constituye simplemente una petición de ayuda que debe ser contestada.

Cómo evitar un exceso de autoexigencia

Cuando nuestra pareja o un familiar padecen de un trastorno bipolar, toda la familia resulta afectada. La constante preocupación y los sentimientos de culpa conllevan, a menudo, al descuido de las propias necesidades. Uno no se percata de su propio cansancio o del agotamiento que padece. Las características de una sobreexigencia se observan, primero, como trastornos del sueño, pérdida de peso, irascibilidad y ánimo depresivo.

Busque a una persona de su confianza que le pueda ayudar a superar esta problemática. Tenga en cuenta sus propios signos de estrés e intente proteger o restablecer su salud, tanto la física como la psíquica. Entable contactos con grupos de familiares o de autoayuda. Ellos le indicarán que usted no está sólo y que se pueden turnar para hacerse cargo del paciente bipolar. Usted no le hace ningún favor a nadie sacrificándose o cayendo enfermo usted mismo, pues eso sobrepasaría las necesidades de su familiar enfermo.

Cómo prepararse ante una crisis

Las familias evitan, a menudo, hablar con el enfermo acerca de que el trastorno se pueda repetir, de que exista la amenaza de una nueva crisis. Se tiene miedo de hablar de lo inevitable. Sin embargo, algo es seguro: ¡La siguiente crisis, el siguiente episodio va a suceder!, y usted debería estar preparado para ello.

Infórmese, en conversaciones conjuntas con sus familiares y con el médico, de cómo se podrían reconocer los síntomas de una nueva crisis.

- Informe al médico de su intención de avisarle en cualquier momento cuando observe que su familiar no se encuentra bien.
- Ocúpese de que su familiar, durante una fase maníaca, no disponga de las cuentas bancarias.
- Asegúrese de poder llevar al hospital a su familiar, incluso en contra de su voluntad, cuando sea realmente necesario. Haga que su familiar le otorgue un poder («testamento psiquiátrico») por el que delega en usted sus derechos cuando surjan situaciones de crisis.
- Hable con el médico sobre un «plan de emergencia».

Ayudas	Cómo se puede ayudar al familiar o pareja afectados de bipolaridad
Aceptación	• Contemple al trastorno bipolar como una enfermedad, y no como una «debilidad de carácter» del afectado.
Atención	• Aprenda a distinguir entre lo que supone un «buen día» de una hipomanía y un «mal día» de una depresión. • Entrénese usted mismo para reconocer el estado anímico de su pareja o sus familiares. • Tómese muy en serio cualquier amenaza de suicidio, e intente conseguir ayuda de forma inmediata.

Empatía	- Transfórmese en el abogado defensor de su enfermo. - Hágale comprender que está de su lado y que puede entender su estado. - Informe de lo importante que es para usted la vida de su pareja o su familiar.
Libertad de decisión	- Busque una segunda opinión médica si tiene dudas sobre la eficacia, asimilabilidad y calidad de una terapia. - Si siente que el médico no le informa o lo hace mal y si no le gusta cómo le trata, o si lo hace mal, ¡cambie de médico! - Informe de lo importante que es para usted la vida de su pareja o su familiar.
Aliento	- Advierta expresamente si observa que el proceso de restablecimiento evoluciona de forma lenta y paulatina cuando, por regla general, debería ser más eficaz.
Acción	- Llame a la policía o al médico de urgencia si la situación amenaza con desquiciarse.
Información	- Infórmese sobre causas, signos, síntomas y tratamiento del trastorno bipolar.
Comunicación	- Hable con todos sus familiares acerca del problema, pues es un tema que afecta a todos. - Hágase cargo de las conversaciones con médicos y otras personas en caso de estimar que su familiar ha sido objeto de revisiones médicas erróneas.
Gestión de las crisis	- Planifique de forma conjunta la forma en que se puedan evitar las crisis. - Hable sobre la forma de manejar los pensamientos o los comportamientos suicidas. - Hable y planifique cómo actuar en caso de que aparezca un episodio maníaco.

Motivación	• Motive a sus familiares para que tomen la medicación tal y como la ha prescrito el médico.
Respeto	• Respete, como personas que son, a sus familiares enfermos, no ejerza de juez frente a ellos.
Autoprotección	• Acuérdese también de sus propias necesidades. • Cuide de sí mismo. • No descuide su entorno social. • No se aísle. • Comparta con otros las responsabilidades y obligaciones.

Capítulo 13
ESTIGMA, PREJUICIOS Y PAPEL DE VÍCTIMA

Es como una excursión de alta montaña la que recorren las personas con trastornos que, aunque incurables, pueden ser tratados: por una parte se tiene que tomar en serio su trastorno, pero por otra parte esta toma de conciencia no debe ser excesiva.

Si el trastorno no se toma en serio, rápidamente se puede convertir en una «víctima bipolar»: se abandona la medicación, el ánimo se descontrola, se descuida la gestión del estrés, el abuso de las drogas y del alcohol se convierte en un problema y, a menudo, la persona afectada se encuentra de nuevo en un departamento aislado de una clínica psiquiátrica.

Por otra parte, un comportamiento excesivamente protector lleva a la prevención de situaciones de sobrecarga, tanto en el trabajo como en el entorno familiar. Aquellos que se toman su enfermedad demasiado en serio probablemente se encuentren en un mundo que está compuesto exclusivamente de visitar al médico, resultados de laboratorio y grupos de terapia. Como ocurre a menudo, el punto medio, y no los extremos, son el mejor camino para integrar la enfermedad en su propio entorno vital. ¡Evite hacerse la víctima!, ¡impida que los demás decidan su destino!, ¡obre por sí mismo!

A lo largo de toda la historia de la humanidad ha sido prácticamente imposible erradicar los prejuicios frente a los enfermos psíquicos y la estigmatización de las personas enfermas, y esto se puede comprobar en diversas manifestaciones. Los esfuerzos para desmontar la construcción de ideas erróneas son una tarea inmensa, y también este libro debe considerarse como una contribución contra la estigmatización y los prejuicios.

El medio más eficaz contra los enemigos invisibles es la información y las explicaciones. Los fenómenos no explicables, como son las patologías psíquicas y las oscilaciones anímicas extremas, angustian e incomodan a la mayoría de las personas que, para luchar contra su miedo e inseguridad, reaccionan con marginación, discriminación y prejuicios en la propia cara de los enfermos psíquicos.

Las personas con trastornos psíquicos son tratadas a menudo, para la gran mayoría de la opinión pública, como «imprevisibles», «peligrosos», «inestables», «locos» o «enfermos mentales» e «incapacitados mentales». Las informaciones erróneas o incompletas, las exposiciones falseadas en los medios de comunicación, contribuyen a fomentar una imagen negativa de las patologías psíquicas.

Los pacientes bipolares no sólo deben luchar contra una negativa imagen externa sino que, la mayoría de las veces, desde su juventud deben ocuparse de sus propias convicciones negativas. El trastorno bipolar puede ser mal utilizado como disculpa y motivo para evitar la propia responsabilidad y rechazar exigencia de resultados; en todo caso la persona se convierte en una víctima y abandona parte de su libertad.

Estigma
En la antigua Grecia el término «estigma» se refería a unas visibles marcas corporales que señalaban un estatus poco habitual o inmoral de la persona que las portaba. Estas marcas se hacían sobre la piel, cortándola o quemándola, para señalar ciertos defectos de la persona.

¿Son «peligrosos» los pacientes bipolares?

- Los pacientes unipolares y bipolares, según los resultados de estudios a lo largo del periodo comprendido entre 1918 y el año 2000, sufren con más frecuencia la imposición de multas y la trasgresión de las reglas y, por ello, son objeto de dictámenes clínicos. Sin embargo en raras ocasiones participan en delitos violentos.
- En todo caso, la violencia de los pacientes bipolares se suele dirigir contra sí mismos.
- Los pacientes maníacos incurren principalmente en delitos contra la propiedad, lo que se integra en el contexto de la problemática de la manía (descubierto de cheques, compras y pedidos compulsivos). Si bien se asume que la manía está unida frecuentemente a delitos violentos, lo cierto es que este tipo de acciones suele constituir una rareza: los resultados de unos estudios realizados en la época de los años 70 del siglo XX registran, por ejemplo, que en el plazo de 10 años sólo surgieron unos pocos casos de delitos pasionales («peleas»).
- La medida de las estadísticas de accidentes no ofrece ningún punto de referencia acerca de que los pacientes bipolares conduzcan peor que el término medio de las personas normales. Una posibilidad de incremento del riesgo en el tráfico puede surgir a causa de comorbilidad por abuso de consumo de sustancias tóxicas o por efectos secundarios de los medicamentos, exactamente igual que ocurre con los consumidores «normales» de drogas.

Capítulo 14
LOS DERECHOS DE LOS PACIENTES

Aspectos legales

El trastorno bipolar, como en otras enfermedades mentales, incide de manera especial en la vida de las personas que lo padecen, en la de sus allegados y, de forma más global, en la sociedad. Nuestro marco jurídico[1] contempla estas situaciones desde una variada visión multidisciplinar y abarca todas sus facetas constitucionales, civiles, penales o administrativas.

---

1. *N. del editor*. El texto de la obra original en alemán ha sido sustituido y adaptado al marco jurídico español para ser más útil a nuestros lectores.

Según los derechos humanos, toda persona tiene derecho a la salud, a disponer de todos los recursos necesarios para protegerse de las enfermedades, a recibir tratamiento en caso de sufrirlas y de no ser discriminado por la misma razón. Así mismo, en su relación con el médico, el paciente tiene derecho a recibir toda la información necesaria sobre la enfermedad y sus consecuencias. Huelga decir que los psiquiatras, de cuyo juicio depende en ciertas ocasiones una drástica limitación de la libertad de la persona, deben estar bien informados sobre las condiciones legales y jurídicas de su área de competencia. En afecciones como el trastorno bipolar, pueden darse alteraciones del comportamiento durante las fases maníacas o depresivas que pueden suscitar importantes cuestiones legales que hay que tener en cuenta. A continuación, describimos algunas de ellas de forma orientativa y general. En estas circunstancias, lo mejor es recurrir a un abogado de confianza y especializado.

Es la figura legal destinada a proteger al paciente de las consecuencias de su enfermedad, ya que a causa de ésta puede no ser capaz de gobernarse a sí mismo, tanto en el aspecto personal como en el patrimonial. En el caso de enfermedades mentales con fases cíclicas, como el trastorno bipolar, puede limitarse a periodos concretos, ya que el estado del paciente no es irreversible, aunque la enfermedad persista.

Según nuestro Código Civil, la incapacitación puede ser solicitada por el cónyuge, los familiares y el Ministerio Fiscal a través de una demanda contra el presunto incapaz. Por otra parte, «nadie puede ser declarado incapaz sino por sentencia judicial» (art. 199 C.C.). En esta resolución se deberán precisar la extensión y los límites de la incapacidad y el régimen de tutela o guarda a que haya de quedar sometido el enfermo (art. 210 C.C.).

Instituciones tutelares: tutela, curatela y defensor judicial

Normalmente la tutela es ejercida por un familiar, aunque también podría ser una asociación u organismo de ayuda a enfermos mentales, pero siempre permanece bajo la vigilancia del juez. También pueden establecerse otras instituciones tutelares como la curatela o el defensor judicial.

En los casos de prodigalidad, es decir, en aquellos en los que la persona puede dilapidar su patrimonio y el de su familia, suele ejercerse una curatela para proteger al enfermo de las consecuencias económicas de su enfermedad. La persona que supervisa la conducta pecuniaria del bipolar se denomina curador; aunque éste también puede tener otras funciones al margen de la exclusivamente patrimonial. Esta supervisión no es irreversible y nunca se debería implicar una restricción de la capacidad cuando el paciente está sano.

El defensor judicial es nombrado para asuntos puntuales o concretos como, por ejemplo, cuando hay algún conflicto entre el enfermo y sus representantes legales o éstos incumplen alguna de sus funciones. Su nombramiento siempre es de forma provisional y suplente.

Matrimonio y testamento

La ley también contempla que, de no establecerse lo contrario en la sentencia de incapacitación, hay ciertos actos que ni siquiera estas instituciones tutelares pueden realizar en representación del enfermo, como por ejemplo la separación matrimonial o el testamento.

En estos «actos peronalísimos» lo importante es valorar la actitud psíquica de la persona en el momento concreto en que llevó a cabo dichas acciones. Si la persona demuestra estar «en su cabal juicio» esos actos serán válidos. En el caso de cuadros psicóticos como el trastorno bipolar, la remisión sintomática deberá considerarse como una situación de normalidad, dentro de la cual el paciente es capaz de discernir el significado y el alcance de su acto, además de poseer la voluntad de llevarlo a cabo.

Internamiento

El marco jurídico aplicable en los casos de internamiento psiquiátrico se encuentra definido en una gran variedad de normativas jurídicas que abarcan desde la Constitución Española, hasta el Derecho Comunitario. La limitación de un derecho tan básico como el de la libertad de la persona debe responder a la necesidad de proteger el derecho a la vida y a la salud del propio enfermo. El hecho de padecer un trastorno mental no legitima el ingreso psiquiátrico, es preciso que la perturbación sea de tal naturaleza o intensidad que hagan tal ingreso indispensable. El ingreso sólo se producirá cuando existan razones terapéuticas y siempre bajo control del Órgano Judicial. Así mismo, el enfermo tiene derecho a ser informado en todo momento de su situación y a recibir el tratamiento más adecuado hasta que cese la causa que lo motivó.

Imputabilidad

La imputabilidad es la capacidad de ser culpable de un delito por haberlo cometido conscientemente. Nuestro Código Penal, protege a las personas que, bajo la influencia de una trastorno psíquico, las drogas o una alteración en la percepción, cometen una infracción, y demuestran que en el momento de cometerla no eran capaces de razonar ni controlar su conducta. En estos casos el delito puede ser «inimputable» y el acusado absuelto.

Baja laboral o invalidez: prestaciones económicas

El trastorno bipolar como cualquier enfermedad puede ser motivo de baja o invalidez y dar derecho a una prestación económica. Para ello, es necesario estar dado de alto en la Seguridad Social, haber cotizado un determinado periodo de tiempo y que la enfermedad sea lo suficientemente grave como para impedir el desarrollo de la actividad laboral. Los pacientes que no están dados de alta en la Seguridad Social no tienen derecho a la baja o a la invalidez, pero pueden solicitar una paga no contributiva por invalidez psíquica o la excepción de pago de medicamentos, transportes públicos y descuentos fiscales.

ANEXO

INFORMACIONES Y AYUDAS

Básicamente usted podrá utilizar muchas fuentes de información[1] sobre el trastorno bipolar: el médico que le trate, su psiquiatra, sus psicoterapeutas o psicólogos, los grupos de autoayuda, los de afectados y los de familiares, los recursos que se encuentran en Internet, libros y revistas especializadas, consejeros, bibliotecas públicas y otras relacionadas con instituciones, así como CDs, DVDs y películas. Sin embargo se debe añadir que en Alemania, comparándola con otros países, la información sobre el trastorno bipolar está, en general, poco extendida en cuanto a los medios disponibles. Además, una gran parte del cuerpo médico (médicos de familia y médi-

1. *N. del Editor.* En los textos se ha respetado el contenido del original mientras que en la información relativa a las direcciones de contacto, se ha realizado una recopilación de centros ubicados en España e Hispanoamérica. En el capítulo dedicado a la bibliografía aparecen los libros citados por el autor y señaden los títulos existentes en legua española. En las películas se ha utilizado, en la medida de lo conocido, las que se han proyectado, con sus títulos adaptados, en España.

cos en general, más que psiquiatras) están poco o mal informada sobre el trastorno bipolar. El hecho de que los trastornos bipolares afecten complejos contextos médicos y sociales no justifica, de ningún modo, el déficit de conocimientos, ¡es el mismo caso que el infarto de miocardio, la diabetes, los ataques de apoplejía o el cáncer y el SIDA!

Además, en Alemania, en contra de los países angloamericanos, se ha cultivado de forma especial la estigmatización y la represión de los trastornos psíquicos. En EE. UU. existen menos reservas frente a las personas con trastornos psíquicos: «revelarse» como enfermo psíquico no tiene el mismo significado allí que en nuestro país, con limitaciones sociales directas («no quiero tener nada que ver con locos») y efectos deshonrosos para la familia. En EE. UU. es normal consultar a un psicoterapeuta, tomar parte en seminarios y talleres (*workshops*) o comprometerse a formar grupos de autoayuda.

Si usted pregunta a su médico de cabecera sobre el trastorno bipolar, deberá contar con que no le pueda proporcionar una información competente. Si usted busca grupos de autoayuda en en su país, se topará quizá con dos o tres grupos, pero no más. Cuando consulte a un psiquiatra, esto no significa que esté óptimamente enterado de lo que es un trastorno bipolar, si se observa el mínimo número de centros médicos que se concentran en el trastorno bipolar, quedará claro que esta patología está encasillada, evidentemente, en el «campo interdisciplinario» psiquiátrico. Esta es una situación desconsoladora para los cientos de miles de personas que padecen, en Alemania, un trastorno bipolar.

Por esos motivos, su acción personal y su talento para la improvisación se verán más solicitados que nunca. Para conseguir información adecuada y valiosa, y ofertas de ayuda debe ponerse en marcha usted mismo: ¡insista al médico para que le proporcione una información plena sobre su estado diagnóstico y terapéutico, insista en ver todos sus expedientes médicos! ¡Está en su derecho!

En este libro se ha intentado presentar todas las posibilidades de información y de ayuda que hay disponibles en este momento en el campo de habla alemana. Naturalmente tendrá muchas ventajas si domina el inglés y usted mismo, vía Internet, puede conseguir las informaciones internacionales más actualizadas sobre el tema.

- En el anexo que aparece a continuación encontrará inventarios para la autovaloración de la depresión y la manía, los criterios de diagnósticos decisivos tanto nacionales como internacionales para el trastorno bipolar (ICD-10; DSM-IV) así como un glosario de los términos más importantes.
- Siguen unas direcciones de contacto de asociaciones especializadas, grupos de autoayuda para el trastorno bipolar, referencias de información en Internet, direcciones de clínicas con especial experiencia en el tratamiento de trastornos bipolares.
- También encontrará recomendaciones sobre libros especializados, monografías médicas, relatos de personas afectadas, textos literarios sobre artistas bipolares, algunos escritos por ellos mismos, películas y documentales relativos al tema.

Este libro puede contituir una contribución útil para la mejora de la escasa información referente al trastorno bipolar. Si usted (como afectado, familiar o interesado) se pone en marcha y pide la palabra, ayudará a que siga mejorando la vida de muchos pacientes bipolares. Las enfermedades psíquicas y los trastornos bipolares pueden afectar a cualquier persona, y lo mejor es disponer de información y ayuda suficientes.

Escala de autovaloración de la manía
(según Stephanie Krüger, Peter Bräunig y Gerald Shuga, Beltz Test GmbH, Göttingen)

Con la escala de autovaloración de la manía puede registrarse, para su evaluación clínica, el comportamiento de los pacientes maníacos. Con ayuda de esta escala también se puede descubrir para qué campos de los síntomas maníacos se está especialmente predispuesto, así como los comportamientos que deben tomarse como señales de aviso.

Por favor, señale en cada uno de los siguientes enunciados lo que, *en el mes anterior a su ingreso hospitalario*,[1] considere correcto o incorrecto. Plantee la respuesta cómo si se hubiera comportado «normalmente»:

1. Yo tenía más energía que de ordinario. ☐ Si ☐ No
2. Yo no podía estarme sentado tranquilamente. ☐ Si ☐ No
3. Conducía el coche más rápido que de ordinario. ☐ Si ☐ No
4. He bebido más alcohol que de ordinario. ☐ Si ☐ No
5. Me he cambiado de ropa varias veces al día. ☐ Si ☐ No
6. Me he puesto ropa más colorida o maquillaje más llamativo que de ordinario. ☐ Si ☐ No
7. He escuchado música más fuerte que de ordinario. ☐ Si ☐ No
8. He comido más deprisa que de ordinario. ☐ Si ☐ No
9. He comido más cantidad que de ordinario. ☐ Si ☐ No
10. He necesitado dormir menos que de ordinario. ☐ Si ☐ No
11. He empezado muchos y variados asuntos, sin terminar ninguno. ☐ Si ☐ No
12. He regalado, sin darle importancia, cosas que me pertenecían. ☐ Si ☐ No
13. He hecho muchos regalos. ☐ Si ☐ No
14. He gastado más dinero que de ordinario. ☐ Si ☐ No

---

1. El intervalo de tiempo para la valoración después del problema clínico se puede referir también a la *semana anterior a la aplicación de la escala.*

15.	He adquirido deudas.	☐ Si ☐ No
16.	He tomado decisiones absurdas o irreflexivas en los negocios.	☐ Si ☐ No
17.	He asistido a reuniones sociales con más frecuencia que de ordinario.	☐ Si ☐ No
18.	He flirteado más que de ordinario.	☐ Si ☐ No
19.	Me he masturbado con más frecuencia que de ordinario.	☐ Si ☐ No
20.	He estado más interesado en el sexo que de ordinario.	☐ Si ☐ No
21.	He tenido relaciones sexuales con mujeres/hombres a los que, en otras circunstancias, no hubiera considerado como parejas sexuales.	☐ Si ☐ No
22.	He telefoneado con más frecuencia que de ordinario.	☐ Si ☐ No
23.	He hablado más alto que de ordinario.	☐ Si ☐ No
24.	He hablado frecuentemente tan rápido, que no se me podía entender correctamente.	☐ Si ☐ No
25.	He gastado más bromas, contado chistes o hecho versos, que de ordinario.	☐ Si ☐ No
26.	Me he inmiscuido sencillamente en conversaciones a pesar de que ese no es mi estilo.	☐ Si ☐ No
27.	He hablado sin pausa, sin que nadie me interrumpiese.	☐ Si ☐ No
28.	Me ha gustado estar en el centro, a pesar de que eso es algo que no es importante para mí.	☐ Si ☐ No
29.	Me he reído y hecho el tonto más que de ordinario.	☐ Si ☐ No
30.	La mayoría de la gente me encuentra más divertido que de ordinario.	☐ Si ☐ No
31.	Me siento constantemente de buen humor.	☐ Si ☐ No
32.	Estoy más alegre que de ordinario.	☐ Si ☐ No
33.	Me desquicio y pierdo la paciencia con más frecuencia que de ordinario	☐ Si ☐ No
34.	Me peleo con más frecuencia que de ordinario	☐ Si ☐ No
35.	No tengo tiempo para llevar a la práctica todas mis ideas.	☐ Si ☐ No
36.	Constantemente me están pasando pensamientos por la mente.	☐ Si ☐ No
37.	No me puedo concentrar en una tarea más allá de un par de minutos.	☐ Si ☐ No

38.	Pensaba que yo era una persona totalmente especial.	☐ Si ☐ No
39.	Creía estar en condiciones de cambiar el mundo.	☐ Si ☐ No
40.	Yo estaba plenamente convencido de tener siempre razón.	☐ Si ☐ No
41.	Creía que era enormemente superior a las demás personas.	☐ Si ☐ No
42.	Me he creído capaz de cumplir tareas a las que, en realidad, no me puedo enfrentar.	☐ Si ☐ No
43.	Creía saber lo que pensaban los demás.	☐ Si ☐ No
44.	Creía que los demás podían leer mis pensamientos.	☐ Si ☐ No
45.	Yo estaba plenamente convencido de que alguien pretendía atentar contra mi vida.	☐ Si ☐ No
46.	He escuchado voces a pesar de no haber nadie cerca de mí.	☐ Si ☐ No
47.	He cuidado mi imagen para aparentar ser alguien que realmente no soy yo.	☐ Si ☐ No
48.	Yo sabía que estaba enfermo.	☐ Si ☐ No

Valoración de los resultados

Anote 1 punto por cada respuesta positiva y 0 puntos por cada una negativa, la valoración total puede oscilar entre 0 como mínimo hasta 48 puntos como máximo. Los ámbitos de los síntomas se clasifican de la siguiente forma:

    1 a 11: Reforzamiento de la energía.
    12 a 16: Aumento de los gastos / liberalidad.
    17 a 21: Hipersexualidad.
    22 a 27: Ansia de hablar.
    28 a 32: Ánimo exaltado.
    33 a 34: Irritabilidad.
    35 a 37: Raciocinio acelerado y disminución de la concentración.
    38 a 42: Ideas de grandeza.
    43 a 47: Vivencias paranoides y psicóticas.
    48: Comprensión de la enfermedad.

Inventario de autovaloración de la depresión
(según Susan Musikanth, 1996)

Esta lista de comprobación le puede ayudar a valorar el grado de severidad de su depresión, o a diagnosticar que no padece ningún tipo de depresión

Estado de ánimo
- No me encuentro afligido. — 0
- Me encuentro deprimido o afligido. — 1
- Me encuentro deprimido o afligido durante todo el tiempo, y no puedo perder fácilmente esta sensación. — 2 a
- Estoy tan afligido e infeliz que me siento mal. — 2 b
- Estoy tan afligido e infeliz que no lo puedo soportar. — 3

Pesimismo
- No estoy especialmente pesimista o preocupado por lo que se refiere al futuro. — 0
- Estoy preocupado por el futuro. — 1
- Me encuentro de tal forma, que tengo la sensación de que nada me puede alegrar. — 2 a
- Me encuentro de tal forma que tengo la sensación de que nunca desaparecerán mis preocupaciones. — 2 b
- Mi instinto me dice que no hay esperanzas para el futuro y que la situación no puede mejorar. — 3

Sensación de fracaso
- No me siento un fracasado. — 0
- Me encuentro de tal forma que tengo la sensación de haber fracasado con más frecuencia que cualquiera de las demás personas. — 1
- Me encuentro como alguien que ha logrado muy poco que valga la pena o que haya significado algo. — 2 a
- Cuando echo la vista atrás hacia mi vida, sólo veo fracasos. — 2 b
- Me siento, como persona, un completo fracasado (como padre, marido, mujer). — 3

Insatisfacción
- No estoy especialmente insatisfecho. — 0

- Me aburro la mayor parte del tiempo. — 1
- No disfruto de las cosas de cada día tanto como antes. — 2 a
- Nada me puede satisfacer. — 2 b
- Estoy insatisfecho con todo. — 3

Sensación de culpabilidad

- No me siento especialmente culpable. — 0
- Me siento durante cierto tiempo miserable e indigno. — 1
- Me encuentro bastante culpable. — 2 a
- Me siento ahora miserable e indigno durante prácticamente todo el tiempo. — 2 b
- Tengo la sensación de ser miserable e inútil. — 3

Sensación de castigo

- No me siento como si estuviera castigado. — 0
- Tengo la sensación de que me va a ocurrir algo terrible. — 1
- Tengo la sensación de que estoy o voy a estar castigado. — 2 a
- Tengo la sensación de que me merezco ser castigado. — 2 b
- Quiero ser castigado. — 3

Odio a sí mismo

- No tengo la sensación de estar decepcionado de mí mismo. — 0
- Estoy decepcionado de mí mismo. — 1
- Me caigo mal a mí mismo. — 2 a
- Me doy asco. — 2 b
- Me odio. — 3

Autoacusación

- No tengo la sensación de ser peor que el resto de la gente. — 0
- A causa de mi debilidad o de mis defectos, soy muy crítico frente a mí mismo. — 1
- Me hago responsable a mí mismo de que todo fracase. — 2 a
- Tengo la sensación de que he cargado sobre mí todas las culpas. — 2 b

Tendencias suicidas

- No pienso en atentar contra mi propia vida. — 0
- He pensado en atentar contra mi propia vida, pero no lo he llevado a cabo. — 1

- Tengo la sensación de que es mejor estar muerto. 2 a
- Tengo detallados planes de suicidio. 2 b
- Tengo la sensación de que sería mejor que mi familia no estuviera 2 c
  presente si yo muero.
- Me mataría si pudiera. 3

Tendencia al llanto
- No lloro más que de ordinario. 0
- Ahora lloro más que de ordinario. 1
- Ahora lloro durante todo el tiempo, no lo puedo dejar. 2 a
- Normalmente yo debería poder llorar, pero ahora no puedo llorar 3
  más aunque quisiera.

Irritabilidad
- Ahora no soy más irritable que de ordinario. 0
- Me enfado o irrito más rápidamente que de ordinario. 1
- Me siento irritado durante todo el tiempo. 2
- Todo lo que, de ordinario, me ha alterado, ahora ya no me irrita. 3

Apartamiento social
- No he perdido el interés hacia las demás personas. 0
- Ahora estoy menos interesado que de ordinario hacia las demás 1
  personas.
- He perdido totalmente el interés hacia las demás personas y apenas 2
  siento nada hacia ellos.
- Ya no tengo ningún interés hacia las demás personas, para mí son 3
  completamente indiferentes.

Indecisión
- Yo adopto decisiones igual que antes. 0
- Me encuentro a mí mismo poco seguro e intento apartar de mí 1
  la toma de decisiones.
- No puedo adoptar ninguna decisión si no cuento con ayudas 2
  externas.
- En general no puedo tomar ninguna decisión. 3

Percepción del cuerpo
- No tengo la sensación de tener peor aspecto que de ordinario. 0

- Tengo preocupación por hacerme viejo o perder mi atractivo. 1
- Tengo la sensación de que mi aspecto ha cambiado de forma permanente y eso me confiere un aspecto desagradable. 2
- Tengo la sensación de tener aspecto desagradable y repugnante. 3

Inhibición laboral
- Puedo trabajar tan bien como de ordinario. 0
- Tengo que esforzarme en terminar lo que empiezo. 1 a
- No trabajo tan bien como de ordinario. 1 b
- Me supone un gran esfuerzo el hacer cualquier cosa. 2
- En general no puedo trabajar más. 3

Trastornos del sueño
- Duermo igual de bien que de ordinario. 0
- Por las mañanas me despierto más cansado que de ordinario. 1
- Me despierto hasta dos horas antes que de ordinario y es difícil volverme a dormir. 2
- Cada día me despierto muy temprano y no puedo dormir más allá de cinco horas. 3

Cansancio
- No me canso antes que de ordinario. 0
- Me canso antes que de ordinario. 1
- Haga lo que haga, me canso. 2
- Estoy tan cansado que no puedo hacer nada. 3

Pérdida de apetito
- Mi apetito no es peor que de ordinario. 0
- Mi apetito podría ser mejor. 1
- Mi apetito es ahora muy malo. 2
- Por regla general no tengo nada de apetito. 3

Pérdida de peso
- En los últimos tiempos no se ha dado el caso de que haya adelgazado. 0
- En los últimos tiempos he perdido más de dos kg de peso. 1
- En los últimos tiempos he perdido más de cinco kg de peso. 2
- En los últimos tiempos he perdido más de siete kg de peso. 3

Trastornos del estado de salud

- En lo que se refiere a mi salud, no estoy más inquieto que de ordinario. — 0
- Me intranquiliza el dolor y los achaques, problemas de estómago, estreñimiento y otros desagradables trastornos físicos. — 1
- Estoy tan preocupado por lo que siento y cómo me siento, que apenas puedo pensar en otra cosa. — 2
- Mi estado de salud me tiene completamente ocupado. — 3

Pérdida de la libido

- En lo que se refiere a mi interés por el sexo, en los últimos tiempos no he observado ninguna alteración. — 0
- Estoy menos interesado en el sexo que de ordinario. — 1
- El sexo, ahora, apenas me interesa. — 2
- He perdido totalmente mi interés por el sexo. — 3

Valoración

Sume los puntos obtenidos. El resultado indica el grado de severidad de la depresión:

   0 a 9: No existe depresión.
   10 a 18: Leve depresión.
   19 a 25: Depresión moderada.
   26 a 35: Depresión entre moderada y grave.
   36 o más: Depresión grave.

ICD-10. Criterios diagnósticos de los trastornos afectivos

En este resumen se ofrece información sobre los criterios establecidos de acuerdo con la ICD-10 (*International Classification of Diseases*: Clasificación estadística de enfermedades y de problemas sanitarios asociados, 10ª rev., versión 1.3), que son importantes para la diagnosis de las afecciones bipolares (según WHO/DIMDI[1] 1994/1999).

Capítulo V
Trastornos psíquicos y de comportamiento (F00 a F99)
Trastornos afectivos (F30 a F39)

Esta lista contiene los trastornos que conciernen a la sintomatología principal de la alteración del ánimo o de la afectividad, que puede referirse bien a la depresión (con o sin ansiedad concomitante) o a la exaltación anímica. Estos cambios en el estado de ánimo conllevan la mayoría de las veces a una alteración de los niveles generales de actividad. La mayoría de los restantes síntomas son consecuencia posterior o en relación con los cambios de actividad y de estados de ánimo que son ligeramente perceptibles. Casi todos esos trastornos tienen propensión a las recaídas. El comienzo de episodios aislados está conectado frecuentemente con acontecimientos o situaciones agravantes.

F30 Episodio maníaco

Todos los subgrupos de esta categoría deben utilizarse solamente para episodios aislados. Los episodios maníacos o hipomaníacos en

---

1. *N. de la T. World Healt Organization / Deutsche Institut für Medizinische Dokumentation und Information*: Organización Mundial de la Salud/ Instituto Alemán de Documentación e Información sobre la Medicina.

los afectados, los episodios afectivos anteriores que se hayan experimentado (depresivos, hipomaníacos, maníacos o mixtos), sean uno o varios, debe clasificarse siempre como trastorno afectivo bipolar (→ F31).
- Incluye: trastorno bipolar y un episodio maníaco aislado.

F30.0 Hipomanía

El trastorno está caracterizado por una exaltación leve y persistente del ánimo (durante al menos varios días seguidos), y es frecuente que surja un aumento de la vitalidad y de la actividad y, por regla general, unos marcados sentimientos de bienestar y de elevada capacidad de rendimiento físico y mental, aumenta la sociabilidad, la locuacidad, la confianza, se incrementa la libido y disminuye la necesidad de sueño, pero no con la intensidad suficiente como para llevar a la ruptura de la actividad profesional o provocar rechazo social. A menudo, la irritabilidad, la presunción y el comportamiento grosero pueden sustituir a la sociabilidad eufórica.

F30.1 Manía sin síntomas psicóticos

El ánimo está desproporcionadamente exaltado, sin relación con la situación circundante, y puede variar oscilar entre un despreocupado buen humor hasta una excitación casi incontrolable. La exaltación anímica se conecta con un aumento de la iniciativa y produce hiperactividad, locuacidad y disminución de la necesidad de sueño. Apenas se puede mantener la atención y de ahí surge a menudo una fuerte tendencia a distraerse. La autoestima aumenta frecuentemente, existiendo ideas de grandeza o un exagerado optimismo. La pérdida de las inhibiciones sociales normales puede conducir a un comportamiento despreocupado y desconsiderado, o inconveniente en relación con el entorno o ajeno a la personalidad.

F30.2 Manía con síntomas psicóticos

Adicionalmente a lo descrito en el cuadro clínico F30.1, se presentan manías (la mayoría de las veces, megalomanías) o alucinaciones (la mayoría de las veces son voces que hablan directamente al paciente). La excitación, la intensa actividad física y el flujo de ideas pueden ser tan extremos que el afectado puede quedar inaccesible a una normal comunicación.
- Manía con síntomas psicóticos paratímicos.[1]
- Manía con síntomas psicóticos sintímicos.[2]
- Estupor maníaco.

F30.8 Otros episodios maníacos
F30.9 Episodio maníaco no especificado

F31 Trastorno afectivo bipolar

El trastorno está caracterizado por la presencia al menos de dos episodios con una profunda alteración del estado de ánimo y la actividad del enfermo. El trastorno comprende por una parte una exaltación del ánimo y un aumento de la iniciativa y la actividad (hipomanía o manía) y, por otra, en una disminución del ánimo y un descenso de la iniciativa y la actividad (depresión). Los episodios maníacos o hipomaníacos repetidos se clasifican igualmente como otro trastorno bipolar.
- Incluye: afección maniacodepresiva, psicosis o reacción.
- Excluye: trastorno afectivo bipolar, episodio maníaco aislado (→F30), ciclotimia (→F34).

---

1. *N. de la T.* No congruente con el estado de ánimo.
2. *N. de la T.* Congruente con el estado de ánimo.

F31.0 Trastorno afectivo bipolar, episodio actual hipomaníaco

El paciente afectado es actualmente hipomaníaco (→F30.0) y se puede comprobar en sus antecedentes (anamnesis) al menos otro episodio afectivo (hipomaníaco, maníaco, depresivo o mixto).

F31.1 Trastorno afectivo bipolar, episodio actual maníaco sin síntomas psicóticos

El paciente afectado es actualmente maníaco sin síntomas psicóticos (→F30.1) y se puede comprobar en sus antecedentes (anamnesis) al menos otro episodio afectivo (hipomaníaco, maníaco, depresivo o mixto).

F31.2 Trastorno afectivo bipolar, episodio actual maníaco con síntomas psicóticos

El paciente afectado es actualmente maníaco con síntomas psicóticos (→F30.2) y se puede comprobar en sus antecedentes (anamnesis) al menos otro episodio afectivo (hipomaníaco, maníaco, depresivo o mixto).

F31.3 Trastorno afectivo bipolar, episodio actual depresivo leve o moderado

El paciente afectado es actualmente depresivo con episodios depresivos leves o moderados (→F30.2 o F32.1) y se puede comprobar en sus antecedentes (anamnesis) al menos otro episodio afectivo (hipomaníaco, maníaco, depresivo o mixto).

F31.4 Trastorno afectivo bipolar, episodio actual depresivo grave sin síntomas psicóticos

El paciente afectado es actualmente depresivo con episodios depresivos graves sin síntomas psicóticos (→F32.2) y se puede comprobar en sus antecedentes (anamnesis) al menos otro episodio afectivo (hipomaníaco, maníaco, depresivo o mixto).

F31.5 Psicosis afectiva bipolar, episodio actual depresivo grave con síntomas psicóticos

El paciente afectado es actualmente depresivo con episodios depresivos graves con síntomas psicóticos (→F32.3) y se puede comprobar en sus antecedentes (anamnesis) al menos otro episodio afectivo (hipomaníaco, maníaco, depresivo o mixto).

F31.6 Psicosis afectiva bipolar, episodio actual mixto

El paciente afectado presenta al menos un episodio afectivo hipomaníaco, maníaco, depresivo o mixto, inequívocamente diagnosticado en sus antecedentes (anamnesis), y en la actualidad muestra una combinación o una alternancia rápida de síntomas maníacos y depresivos.
- Excluye: trastorno afectivo bipolar, episodio afectivo mixto aislado (→F38.0).

F31.7 Psicosis afectiva bipolar, actualmente en remisión

El paciente afectado presenta al menos un episodio afectivo hipomaníaco, maníaco o mixto, inequívocamente diagnosticado, y en sus antecedentes (anamnesis) aparece al menos otro episodio afectivo (hipomaníaco, maníaco, depresivo o mixto). No padece actualmente ni ha padecido en los últimos meses ninguna alteración anímica significativa. Las remisiones durante un tratamiento de profilaxis figuran también en F31.7.

F31.8 Otros trastornos afectivos bipolares

Aquí se incluye el trastorno bipolar II los episodios maníacos recurrentes sin detallar.

F31.9 Trastorno afectivo bipolar no especificado

F32 Episodios depresivos

En los episodios depresivos típicos, leves (→F32.0), moderados (→F32.1) o graves (→F32.2, →F32.3), el paciente afectado sufre bajo un estado anímico deprimido así como una disminución de los estímulos y de la actividad. Se rebaja la capacidad de disfrutar de las cosas, la atención y la concentración. El más pequeño esfuerzo puede provocar un exagerado cansancio, que aparece incluso tras un esfuerzo mínimo. Existen trastornos del sueño y disminución del apetito. Se observa en el paciente, por regla general, una pérdida de la confianza en sí mismo y existen sentimientos de inferioridad, incluso en las manifestaciones leves hay una sensación de culpabilidad y de ser inútil.

La depresión anímica varía escasamente de un día para otro, no suele estar influida por el entorno vital, aunque puede ir acompañada de los denominados síntomas «somáticos»: pérdida del interés o de la alegría, despertarse pronto por las mañanas, «bajón matutino» en forma de empeoramiento matutino de la depresión, evidente inhibición psicomotriz, agitación y pérdida, tanto del apetito como del peso y de la libido. Dependiendo del número y de la severidad de los síntomas, un episodio depresivo se puede describir como leve, moderado o grave.

- Incluye: episodios aislados de reacción depresiva, depresión psicógena y depresión reactiva (→F32.0, →F32.1, →F32.2).
- Excluye: trastornos de adaptación (→F43.2), episodios depresivos asociados a comportamiento social (F91, F92.0) y trastornos depresivos recidivantes (→F33)

F32.0 Episodio depresivo leve

Por regla general se deben presentar al menos dos o tres de los síntomas anteriormente descritos (→F32). El paciente está afectado por los síntomas, pero en la mayoría de los casos puede continuar con sus actividades habituales.

F32.1 Episodio depresivo moderado

Por regla general se deben presentar cuatro o más de los síntomas anteriormente descritos (→F32). La mayoría de las veces el paciente tiene dificultades para poder continuar desarrollando sus actividades cotidianas.

F32.2 Episodio depresivo grave sin síntomas psicóticos

Un episodio depresivo grave con varios de los síntomas anteriormente descritos (→F32), los cuales deben ser muy intensos. Por regla general existe pérdida de la confianza en sí mismo y sentimiento de inutilidad o de culpabilidad. Son frecuentes la idea y la comisión de suicidio. En la mayoría de los casos existen también algunos síntomas somáticos.
- Episodios aislados de depresión agitada.
- Episodios aislados de depresión sin síntoma psicóticos.
- Episodios aislados de depresión vital sin síntoma psicóticos.

F32.3 Episodio depresivo grave con síntomas psicóticos

Un episodio depresivo grave (→F32.2), en el que las alucinaciones, delirios, inhibición psicomotriz o estupor están tan severamente señalados que las actividades sociales cotidianas se hacen prácticamente imposibles y existe peligro de muerte, tanto a causa de suici-

dio como por el hecho de no ingerir alimentos ni líquidos. Las alucinaciones y los delirios pueden, pero no tienen por qué, ser sintímicos.
- Episodios aislados de depresión con síntomas psicóticos.
- Episodios aislados con psicosis depresiva psicógena.
- Episodios aislados con depresión psicótica.
- Episodios aislados con psicosis depresiva reactiva.

F32.8 Otros episodios depresivos

Depresión atípica y episodios aislados de depresión «enmascarada» sin especificación.

F32.9 Episodio depresivo no especificado

Depresión o bien trastorno depresivo sin especificación.

F33 Trastorno depresivo recurrente

Existe un trastorno que se caracteriza por repetidos episodios depresivos (→F32). En sus antecedentes (anamnesis) no hay episodios aislados comprobables de exaltación del estado de ánimo ni de incremento de los estímulos (manía). Pueden haberse presentado episodios breves de ligera exaltación anímica o de hiperactividad (hipomanía) inmediatamente después de un episodio depresivo, causados esporádicamente por la ingestión de antidepresivos. Las formas graves de trastornos depresivos recurrentes (→F33.2, →F33.3) coinciden en muchas ocasiones con el concepto histórico de las afecciones maniacodepresivas, de la melancolía, de la depresión vital y de la depresión endógena. El primer episodio se puede presentar en cualquier momento entre la infancia y la edad avanzada, comenzar de forma aguda o latente, y durar pocas semanas o muchos meses. Siempre existe el peligro de que un paciente con trastorno depresivo recurrente desarrolle un episodio maníaco, in-

dependientemente de los episodios depresivos que se presenten. Cuando se observa un episodio maníaco, existe un diagnóstico de trastorno afectivo bipolar (→F31).
- Incluye: episodios recurrentes (→F33.0 o →F33.1) depresivos, o de depresión psicógena o reactiva, trastorno afectivo estacional.
- Excluye: breves episodios depresivos recurrentes (→F38.1).

F33.0 Trastorno depresivo recurrente, episodio actual leve

Un trastorno que se caracteriza por repetidos episodios depresivos con episodio actual leve (→F32.0) sin que en los antecedentes (anamnesis) haya constancia de manía.

F33.1 Trastorno depresivo recurrente, episodio actual moderado

Un trastorno que se caracteriza por repetidos episodios depresivos con episodio actual moderado (→F32.1) sin que en los antecedentes (anamnesis) haya constancia de manía.

F33.2 Trastorno depresivo recurrente, episodio actual grave sin síntomas psicóticos

Un trastorno que se caracteriza por repetidos episodios depresivos con episodio actual grave sin que en los antecedentes (anamnesis) haya constancia de manía y sin síntomas psicóticos (→F32.2).
- Depresión endógena sin síntomas psicóticos.
- Psicosis maniacodepresiva, forma depresiva sin síntomas psicóticos.
- Depresión recurrente sin síntomas psicóticos.
- Depresión vital recurrente sin síntomas psicóticos.

F33.3 Trastorno depresivo recurrente, episodio actual grave con síntomas psicóticos

Un trastorno que se caracteriza por repetidos episodios depresivos con episodio actual grave sin que en los antecedentes (anamnesis) haya constancia de manía y con síntomas psicóticos (→F32.3).
- Depresión endógena con síntomas psicóticos.
- Psicosis maniacodepresiva, forma depresiva con síntomas psicóticos.
- Episodio recurrente de depresión con síntomas psicóticos, psicosis depresiva psicógena, depresión psicótica o psicosis depresiva reactiva.

F33.4 Trastorno depresivo recurrente actualmente en remisión

Los criterios para los trastornos anteriormente descritos (→F33.0 hasta F33.3), figuran en los antecedentes (anamnesis), pero en los últimos meses no hay constancia de síntomas depresivos.

F33.8 Otros trastornos depresivos recurrentes

F33.9 Trastorno depresivo recurrente no especificado

Depresión unipolar sin especificación.

F34 Trastornos afectivos persistentes

Se trata de trastornos persistentes y de intensidad fluctuante del estado de ánimo, en los que los episodios aislados son en pocas ocasiones lo bastante intensos como para ser valorados como hipomaníacos o incluso como episodios depresivos leves. Dado que persisten durante años, y en ciertos casos durante la mayor parte de la vida adulta del paciente, acarrean un grave sufrimiento subjetivo y una evidente incapacidad vital. En algunos casos, los episodios recurrentes o aislados maníacos o depresivos pueden superponerse a un trastorno afectivo persistente.

F34.0 Ciclotimia

Se trata de una inestabilidad anímica persistente con numerosas fases de depresión y de ligera exaltación del ánimo (hipomanía) que no son ni persistentes ni graves como para satisfacer los criterios de un trastorno afectivo bipolar (→F31) o un trastorno depresivo recurrente (→F33). Con frecuencia el trastorno surge desde familiares del paciente afectados de trastorno afectivo bipolar. Algunos pacientes ciclotímicos llegan finalmente a desarrollar en ellos mismos un trastorno afectivo bipolar.
- Personalidad afectiva (trastorno).
- Personalidad cicloide.
- Personalidad ciclotímica.

F34.1 Distimia

Se trata de un afección depresiva crónica, o al menos de muchos años de duración, en la que todavía no hay registrados bastantes episodios aislados o graves como para cumplir los criterios de un trastorno depresivo leve, moderado o grave (→F33).
- Depresión de ansiedad persistente.
- Neurosis depresiva o personalidad depresiva (trastorno).
- Depresión neurótica.
- Excluye: depresión de ansiedad (leve, pero no persistente).

F34.8 Otros trastornos afectivos persistentes

F34.9 Trastorno afectivo persistente no especificado

F38 Otros trastornos afectivos

Se trata de un listado de trastornos bipolares que no cumplen los criterios de las categorías antes señaladas (→F30 hasta F34) en lo que se refiere a su manifestación y duración.

F38.0 Otros episodios de trastorno afectivos aislados

Episodios afectivos mixtos.

F38.1 Otros trastornos afectivos recurrentes

Episodios depresivos cortos recurrentes.

F38.8 Otros trastornos afectivos especificados

F39 Trastorno afectivo no especificado

Psicosis afectiva sin especificación.

DSM-IV. Criterios diagnósticos de los trastornos bipolares

En este resumen se ofrecen para su información los criterios establecidos para los trastornos bipolares de acuerdo con el DSM-IV (*Diagnostic and Statistical Manual of Mental Disorders*, 4ª edición, 1994).

Trastorno bipolar I

El criterio principal del trastorno bipolar I es una evolución clínica que está caracterizada por la aparición de uno o varios episodios maníacos o bipolares mixtos. Los pacientes afectados informan también frecuentemente sobre uno o varios episodios depresivos. Los episodios de trastornos bipolares originados por la acción de sustancias (acción directa de medicamentos u otros tratamientos relacionados fisiológicamente con la depresión, abuso de drogas o intoxicaciones) o trastornos afectivos cuya causa general son factores de enfermedad médica no se diagnostican como trastorno bipolar I. Además, los episodios no pueden atribuirse a un trastorno esquizoafectivo y no pueden superponerse a una esquizofrenia, un trastorno esquizofreniforme, un trastorno delirante o una psicosis no especificada *(Criterios diagnósticos DSM-IV)*.

Trastorno bipolar II

El criterio principal del trastorno bipolar II es una evolución clínica caracterizada por la aparición de uno o varios episodios depresivos acompañados al menos por un episodio hipomaníaco. Los episodios hipomaníacos no se deben confundir con estados de ánimo estables (eutimia) que duran algunos días y que pueden surgir relacionados con un episodio depresivo. Los episodios de trastornos bipolares originados por la acción de sustancias (acción de medicamentos u otros tratamientos relacionados fisiológicamente con la depresión, abuso de drogas o intoxicaciones) o un trastorno afectivo cuya causa general son factores de enfermedad médica no se diagnostican como trastorno bipolar II. Además, los episodios no pueden atribuirse a un trastorno esquizoafectivo y no pueden superponerse a una esquizofrenia, un trastorno esquizofreniforme, un trastorno delirante o una psicosis no especificada *(Criterios diagnósticos DSM-IV)*.

Episodio depresivo

A. Cinco (o más) de los siguientes síntomas aparecen durante un espacio de tiempo de 2 semanas y se consideran como una alteración de la situación funcional en comparación con un intervalo de tiempo anterior. Al menos un síntoma debe corresponder a un estado anímico depresivo (1.) o falta de interés así como pérdida de la capacidad de sentir placer (2.).
Advertencia: No se incluyen aquellos síntomas que son indudablemente debidos a enfermedad médica o las ideas delirantes incongruentes con el estado de ánimo o alucinaciones.
   1. El estado anímico depresivo durante la mayor parte del día, y casi a diario, según señala el propio paciente (se siente afligido o vacío) o por la observación realizada por otros (parece que el afectado está llorando). **Advertencia:** En niños y jóvenes puede existir un estado de ánimo irritable.
   2. Existe una clara disminución del interés o de la capacidad para el placer para todas o casi todas las actividades cotidianas, durante la mayor parte del día, y casi a diario, según señala el propio paciente o por la observación realizada por otros.
   3. Hay, o bien una notable pérdida de peso sin practicar ninguna dieta, o un aumento de peso (por ejemplo, un cambio de más del 5% del peso corporal en 1 mes), o pérdida o aumento del apetito casi cada día. **Advertencia:** En niños puede ser complicado alcanzar eficazmente un aumento del peso.
   4. Falta de sueño o sueño excesivo (hipersomnia) casi cada día.
   5. Inquietud o retardo psicomotores que se presentan casi cada día. El desasosiego o la apatía son señalados por el propio paciente o por la observación realizada por otros.

6. Cansancio o pérdida de actividad casi cada día.
7. La sensación de ser inútil o de culpabilidad excesiva o inapropiada (que pueden ser delirantes) casi cada día (no son simples autorecriminaciones o sentido de culpa por el hecho de estar enfermo).
8. La disminución de la capacidad para razonar o concentrarse, casi cada día, son señalados por el propio paciente o por la observación realizada por otros.
9. Pensar en forma reiterada en la muerte (no simple miedo a la muerte), reiteradas ideas suicidas sin plan específico o una tentativa de suicidio o un plan para suicidarse.

B. Los síntomas no cumplen los criterios para un episodio bipolar mixto.
C. Los síntomas provocan una carga clínicamente significativa o trastornos en el ámbito social, laboral o en otras áreas importantes de actividad.
D. Los síntomas no son debidos a los efectos fisiológicos directos de sustancias (como drogas ilegales, medicamentos) o a factores patológicos médicos (por ejemplo, hipotiroidismo).
E. Los síntomas no se pueden atribuir simplemente a la pérdida de un ser querido. Los síntomas persisten más de dos meses o causan un acusado menoscabo de la capacidad funcional, preocupaciones morbosas sobre la propia inutilidad, ideas suicidas, síntomas psicóticos o retardo psicomotor. *(Criterios diagnósticos DSM-IV.)*

Episodio maníaco

A. Una clara fase de estado anímico anormal y persistentemente elevado, expansivo o irritable, que dura al menos 1 semana (o cualquier duración si se hace necesario un tratamiento con hospitalización).
B. Durante la fase de trastornos bipolares han persistido tres (o más) de los siguientes síntomas (cuatro si sólo hay irritabilidad) y se han dado en un grado significativo:
  1. Autoestima exagerada o ideas delirantes.

2. Disminución de la necesidad de dormir (el paciente se siente descansado tras sólo 3 horas de sueño).
3. Más hablador de lo habitual o verborrea.
4. Fuga de ideas o impresión subjetiva de que los pensamientos vuelan.
5. Individuo distraído (la atención se desvía con facilidad hacia estímulos externos sin importancia o irrelevantes).
6. Aumento de la actividad (social, laboral, escolar o sexual) o agitación psicomotriz.
7. Excesiva participación en empresas o actividades con alto potencial para producir consecuencias no asumibles (compras compulsivas, indiscreciones sexuales o inversiones comerciales insensatas).

C. Los síntomas no cumplen los criterios de un episodio bipolar mixto.
D. El trastorno bipolar es tan señalado como para provocar deterioro laboral o de las actividades sociales cotidianas o de las relaciones con los demás, o para precisar un tratamiento hospitalario con el fin de prevenir los daños a uno mismo o a los demás, o surgen características psicóticas.
E. Los síntomas no son debidos a los efectos fisiológicos directos de sustancias (como drogas ilegales, medicamentos) o a factores de enfermedad médica (por ejemplo, hipotiroidismo).

Advertencia: Los episodios de tipo maníaco que están claramente causados por un tratamiento antidepresivo (medicamentos antidepresivos, terapia electroconvulsiva, fototerapia) no deben ser diagnosticados como trastorno bipolar I *(Criterios diagnósticos DSM-IV)*.

Episodio bipolar mixto

A. Se cumplen los criterios tanto para un episodio maníaco como para uno depresivo (con excepción de la duración), los síntomas se presentan casi cada día durante, al menos, 1 semana.
B. La alteración anímica es tan acentuada que llega a provocar un importante deterioro de las actividades laborales y sociales coti-

dianas o de las relaciones interpersonales, o puede llegar a exigir tratamiento estacionario con el fin de prevenir daños a uno mismo o a los demás, o se presentan síntomas psicóticos.
C. Los síntomas no son debidos a los efectos fisiológicos directos de algunas sustancias (como drogas ilegales, medicamentos) o a factores de patología médica (hipotiroidismo).

Advertencia: los episodios que tienen semejanza con los bipolares mixtos pero que claramente están causados por un tratamiento antidepresivo (medicamentos antidepresivos, terapia electroconvulsiva, fototerapia) no deben ser diagnosticados como trastorno bipolar I *(Criterios diagnósticos DSM-IV)*.

Episodio hipomaníaco

A. Una fase delimitada de estado anímico anormal y persistentemente elevado, expansivo o irritable, que dura al menos 4 días, y que es claramente diferente del estado de ánimo habitual, pero en la que no se distinguen situaciones depresivas.
B. Durante la fase de trastorno del estado de ánimo han persistido tres (o más) de los siguientes síntomas (cuatro si sólo hay irritabilidad) y ha habido en grado significativo:
   1. Autoestima exagerada o ideas delirantes.
   2. Disminución de la necesidad de dormir (el paciente se siente descansado tras sólo tres horas de sueño).
   3. Más hablador de lo habitual o verborrea.
   4. Fuga de ideas o impresión subjetiva de que los pensamientos vuelan.
   5. Individuo distraído (la atención se desvía con facilidad hacia estímulos externos sin importancia o irrelevantes).
   6. Aumento de la actividad (social, laboral, escolar o sexual) o agitación psicomotriz.
   7. Excesiva participación en empresas o actividades con alto potencial para producir consecuencias no asumibles (compras compulsivas, indiscreciones sexuales o inversiones comerciales insensatas).

C. El episodio está asociado a una incuestionable alteración de la actividad que no es la acostumbrada en el individuo en estado asintomático.
D. El trastorno bipolar y el cambio de la actividad son observables por los demás.
E. El episodio no es tan acentuado como para llegar a provocar un importante deterioro de las actividades laborales y sociales ni para exigir tratamiento estacionario. No se presentan síntomas psicóticos.
F. Los síntomas no son debidos a los efectos fisiológicos directos de sustancias (drogas ilegales, medicamentos) o factores de enfermedad médica (por ejemplo, hipotiroidismo).

Advertencia: los episodios que tienen semejanza con los hipomaníacos, pero que claramente están causados por un tratamiento antidepresivo (medicamentos antidepresivos, terapia electroconvulsiva, fototerapia) no deben confundirse y ser diagnosticados como trastorno bipolar II *(Criterios diagnósticos DSM-IV)*.

Ciclotimia

A. Durante, al menos, 2 años se observan numerosas fases de síntomas hipomaníacos y otras numerosas fases de síntomas depresivos que no cumplen los criterios de un episodio depresivo mayor.
   Advertencia: en niños y jóvenes la duración debe ser, al menos, de 1 año.
B. Durante este periodo de 2 años (1 año en niños y jóvenes), a lo largo de espacios de tiempo superiores a los 2 meses la persona no ha dejado de presentar los síntomas descritos en el anterior Criterio A.
C. Durante los primeros 2 años del trastorno no se ha presentado ningún episodio depresivo, maníaco o bipolar mixto.
D. **Advertencia**: Después de los primeros 2 años del trastorno ciclotímico (1 año en niños y jóvenes), se pueden superponer al trastorno ciclotímico otros episodios maníacos o mixtos que pueden ser diagnosticados adicionalmente como trastorno bipolar I. Si los episodios superpuestos, después de los primeros 2 años, son

depresivos, pueden ser diagnosticados adicionalmente como trastorno bipolar II.
E. Los síntomas del Criterio A no se explican mejor por la presencia de un trastorno esquizoafectivo y no se superponen a una esquizofrenia, a un trastorno esquizofreniforme, a un trastorno de delirio o a un trastorno psicótico no especificado.
F. Los síntomas no son debidos a los efectos fisiológicos directos de algunas sustancias (como drogas ilegales, medicamentos) o a factores de enfermedad médica (por ejemplo, hipotiroidismo).
G. Los síntomas provocan un malestar clínicamente significativo o deterioro social, laboral o de otros importantes ámbitos de la actividad.

GLOSARIO

Acetilcolina. Ester del ácido acético, ligeramente hidrolizable, de la colina («sustancia activa del vago»), así como una amina biógena y una hormona tisular de regulación enzimática en el cuerpo humano. La acetilcolina se biosintetiza en la parte presináptica de determinados haces nerviosos y es efectiva como neurotransmisor de las sinapsis colinérgicas (parasimpático y todos los haces preganglionares del simpático) así como en las placas motrices terminales.

Ácidos grasos omega 3. Los aceites de pescado (como el aceite de salmón) son ricos en varios ácidos grasos insaturados (ácidos grasos omega 3: ácido eicosapentaenoico y ácido docosahexaenoico), pueden rebajar el nivel de grasas en la sangre y mejorar la circulación en los vasos sanguíneos. Los ácidos grasos omega 3 de cadena larga son, además, de especial aplicación para el suministro energético de la vista y el cerebro. Se informa de experiencias favorables con los ácidos grasos omega 3 en el tratamiento del trastorno bipolar.

ADHD. Trastorno por déficit de atención con hiperactividad (*Attention Deficit Hyperactivity Disorder)*: se observa principalmente en niños con trastornos bipolares y de actividad, con hiperactividad y falta de capacidad de concentración.

Afectividad. Término especializado para expresar la sensación de la capacidad de responder a un estímulo, la capacidad psíquica de los sentimientos, es decir, la totalidad que se puede observar en un estado emocional.

Alucinación. Percepción de fenómenos no existentes materialmente como si fueran reales. Afecta a varios sentidos (vista, oído, tacto, gusto) y no está provocada por estímulos sensoriales externos, pero para el paciente poseen un carácter de realidad que captan sus sentidos y sus síntomas se pueden presentar como una intoxicación y afección psíquica.

Anhedonia. Pérdida de la capacidad de experimentar placer en actos que habitualmente lo producen.

Antagonistas del calcio. Sustancias que influyen en el acceso de calcio a las células de la musculatura vascular lisa y provocan una vasodilatación, rebajando la tensión sanguínea, por lo que los antagonistas del calcio se utilizan como fármacos para el tratamiento de la hipertensión. Entre ellos figura el nimodipino y el verapamil, que también se muestran efectivos como antimaníacos, especialmente en la ciclación rápida.

Anticolinérgico. Se designan de esta forma los efectos que pueden surgir por el bloqueo (originados, por ejemplo, como efecto secundario de un medicamento) del parasimpático (bloqueo de los m-colinorreceptores), entre otros: incremento de la frecuencia cardíaca, vasodilatación cutánea, inhibición de la secreción de saliva y jugos gástricos así como disminución de la motilidad intestinal, reducción de la musculatura de las paredes de la vejiga, inhibición de la musculatura de la vesícula biliar, inhibición de las secreciones bronquiales y de sudor, debilidad de la musculatura de las pupilas y aumento de la presión intraocular.

Anticonvulsivantes. Sustancias activas, como son los medicamentos, que se emplean para el tratamiento de los trastornos epilépticos (también se les denomina antiepilépticos). Los principales que se encuentran en uso para el trastorno bipolar son la carbamacepina y el ácido valproico, así como el gabapentin, la lamotrigina y el topiramat.

Antidepresivos. Sustancias activas, como son los medicamentos, que se emplean para el tratamiento sintomático de la depresión y pueden influir en las funciones de determinados mensajeros del cerebro (neurotransmisores). Los principales son los antidepresivos tricíclicos y los inhibidores selectivos de la recaptación de serotonina (ISRS).

Antidepresivos tetracíclicos. Sustancias activas antidepresivas con una estructura molecular que consta de cuatro anillos (por ejemplo, maprotilina, mianserina).

Antidepresivos tricíclicos. Sustancias activas antidepresivas con una estructura molecular que consta de tres anillos (por ejemplo, amitriptilina, imipramina).

Axón. La más larga porción conductora que parte de la neurona de una célula nerviosa; frecuentemente está rodeado de una capa aislante (vaina mielínica).

Benzodiacepina. Sustancias activas centrales (sedativos, «tranquilizantes»). Las benzodiacepinas (como el diacepam) surten efecto en la resolución de los problemas de tensión y ansiedad, sirven de tranquilizantes, relajantes musculares y anticonvulsivos. Las benzodiacepinas también se utilizan esporádicamente para el tratamiento del trastorno bipolar asociado, por regla general, a situaciones de excitación o intranquilidad.

Bipolar. De dos extremos o polos: más-menos, alto-bajo, positivo-negativo.

Carbamacepina. Anticonvulsivante utilizado como estabilizador en la profilaxis recidivante del trastorno bipolar. Se ha comprobado la especial eficacia de la carbamacepina en el trastorno bipolar con síntomas psicóticos, en estados bipolares mixtos y en la ciclación rápida.

Catatónico. Cuadro clínico de marcada alteración del movimiento voluntario que cursa con pérdida total de la movilidad o patrones de estereotipos extravagantes. Los síntomas catatónicos son indicadores de una grave depresión.

Ciclación rápida. Se habla de la presencia de la ciclación rápida en un paciente cuando tiene lugar un rápido cambio entre trastornos bipolares maníacos, hipomaníacos, depresivos y mixtos, y esto ocurre al menos cuatro veces a lo largo de doce meses. Las fases maníacas o las depresivas pueden estar trasformándose continuamente unas en otras o mantenerse una fase de estabilidad anímica durante un intervalo de dos meses como mínimo.

Ciclación ultra rápida. Se habla de ciclación ultra rápida cuando, dentro del mismo día, tienen lugar cambios entre fases maníacas y depresivas.

Ciclación ultra-ultra rápida. El concepto de ciclación ultra-ultra rápida surge cuando los cambios entre fases maniacas y depresivas tengan lugar en horas.

Ciclotimia. Trastorno bipolar con fases alternantes crónicas de ligero animo decaído (depresión) y otras fases de ligera exaltación (manía). También es denominado trastorno ciclotímico.

Comorbilidad. Dos o más trastornos psíquicos o físicos que coexisten simultáneamente en una persona a lo largo de un periodo definido de tiempo. En el caso de la afección bipolar la comorbilidad más frecuente suele darse en forma de trastornos violentos, o de ansiedad o de personalidad junto con abuso del alcohol o de las drogas.

Cura de restricción del sueño (agripnia): Procedimientos terapéuticos para el tratamiento de las depresiones por el que a los afectados se les mantiene despiertos a lo largo de la segunda mitad de cada noche, que es cuando se producen en el organismo las hormonas que originan y mantienen la depresión. La restricción del sueño se ha mostrado eficaz como antidepresiva, aunque, sin embargo, en el trastorno bipolar puede provocar un cambio hacia la manía.

Depresión (*Major Depression*). Son características de la depresión las alteraciones físicas, psíquicas y de los ritmos circadianos. Son típicos los siguientes síntomas: estado anímico deprimido, sensación de carencia de interés, falta de autovaloración y de sensibilidad, tristeza y pérdida de las sensaciones, ansiedad, darle vueltas a las cosas en la cabeza, tendencia al suicido. Los estímulos, la actividad, el apetito, la vitalidad y la libido quedan disminuidos. El sueño es escaso y no sirve de descanso, aparece el «bajón matutino». El peso corporal puede disminuir y el equilibrio vegetativo resulta trastornado. Es frecuente que los afectados no encuentren ninguna explicación para su estado.

Depresión bipolar. Depresión que aparece dentro del marco de un trastorno bipolar.

Depresión puerperal o del postparto. Depresión sintomática que puede experimentar una mujer hasta un año después de haber dado a luz. La afección se mantiene durante dos semanas como mínimo.

Depresión unipolar. Bajo este concepto están comprendidos aquellos trastornos bipolares que presentan exclusivamente fases depresivas. De acuerdo con los resultados científicos actualmente existentes, esto respalda la delimitación entre la depresión unipolar y el trastorno bipolar.

Diagnóstico longitudinal. Diagnóstico de un trastorno bipolar bajo la consideración de su evolución en el tiempo, así como la sucesión de fases maníacas o depresivas durante un largo plazo de tiempo.

Diagnóstico transversal. Diagnóstico de un trastorno bipolar bajo la consideración de su evolución inmediata en fases maníacas o depresivas.

Disgusto depresivo. El disgusto depresivo se experimenta, a diferencia de la depresión, como una reacción físico-psíquica normal, que desaparece al cabo de algún tipo, frente a exigencias o sufrimientos extraordinarios. Puede surgir a causa de una operación quirúrgica grave, de un estado de agotamiento o de la perdida de un ser querido.

Distimia. Depresión crónica leve o alteración de la actividad, que perdura durante al menos dos años en los adultos y un año en niños y jóvenes.

Dopamina. Hidroxitiramina, neurotransmisor en los extremos (sinapsis) de los nervios simpáticos que influye en las reacciones emocionales y mentales del sistema nervioso central y controla la evolución de los movimientos (por ejemplo, la mímica).

DSM-IV (*Diagnostic and Statistical Manual of Mental Disorders*). Desarrollado y publicado por la Asociación Americana de Psiquiatría *(American Psychiatric Association: APA),* es un listado actualizado de trastornos psíquicos, así como sus criterios diagnósticos y terminológicos (año 1994).

Electroencefalografía (EEG). Representación de la actividad ondulatoria cerebral con ayuda de una máquina que registra las señales provenientes de unos electrodos colocados en el cuero cabelludo. Las denominadas «corrientes cerebrales» pueden advertir de la existencia de determinados trastornos o enfermedades.

EMT. Estimulación magnética trascraneana. Moderno procedimiento por el que sometiendo a las células cerebrales a potentes campos magnéticos se hace posible un efecto beneficioso sobre las depresiones.

Episodio bipolar mixto. Fase con síntomas de manía y depresión, que cursan simultáneamente y se presentan casi diariamente durante una semana como mínimo.

Episodio de irrupción. Episodio maníaco o depresivo en pacientes bipolares a pesar de ser tratados con medicamentos.

Episodio depresivo. Alteración anímica en la que se presentan las condiciones de la depresión (trastornos del ánimo, del sueño y de la actividad), que persisten durante dos semanas como mínimo.

Episodio hipomaníaco. Alteración anímica en la que se presentan las condiciones de la hipomanía (síntomas de manía que no presentan la suficiente gravedad como para interferir en la vida social y laboral del afectado) y que persisten durante cuatro días como mínimo.

Episodio maníaco. Alteración anímica en la que se presentan las condiciones de la manía (al menos cuatro de los síntomas de la manía), que persisten durante una semana como mínimo.

Esquizofrenia. Psicosis con una sintomatología de gran variedad de imágenes de estados anormales (alucinaciones, ideas ilusorias, trastornos de pensamiento, o de personalidad, disociación del pensamiento y trastornos bipolares y psicomotores).

Estabilizador anímico (*mood stabilizer*). Medicamento que sirve de apoyo, fundamentalmente profiláctico, a los pacientes bipolares frente a episodios patológicos maníacos o depresivos. Por regla general, para prevenir recaídas, se utilizan los estabilizadores a lo largo de toda la vida del paciente. Entre los principales estabilizadores anímicos figura el litio así como los anticonvulsivos carbamacepina y valproato/ácido valproico.

Estado bipolar mixto. De acuerdo con la definición, se observan síntomas maníacos y depresivos durante todo el tiempo y a lo largo de una o dos semanas. Las fases están caracterizadas por cambios bruscos entre trastornos anímicos hipomaníacos, maníacos y depresivos, durante los cuales resultan gravemente afectadas las actividades personales, laborales e interpersonales, con amenaza para el propio interesado y las personas que le rodean, pudiendo presentar aspectos psicóticos.

Estupor. Estado patológico con ausencia de cualquier tipo de actividad física y/o mental además de una conciencia velada a causa de la pérdida de estímulos (la voz «estupor» proviene del latín y se puede interpretar como entumecimiento, aturdimiento). Existe ausencia de gestos, inmovilidad, falta de reacción ante los estímulos externos y ante los intentos de contacto, especialmente en ciertos casos graves de depresión, esquizofrenia y epilepsia, así como en afecciones organicocerebrales.

Eutimia. Estado de equilibrio y armonía entre el ánimo y la psique.

Fototerapia. Terapia luminosa. Los pacientes bipolares con episodios depresivos pueden ser tratados adicionalmente con luz. El ámbito principal de aplicación de la fototerapia son los trastornos afectivos estacionales (*Seasonal Affective Disorder: SAD*).

Fuga de ideas. Una idea o un pensamiento alcanzan al siguiente, sin que se pueda pensar en encontrar el final de estos pensamientos o ideas.

GABA. Ácido gamma-aminobutírico (*Gamma-Aminobutyric Acid*). GABA se sintetiza exclusivamente en el sistema nervioso a partir del aminoácido glutámico con ayuda de la glutamina-decarboxilasa y existe en diversas concentraciones en el sistema nervioso central. GABA sirve como neurotransmisor con efecto «tranquilizante».

Hipertiroidismo. Incremento de la producción y distribución de la hormona de la glándula tiroides. Se presenta como un trastorno tiroideo que puede llevar a una desinhibición de la producción de la hormona tiroidea. El incremento de la función del tiroides puede provocar síntomas maníacos o depresivos.

Hipomanía. Formas leves de estado maníaco, de corta duración en la mayoría de los casos. Se observa durante cuatro días como mínimo un ánimo exaltado, expansivo o irritado, pero claramente distinto del normal, no existe un estado depresivo. Los afectados experimentan una insospechada capacidad de rendimiento en el ámbito profesional, en la actividad social o sexual, aumento de su autovaloración con inclinación a ideas grandiosas y permanente ansia de actividad física y mental. Puede aparecer una aceleración del pensamiento, locuacidad, fuga de ideas y disminución de la necesidad de dormir. Las alteraciones anímicas de los pacientes son también perceptibles para los que están a su alrededor. No se pueden comprobar efectos directos de sustancias (drogas ilegales, medicamentos) u otras etiologías.

Hipotiroidismo. Hipofuncionalidad tiroidea, defecto de hormonas de la glándula tiroides. En la mayoría de los casos el origen es un trastorno funcional del tiroides. Puede provocar síntomas parecidos a la depresión.

ICD-10 (*International Classification of Diseases*). Clasificación internacional estadística de las enfermedades y problemas de salud asociados, 10ª revisión, versión 1.3. Se trata de una clave, de varias cifras, de diagnósticos creada por la Organización Mundial de la Salud (OMS). La clasificación fue publicada en 1968 por la Oficina Estadística Federal de Wiesbaden *(Statistichen Bundesamt Wiesbaden)* y fue declarada obligatoria para toda Alemania. El trastorno bipolar se encuentra en el capítulo V (trastornos psíquicos y de comportamiento) en los apartados F30 a F39 (trastornos afectivos).

Inhibidor MAO (Monoaminooxidasa). Sustancias que producen la inhibición de la enzima monoaminooxidasa (MAO) como, por ejemplo, la moclobemida y la tranilcipromina.

ISRS. Inhibidores selectivos de la recaptación de serotonina (*Selective Serotonin Reuptake Inhibitors*). Son eficaces sustancias antidepresivas (por ejemplo, la fluoxetina) que impiden la desactivación del neurotransmisor serotonina en las células nerviosas.

Kindling. Proviene del término inglés *kindle*, que significa «encender», y surgió a lo largo de investigaciones sobre la epilepsia. De acuerdo con este modelo, en los centros cerebrales se integran repetidos estímulos electrofisiológicos de baja intensidad hasta alcanzar un umbral definido en el que aún no aparecen convulsiones. Cuando se sobrepasa ese umbral surge el ataque, como si fuera un incendio atizado durante mucho tiempo hasta que las llamas avanzan a la velocidad del rayo. Esta imagen sirve también de explicación para la duración, con frecuencia dilatada, de las fases de la enfermedad bipolar.

Libido. Actividad sexual.

Litio. Metal alcalino, valencia 1, peso atómico 6.94, número atómico 3, símbolo *Li*. Las sales de litio (cloruro y carbonato) se emplean en tratamientos de larga duración así como en la profilaxis de fases como estabilizadores anímicos de los trastornos bipolares. El tratamiento con litio debe administrase bajo dosis estables y con vigilancia médica, pues la dependencia de la dosis puede provocar numerosos efectos secundarios.

Logorrea. Locuacidad excesiva.

Manía. Es un estado anormal de exaltación anímica que también puede estar ligado a irritabilidad, agresividad así como a una capacidad errónea de criterio y distanciamiento. La actividad queda notablemente reforzada y desinhibida: la actividad sexual y la locuacidad aumentan, y se emprenden insensatos negocios ruinosos. En la mayoría de los casos disminuyen el apetito y la necesidad de sueño. La progresión de los pensamientos resulta acelerada: se puede presentar flujo de ideas, inconstancia y autovaloración excesiva hasta llegar a la megalomanía.

Melancolía. Término histórico, que proviene de la medicina antigua (Hipócrates, galeno). La voz griega «melancholia» se refiere a uno de los «cuatro humores», la «bilis negra», y significa una sensación anímica turbia, un estado de ánimo afligido, es decir, lo que hoy se entiende como un estado depresivo.

Neurolépticos. Los neurolépticos se describen como sustancias que influyen en el sistema nervioso central (psicotropos), y que pueden actuar como antipsicóticos, relajantes (sedantes) y psicomotrices. Se distingue entre los de efecto suave (por ejemplo, la sulpirida), moderado (por ejemplo, la clorpromacina) y fuerte (por ejemplo, el haloperidol). Los neurolépticos clásicos (típicos), son válidos como elementos de segunda opción, mientras que los atípicos (como la olanzapina) son neurolépticos de primera opción en el tratamiento de los trastornos bipolares y se emplean para las manías agudas o, en determinados casos, conjuntamente con estabilizadores anímicos.

Neurolépticos atípicos. Se distinguen de los neurolépticos típicos sobre todo en lo que se refiere a efectos secundarios: son muy efectivos y notablemente más tolerados, apenas alteran la mímica, la postura y la expresión, se pueden utilizar como estabilizadores anímicos, no causan ningún tipo de depresión y sólo en raras ocasiones son causa de trastornos del movimiento. En trastornos bipolares se usa frecuentemente la olanzapina o la clozapina.

Neurona. Célula nerviosa con todas sus prolongaciones transmisoras. El conjunto de las neuronas conforma la porción significativamente funcional del sistema nervioso.

Neurotransmisor. Mensajero nervioso imprescindible para la transmisión de señales (activación-desactivación) de las células nerviosas. Los principales neurotransmisores son la noradrenalina, la dopamina y la serotonina.

Noradrenalina. Hormona de la médula suprarrenal (como la adrenalina) y neurotransmisor del sistema simpático. La noradrenalina actúa reduciendo la frecuencia del pulso, aumentando la circulación sanguínea de las coronarias y se puede ver influida en su acción por los inhibidores de la monoaminooxidasa (inhibidores MAO) con efecto antidepresivo.

Olanzapina. Neuroléptico atípico actual que, en base a su efecto antimaníaco y a su favorable influencia sobre los síntomas depresivos, se utiliza con éxito en los trastornos bipolares (como la manía, los estados bipolares mixtos o la ciclación rápida). La olanzapina es muy tolerable, se puede combinar con los estabilizadores anímicos y está autorizada en el tratamiento del trastorno bipolar.

Paratimia. Alteración del estado emocional (sobre todo en la esquizofrenia): el correspondiente contenido del pensamiento presenta un ánimo inadecuado y posiblemente discrepante.

Profilaxis en fases. Terapia de mantenimiento para el trastorno bipolar, preferentemente con estabilizadores anímicos y neurolépticos atípicos, que deben proteger durante toda la vida frente a fases agudas depresivas y maníacas así como a trastornos recidivantes.

Profilaxis recidivante. Tratamiento, favorecido con estabilizadores anímicos y planteado durante una fase de estabilidad en un trastorno bipolar, para prevenir la aparición de nuevos episodios anímicos patológicos agudos.

Psicoanálisis. Método creado por Sigmund Freud (1856-1939) para la cura de trastornos neuróticos y comportamientos anormales, basado especialmente en la interpretación de los conflictos instintivos, especialmente los de tipo sexual.

Psicoeducación. Procedimiento psicoterapéutico que se basa prioritariamente en la explicación e información de los afectados y personas de su entorno familiar sobre afecciones psiquiátricas, así como las posibilidades de evitarlas.

Psicosis. Concepto genérico para numerosos estados patológicos psíquicos graves, cuya característica común es una pérdida más o menos acusada del sentido de la realidad.

Psicoterapia. Concepto genérico para formas de tratamiento orientadas psicológicamente (como la hipnosis, la terapia conversacional, la de grupos, la de familia o la del comportamiento, psicoanálisis y psicoeducación). En las afecciones bipolares la psicoterapia es una eficaz medida terapéutica adicional que sirve sobre todo para la adaptación de la problemática actual. Los procedimientos de terapia interpersonal, de comportamiento, profunda y combinados resultan beneficiados.

Receptor. Posiciones de enlace de las células para los mensajeros químicos (hormonas o neurotransmisores) que son necesarias para el control de determinadas funciones corporales. Existen tipos muy diversos de receptores que pueden reaccionar con todo tipo de sustancias especiales.

Recidiva. Recaída, presentación repetida aguda de un episodio patológico en un trastorno crónico como, por ejemplo, un episodio maníaco agudo en una afección bipolar. El riesgo de recidiva de los trastornos bipolares se mantiene a lo largo de toda la vida del paciente.

Ritmo circadiano. Biorritmo, ritmo de las 24 horas, ritmo sueño-vigilia, «reloj interno». Existe un control general endógeno de las funciones biológicas que se mantienen con una cierta regularidad y que están sincronizadas por causa de la evolución del día y de factores ambientales geofísicos que actúan con efecto de temporizador. El ritmo biológico diario influye sobre el rendimiento de las personas. Los trastornos bipolares pueden ejercer una influencia sobre el ritmo circadiano.

SAD. Trastornos afectivos estacionales (*Seasonal Affective Disorder*). Regularmente, y dependiendo de la evolución del tiempo, en determinadas épocas del año se pueden presentar alteraciones anímicas. Durante el invierno se presentan casi siempre episodios depresivos, en raras ocasiones tales episodios son maníacos.

Serotonina. Amina biógena que se puede producir en el organismo humano a partir del aminoácido triptófano (en el sistema nervioso central, en el bazo, el pulmón y en las células de la mucosa intestinal). La serotonina es una hormona tisular y es eficaz como mensajero químico nervioso (neurotransmisor). La monoaminooxidasa (MAO) desactiva la serotonina y la desintegra. Los inhibidores de la MAO así como los inhibidores selectivos de la recaptación de serotonina (ISRS) son mecanismos efectivos de los antidepresivos.

Sinapsis. Lugar en el que dos células nerviosas establecen contacto funcional: el contacto puede ocurrir entre axón (mensajero celular) y dendrita (sinapsis axodendrítica), entre axón y cuerpo celular (sinapsis axosomática) o entre dos axones (sinapsis axo-axonal). La región de la sinapsis es la zona en la que tiene lugar el efecto de numerosos sustancias medicamentosas que se emplean en el trastorno bipolar.

Sintímico. Correspondiente a un estado anímico básico del que se deducen formas ilusorias que van en contra de un ánimo depresivo.

Suicidio. Atentado contra la propia vida.

Sustancias psicotrópicas. Sustancias activas que actúan sobre la psique, influyendo en los procesos psíquicos.

TEC. Terapia electroconvulsiva. Medida terapéutica de intervención por la que se administran, durante un corto espacio de tiempo y bajo anestesia total, impulsos de corriente eléctrica en la cabeza del paciente, provocándose con ello un ataque generalizado convulsivo (ataque epiléptico) con una duración de entre 20 a 40 segundos. Se estima que tal acceso de convulsiones libera las reservas cerebrales de neurotransmisores, pudiéndose conseguir de esa forma un equilibrio del estado anímico. La TEC influye especialmente en el caso de graves depresiones, resultando también muy eficaz en manía y estados bipolares mixtos. La falta de crédito que ofrecía la TEC («electroshock»), sobre todo en los EE.UU., fue originada por la aplicación irresponsable y falta de criterio del tratamiento, a lo que también contribuyó Europa entre los años 50 y 70 del siglo XX.

Temperamento hipertímico. Personalidad con caracteres extrovertidos y expansivos.

Tendencias suicidas. Trastorno bipolar grave con inclinación al suicidio.

Terapia de intervención. Aplicación suplementaria de medidas (como puede ser la terapia electroconvulsiva) o medicamentos para el trastorno bipolar cuando se observa que el tratamiento con estabilizadores anímicos no resulta efectivo en una fase aguda de la enfermedad. Como medicamentos de intervención existen los neurolépticos clásicos (como el haloperidol) y atípicos (olanzapina), antidepresivos (como los ISRS) y sedativos (diacepam).

Trastorno bipolar. Como trastorno bipolar se señala a toda afección psíquica que, a causa de una alteración patológica del ánimo (afectividad) y el estímulo (actividad), produce polos anímicos extremos, desde un estado decaído (depresión) a uno exaltado (manía), además de una inhibición extrema o un exagerado refuerzo de los estímulos. Las afecciones bipolares comprenden un grupo diferente de los trastornos psíquicos que, entre otros, abarcan los trastornos bipolares con una sucesión de episodios de manía así como hipomanía o depresión, los estados bipolares mixtos en los que conviven casi simultáneamente los episodios maníacos y los depresivos, la ciclotimia como modelo leve del trastorno bipolar, la ciclación rápida como una forma de evolución rápida de la afección anímica así como los trastornos bipolares no especificados.

Trastorno bipolar I. Este diagnóstico surge cuando en un paciente se puede comprobar, durante la evolución de su enfermedad, al menos un claro episodio maníaco, con o sin manifestación de la subsiguiente depresión diferenciada. El trastorno bipolar I se corresponde en esencia con el clásico trastorno maniacodepresivo.

Trastorno bipolar II. Este diagnóstico surge cuando se pueden comprobar varias depresiones junto con episodios maníacos leves (hipomanías).

Trastorno bipolar III (perturbación pseudounipolar). Este concepto caracteriza una diagnosis que, en general, no está reconocida. Los pacientes, por regla general, caen en repetidas depresiones y son de personalidad extrovertida y expansiva. Se puede comprobar la existencia de una predisposición familiar hereditaria a las afecciones anímicas o a los trastornos bipolares. Si a uno de estos pacientes se le suministra antidepresivos, se pueden presentar manías o hipomanías.

Trastorno maniacodepresivo. El trastorno maniacodepresivo no puede equipararse en absoluto con el trastorno bipolar. El trastorno clásico maniacodepresivo fue descrito en 1899 por el psiquiatra alemán Emil Kraepelin («demencia maniacodepresiva») y, fundamentalmente, está caracterizado por claras oscilaciones de ánimo con manía y depresión.

Valproato/Ácido valproico. Anticonvulsivo que se utiliza como estabilizador anímico en la afección bipolar así como para el tratamiento de la manía aguda. La tolerancia al valproato se considera aceptable.

DIRECCIONES DE CONTACTO

A continuación se acompaña un listado de las Asociaciones de Trastornos Bipolares y direcciones al respecto existentes en España y en Sudamérica.

España

Asturias

Asociación de Bipolares de Asturias (ABA)
Calle Manuel Llaneza 68-bajo, Gijón.
Teléfonos de contacto: 687095010; 676826993; 626078001.
E-Mail: bipolares@asturias.org

Cataluña

Associació de Bipolars de Catalunya
Cuba 2, Hotel d´Entitales «Can Guardiola» 08030, Barcelona
Teléfono de contacto: 932741460; Fax: 932741392
E-Mail: cen00abc@jazzfree.com
Página Web: http://www.bcn.es/tjussana/bipolars

Asociación de Bipolares y Depresivos del Vallés (ABDV)
Calle Campoamor, 93-95 Casal Rogelio Soto, despacho 3
08204 Sabadell (Barcelona)
Teléfono de contacto: 93 7118372; Fax. 93 7116622
E-Mail: abdav@abdv.org
Página Web: http://www.addv.org

Associació de Bipolars del Bages, el Berguedà i el Solsonès
Edifici CESAM C. Doctor Joan Soler, s/n
08243 Manresa (Barcelona)
Teléfono de contacto: 93 877 42 86
E-Mail: abbbs@althaia.org
Página Web: www.althaia.org/abbbs

Clam Advocats
C/ Alfons XII, 11 ent.
08240 Manresa (Barcelona)
Tel. 93 872 3131
Fax. 93 872 3433

Associació de Bipolars de Catalunya (GIRONA)
Hotel d'Entitats Generalitat, Calle de la Rutlla, 20-22,
17002 Girona
Teléfono de contacto: 972 20 11 27

Madrid

Asociación Bipolar de Madrid
C/ General Martínez Campos, 36 (local)
28010 Madrid
Teléfono de contacto: 91 319 52 60

Alianza para la Depresión
Calle General Margallo, 27, 1º-D
28020 Madrid
Teléfono de contacto: 91 579 39 03
Persona de contacto: Felipe Ramos

Mallorca

Asociación de bipolares de les Illes Balears
Delegación de Mallorca
Cafetería Txosna, c/. Sant Miquel, 83
07002 Palma de Mallorca)
Teléfonos de contacto:
Tomeu: 607 47 96 877 / Magdalena: 627 24 78 34 / David: 661 30 92 60

Delegación de Menorca
Av. Palma de Mallorca, 1 bajos
Apdo. de correos 398
07760 Ciutadella de Menorca
Teléfonos de contacto:
Pilio: 649 43 32 95
Fax: 971 48 02 36
E-mail: menorcabib@terra.es

Guipúzcoa
Comisión de Bipolares de Agifes
(Asociación Guipuzcoana de familiares y enfermos psíquicos).
Calle Sancho el Sabio 25- 1º D
San Sebastián
Teléfono de contacto: 943 47 43 37

Galicia
Asociación Bipolares de Galicia
Teléfonos de contacto: 687 26 61 90; 608 08 49 47; 646 23 60 43

Sevilla
Asociación Trastorno Bipolar, Esquizofrenia y otras enfermedades mentales en la Provincia de Sevilla
El Timón Avenida de los Pirralos Nº 74
41700 Dos Hermanas - Sevilla
E-Mail: ateneo@fotomaier.com

Valencia
Asociación Valenciana de Trastorno Bipolar (AVTB)
(Comunidad Valenciana Castellón Valencia y Alicante)
Teléfono de contacto: 963 841 211
Apartado de Correos nº 9023
46080 Valencia
E-Mails: Asociación (A.V.T.B.): AVTBipolar@eresmas.com
Boletín de la asociación: ciclosAVTB@eresmas.com

Hispanoamérica

Chile
Agrupación de pacientes bipolares
Teléfono de contacto: 2690601
(Hospital del Salvador Psiquiatría, Enfermedades del ánimo)
Santiago de Chile

Confederación Nacional de Bipolares de Chile
Teléfono de contacto: 32/283529; 32/734725
E-Mail: lichyta11@hotmail.com
Viña del Mar

México
Asociación Mexicana de Trastorno Bipolar A. C. (ÁMATE)
Cuauhtémoc, 91-1
México D.F.
E-Mail: amtbipolat@infosel.net.mx
Página Web: http://www.amate.org.mx

Colonia Roma
Metro Niños Héroes
Cuauhtémoc, 91-1
Teléfono de contacto: 85 96 78 28
Col. Bosques de las lomas
Bosques de la Reforma, 486
Parroquia señor de la Resurrección
Persona de contacto Xóchitl
Teléfono: 85-96-78-28

República Argentina
FUBIPA. Fundación Bipolar de Argentina
Colegio Marianista Rivadavia 5652, Capital Federal
Hospital Italiano, Gascón 450, Capital Federal
Buenos Aires

Prevención del suicidio
Asociación Argentina de Prevención del Suicidio
http://personales.com/argentina/cordoba/prevenciondelsuicidio/miWeb2/

Uruguay
ABIPU. Asociación de bipolares del Uruguay
Canelones 1164
Montevideo

Venezuela
Fundación del Paciente Bipolar Zaida Abraham
E-Mail: bipolarven@hotmail.com
Fundación Venezolana del Paciente Bipolar y sus Familiares
Página Web: http://espanol.geocities.com/bipolarve/

Asociaciones españolas no específicas

Asociación Alavesa pro salud mental (ASASAM).
    Tres cruces, 5, bajo
    01400 Llodio (Álava)

Asociación de amigos y familiares de enfermos psíquicos (AFAEPS)
    Paseo de Feria, 77, bajo
    02005 Albacete

Asociación de familiares y amigos de enfermos mentales (AFAEM)
    San Idefonso, 2, 1º
    02600 Villarrobledo (Albacete)

Asociaciones de familiares de enfermos mentales de Alicante (AFAME)
    Padre Mariana, 46, entrep. izda. dcha.
    03004 Alicante

Asociación pro salud mental «La Frontera»
    Apartadode correos, 1165
    Almería

Asociación de Familiares de Enfermos Mentales de Menorca (AFEM)
    C/ San Fernando, 30
    Mahón (Baleares)

Asociación para el desarrollo e integración de personas esquizofrénicas
    Viñaza, 12 C
    Palma de Mallorca (Baleares)

Asociación de enfermos mentales (ADEMM)
    Art, 7-9
    08041 Barcelona

Asociación para la rehabilitación enfermos psíquicos (AREP)
    León XIII, 21
    08022 Barcelona

Associació de famlliars de malalts mentals de Catalunya (AFAMMCA)
    Valencia, 236, 1.º 1.ª
    08007 Barcelona

Asociación vizcaína de familiares y enfermos psíquicos (AVIFES)
    Biarritz, 14, 4.ª planta
    48002 Rekaldeberri (Bilbao)

Pro salud mental de Burgos (PROSAME)
    Severo Ochoa, 51, 1º C
    09007 Burgos

Asociación de familiares de enfermos mentales (AFEM)
  Arco, 30
  11405 Jerez de la Frontera (Cádiz).

Agrupación para la defensa del paciente psíquico
  Tenerife, 28
  Arrecife (Lanzarote)

Asociación de familiares para apoyo de enfermos psíquicos (AFAES)
  Padre José de Sosa, 2
  35006 Las Palmas de Gran Canaria

Asociacion tinerfeña Familias Enfermos Síquicos (AFES)
  Sorolla, 3, 1.º
  38007 Santa Cruz de Tenerife

Asociación Provincial de Amigos, Familiares y Enfermos Síquicos (APAFES)
  Altagracia, 21, bajo dcha
  13003 Ciudad Real

Asociación Pro Enfermos Mentales (APEM)
  Plaza de los Chopos, bloque 22, n.º 1. Barrio de las Flores
  15009 La Coruña

Asociación pro salud mental «A. CREBA»
  Marqués de Monroy, s/n.
  15200 Noia (La Coruña)

Asociación pro salud mental «VIVIR»
  Apartado de correos, 51
  Cuenca

Asociación Granadina Familiares y Enfermos Mentales (AGRAFEN-COMARES)
  Apartado de correos 4089
  18100 Armilla (Granada)

Asociación para la integración enfermos psíquicos alcarrenos (APIEPA)
  Avda. de Barcelona, 18, bajo
  19005 Guadalajara
  Teléfono y Fax: 949 22 26 07 / E-mail: apiepa@yahoo.es

Asociacion de familiares de enfermos psíquicos de Poniente
  Felipe Silva, 2
  25005 Lleida

Asociación leonesa de familiares y amigos de enfermos mentales (ALFAEM)
  Avda. de Roma, 9, 2.º izda
  24001 León

DIRECCIONES DE CONTACTO 259

Asociación Riojana de Familiares de Enfermos Síquicos (ARFES)
Avda. de España, 7
26001 Logroño

Asociación de familiares y amigos de enfermos psíquicos (AFAEP)
Arturo Soria, 204 (Hospital de San Miguel)
28043 Madrid

Asociación Salud y Ayuda Mutua (ASAM)
Glorieta de los Cármenes, 2
28047 Madrid

FEMASAM
Colomer, 14
28028 Madrid

Asociación psiquiatría y vida
Colomer, 14
28028 Madrid

MENSANA. Asociación de usuarios de centros de salud mental familiares y allegados
Vírgen de África, 43
28027 Madrid

Asociación Salud y Alternativas de Vida (ASAV)
Paseo de Colón, s/n
28045 Madrid

Asociación en Lucha por la Salud Mental (ALUSAMEN)
C. de S. de Vallecas. Peña Gorbea, 4
28018 Madrid

Asociación Para la Integración Social de los Enfermos Psíquicos (APISEP)
Cardenal Cisneros, 6, bajo izda.
28802 Alcalá de Henares (Madrid)

Asociación de Familiares pro Enfermos Síquicos (AFES)
Pinares, 1ático
3000 1 Murcia

Asociación para la integración comunitaria de enfermos píquicos de Cartagena y su comarca (APICES)
Caridad, 2
Cartagena (Murcia)

Asociación de familiares y enfermos mentales (MOREA)
Monte Xeixo, 3 bajo
Orense

Lar. asociación pro salud mental
    Diez, La Rosaleda, 12, Sobraledo
    Villagarcía de Arosa (Pontevedra)

Asociación de Familiares Enfermos Síquicos de Asturlas (AFESA)
    Apartado de Correos 1235
    Oviedo

Familiares de Enfermos Síquicos (AFES)
    Salvino Sierra, 8
    34005 Palencia

As. Navarra para la Salud Psíquica (ANASAPS)
    Iturrarna, 5, entresuelo, oficina 3.ª
    31007 Pamplona

Asociación de Familiares de Enfermos Mentales Crónicos
    de Salamanca (AFEMEC).
    Apartado de correos, 329
    37008 Salamanca

Asociación Cántabra pro Salud Mental (ASCASAM)
    Ruasal, 7, 3.º
    39001 Santander

Asociación Guipuzcoana de Familiares de Enfermos Síquicos (AGUIFES)
    Sancho el Sabio, 25, 1.º D
    20010 San Sebastián

Asociación segoviana de enfermos mentales, familiares
    y amigos (AMANECER)
    Apartado de correos 171
    48080 Segovia

Federación andaluza de allegados de enfermos esquizofrénicos (FANAES)
    Villegas y Marmolejo, 2, M, 1.º
    41005 Sevilla

Asociación Virgen del Camino (Hospital Institucional)
    Ctra. de Logroño, s/n.
    42004 Soria

Asociacion familiares y amigos de enfermos psíquicos
    de Tarragona «AURORA»
    Reial, 9, 1.º 2.ª
    43004 Tarragona

Asociación de familiares y amigos de enfermos mentales (DESPERTAR)
    Valdylmesa, 1, Yedra, 23
    45007 Toledo

DIRECCIONES DE CONTACTO

Asociación Talaverana de Amigos, Familiares y Enfermos Síquicos (ATAFES)
Segurilla, 35
Talavera de la Reina (Toledo)

Asociación por la Salud Integral del Enfermo Mental (ASIEM)
Blanquerías, s/n.
Tel. 96 391 89 52
46003 Valencia

Asociación de Familiares de Enfermos Mentales (AFEM)
Peris Brell, 9, bajo dcha.
46022 Valencia

Federación Valenciana de Asociaciones de Familiares y Enfermos Mentales (FEVAFEM)
C/ Peris Brell, 9, bajo dcha.
46022 Valencia

Asociacion de los Safor de Ayuda a Enfermos Mentales (ASAEM)
Perú, 18, bajo
46700 Gandía (Valencia)

Asociación familiares y enfermos mentales «El Puente»
López Gómez, 30 ext. izda.
147005 Valladolid

Asociación ayuda enfermo psíquico (DOA)
Romil, 84
36211 Vigo

Asociación Alavesa de Familiares de Enfermos Mentales (ASAFES).
Portal de Arriaga, 14, bajo
01012 Vitoria

Asociación Zamorana de Asistencia y Prevención de Enfermos Síquicos (AZAPES)
Apartado de Correos, 470
Zamora

Asociación Aragonesa Pro Salud Mental (ASAPME)
Pabellón de San José, Parque de las Delicias
Ciudadela, s/n.
50010 Zaragoza

Federación de Asociaciones Aragonesas Pro Salud Mental (FASAPME)
Pabellón de San José -Parque de las Delicias
Ciudadela, s/n.
50010 Zaragoza

Páginas de Internet, en español, que pueden ser de utilidad

Página de Internet dedicada exclusivamente al trastorno bipolar en la que se puede encontrar información sobre las terapias, grupos de ayuda para la familia y amigos, temas legales, prevención, etc.
http://www.bipolarweb.com

Página personal del Paciente Bipolar: definiciones, testimonios, ayudas, noticias, etc.
http://www.ome-aen.org

Historia de la enfermedad, tratamientos, amplia bibliografía:
http://www.psicofarmacologia.bizland.com/TAB.html

Página dedicada a los trastornos mentales en general:
http://www.autimia.com/

Centro Web de la Sociedad Española de Psiquiatría:
http://www.sepsiquiatria.org/sepsiquiatria/index.html

Páginas de ESTADOS UNIDOS traducidas al castellano:
http://hcpc.uth.tmc.edu./spanish_manicdepressive.htm
http://wwwpsiquiatria24x7.com/education/detail.jhtml?key=bipolar&s=5

Organismos oficiales españoles

Ministerio de Sanidad y Consumo:
http://www.msc.es/home.jsp

Instituto Nacional de Gestión Sanitaria (antiguo INSALUD):
http://www.msc.es/insalud/

Página para la búsqueda de organismos oficiales españoles:
http://www.admiweb.org
Servicios de emergencia en España: 112
Llamando a este número se puede solicitar la ayuda necesaria: médica, policía, ambulancias, bomberos, etc.

BIBLIOGRAFÍA Y LECTURAS DE AMPLIACIÓN

Guías

Faust, Volker. *Manie. Eine allgemeinverständliche Einführug in Diagnose, Therapie und Prophylaxe der krankhaften Hochstimmung.* Enke, Stuttgart, 1997.

Granet, R., Ferber, E. *Why am I up, Why am I down?* , Nueva York, 1999. Guía en inglés sobre el trastorno bipolar, elaborada en forma de preguntas y respuestas.

Grunze, H. Walden J. *Die bipolaren Störungen. Manisch–depressive Erkrankungen.* Thieme, Stuttgart, 2001.

Helmchen, H. Rafaelsen, O. J., Bauer, M. *Wege zurück in ein normales Leben. Ein Ratgeber für Kranke und Angehörige.* Thieme, Stuttgart, 2001.

Mondimore, Francis Mark. *Bipolar Disorder*. The Johns Hopkins University Press, Baltimore, 1999.
Guía en inglés, actualizada y ampliada, sobre el trastorno bipolar.
Rudolf G. A. E., Röttgers, H. R. *Rechtsfragen in Psychiatrie und Neurologie*. Deutscher Universitäts-Verlag, Wiesbaden, 2000.
Schou, Morgens. *Lithium Behandlung der manisch–depressiven Krankheit. Informationen für Arzt, Patient und Angehörige*. Thieme, Stuttgart, 2001.
Verbraucher-Zentrale Nordrhein-Westfalen e.V. (Hrsg.): *Weg mit den Schulden!* Düsseldorf 1999.

En castellano se pueden consultar, entre otras, las siguientes obras:

Bourgeois, M. L. y Verdoux, H. *Trastornos bipolares del estado de ánimo*. Masson, 1998.
Dürckheim, K. G. *Meditar, por qué y cómo*. Ed. Mensajero, 1989.
Ezcurra Sánchez, Jesús, *et. al. Trastorno bipolar*, Grupo Aula Médica, Madrid, 1999.
Granet, R., Levinson, R. K. y Vilches, G. M. *Si crees que tienes depresión*, Ediciones Robinbook, Barcelona, 2000.
Grof, S. y Grof, Ch. *El poder curativo de las crisis*, Kairós, 1993.
Gutiérrez Martínez, Blanca: *Aproximación a los factores biológicos de riesgo para el trastorno bipolar: análisis de genes implicados en la neurotransmisión del sistema nervioso central*, Universidad de Barcelona, Servicio de Información y Publicaciones, Barcelona, 1999.
Hirschfeld, Robert M.A.: *Directrices para la práctica clínica en el tratamiento de pacientes con un trastorno bipolar* (1996), Barcelona: Edika-Med, S.L.
Jackson, S. W., *Historia de la melancolía y la depresión: Desde los tiempos hipocráticos a la época moderna*, Turner, Madrid, 1990.
López-Ibor, Juan José. *El descubrimiento de la intimidad y otros ensayos* Austral, 1952.
Paykel, E. S. *Psicopatología de los trastornos afectivos*, Pirámide, Madrid, 1985.
Polaino, A (Ed.). *Las depresiones infantiles*, Morata, Madrid, 1988.
Sthall, Stephen: *Psicofarmacología esencial de la depresión y trastorno bipolar*, Editorial Médica Panamericana, Madrid, 2001.
Vieta i Pascual, Eduard: *La prueba de estimulación con factor liberado de dorticotropina como marcador y predictor de curso en el trastorn*

bipolar, Universidad de Barcelona. Servicio de Información y Publicaciones, Barcelona, 1995.
—, American Psychiatric Association. *Guía clínica para el tratamiento del trastorno bipolar*, Psiquiatría Editores, Barcelona, 2001.
—. *Novedades en el tratamiento del trastorno bipolar*, Editorial Médica Panamericana, Madrid, 2003.
—, (AA. VV.) *Trastornos bipolares. Avances clínicos y terapéuticos*. Editorial Panamericana, 2001.
Wolman, B. B. y Striker, G. *Trastornos depresivos. Hechos, teorías y métodos de tratamiento*, Áncora, Barcelona, 1993.
Wilber, Ken. *La conciencia sin fronteras*, Kairós, 1995.

Monografías médicas

Bipolare affektive Störungen (*schwerpunkt*). Psycho 26 (2000). Cuaderno 10.
Cuaderno básico de la revista «psycho» sobre el tema del trastorno bipolar.
Grunze, H. y Walden J. *Bipolare affektive Störungen. Ursache und Behandlung.* Thieme, Stuttgart, 2001.
Breve resumen médico sobre la etiología así como la diagnosis y terapia del trastorno bipolar.
Kraepelin, Emil. *Psychiatrie. Ein Lehrbuch für Studirende und Aerzte.* 6ª edición. Tomo I. Leipzig 1899, págs. 359-425 (Das manisch-depressive Irresein).
Uno de los mejores y fundamentales compendios sobre el tema del trastorno bipolar, aunque actualmente, por desgracia, solo está disponible en bibliotecas oficiales o especializadas.
Marneros, Andreas. *Handbuch der unipolaren und bipolaren Erkrankungen.* Thieme, Stuttgart, 2001.
Thomashoff, Hans-Otto/Naber, Dieternher (Hrsg.): *Psyche & Kunst.* Schattauer, Stuttgart, 1999.

En castellano se pueden consultar, entre otros:

Galli, E. *La depresión en la práctica médica*, Separata del Dpto. Psiquiatría UPCH Y UNFV, Lima, 1981.
—. *Clasificación de los desórdenes afectivos*, VII Cong. Nac. de Psiquiatría, Lima, 1982.

—. *Diagnóstico de la depresión*, Cong. Peruano-Ecuatoriano de Psiquiatría, Trujillo, 1985.

—. *La Depresión: Rompiendo Barreras,* Monografía publicada en el CPNP, 1985.

Vieta i Pascual, Eduard /Grunze, Heinz: *Tratamiento de la depresión bipolar: psiquiatría global*, Grupo Aula Médica, Madrid, 2003.

Relatos sobre afectados

Bock, Thomas. *Achterbahn der Gefühle. Leben mit Manien und Depressionen*. Herder. Friburgo, 1998,

Holtzmann, Anne. *Bunt ist meine Lieblingsfarbe*. Fischer, Frankfurt/Main, 1994.

Jamison, Kay Redfield. *Meine Ruhelose Seele. Die Geschichte einer manischer Depression*. Goldmann. Friburgo, 1998.

Un conmovedor libro no sólo dedicado a los afectados por el trastorno bipolar, sino para todos los que están interesados en su vida interior y desean explicarse sus sensaciones.

Keßler, Nicola, *Manie-Festen*. Psychiatrie-Verlag, Bonn, 1995.

Tres mujeres narran cómo han superado con regularidad los límites de la normalidad. Por desgracia, su «firme manía» les sitúa frecuentemente en la búsqueda inútil de un mundo perfecto. Es, simultáneamente, un manifiesto hacia la tolerancia y el entendimiento frente a la fuerza bruta interior.

Worthen, Mary. *Journey not chosen...Destination not known: Living with bipolar disorder*. August House, Little Rock, 2001.

Relato, en inglés, de la descripción de una paciente: Una joven con afección bipolar y su madre, narran de forma impresionante sus experiencias frente a la enfermedad, el camino hacia el diagnóstico y la terapia así como sus perspectivas vitales.

En castellano se pueden consultar, entre otros:

Jamison, Kay Redfield. *Una mente inquieta. Testimonio sobre afectos locura*, Tusquets editores, Colección Andanzas, Barcelona, 1996.

Profesora universitaria de psiquiatría con afeccion bipolar hereditaria. Describe las fases de la manía y la «tranquilidad» aportada por el litio, así como la posición de un médico enfermo frente a sus colegas.

Styron, W. *Esa visible oscuridad. Memoria de la locura*, Ed. Grijalbo-Mondadori, Barcelona, 1991.
Describe las sensaciones que afectan al estado anímico depresivo y los sufrimientos que procuran los que se ven forzados a soportarlos sin esperanza de mejoría o de un tratamiento que termine con sus padecimientos psíquicos.

Vallejo Nájera, J.A. *Locos egregios*, Ed. Dossat, Madrid, 1986.
Detalles de la vida de grandes hombres, políticos, escritores, artistas... etc, en los que la luz de la genialidad estaba interferida por alteraciones o trastornos severos de la salud mental.

—. *Ante la depresión*, Ed. Planeta, Barcelona, 1997.
Libro de divulgación al gran público, para que el enfermo deprimido sea objeto de una mayor comprensión ante su entorno familiar, laboral, social.

TEXTOS LITERARIOS

Las siguientes obras literarias recomendadas hacen referencia a textos biográficos o autobiográficos referidos a famosas personalidades artísticas en las que se presume como muy probable la existencia de trastorno bipolar.

Ludwig van Beethoven (1770-1827), compositor alemán
Beethoven, Ludwig van. *Briefe und Aufzeichnungen*. Insel, Frankfurt/Main. 1993.
Huch, Felix. *Beethoven. Leben und Werk des großen Komponisten*. Lübbe, Bergisch-Gladbach, 1979.
Biografías realistas y sugestivas del compositor, en las que se deja entrever su sobrehumana energía que, más tarde, fue encasillada como enfermedad bipolar.

En castellano se pueden consultar las siguientes obras:

Eynde, Juan van den, *Ludwig van Beethoven*, Ediciones Rueda J. M., Madrid, 1996.

Fernández Hidalgo, Francisco. *Vida i obra inmortal del compositor Ludwig van Beethoven*, Autor-editor, Córdoba, 1984.
Ludwig, Emil: *Beethoven*, Planeta-de Agostini, Barcelona, 1995.
Ruiz Lloreda, Ramón. *Conoce a Beethoven*, Caja Cantabria, Santander, 1984.

Thomas Alva Edison (1847-1931), inventor norteamericano
Vögtle, Fritz. *Thomas Alva Edison*. Con testimonios propios y documentos gráficos. Rowohlt, Reinbek, 1981
Retrato del genial inventor estadounidense, que a lo largo de toda su vida apenas durmió lo necesario y fue el creador de los avances técnicos del siglo XX.

En castellano se pueden consultar las siguientes obras:

Cañagueral, Albert. *Thomas Alva Edison*, Ediciones Rueda J. M., Madrid, 1996.
Vogtle, Fritz: *Edison* 1984. Barcelona, Salvat Editores

Vincent van Gogh (1853-1890), pintor holandés
Stone, Irving. *Vincent van Gogh. Ein Leben in Leidenschaft*. Rowohlt, Reinbek, 1968.
La descripción del mundo de sensaciones del pintor sumerge profundamente al lector en la vida de van Gogh y le permite mirar entre bastidores poniendo en claro los motivos de sus actos y sus trabajos. Una biografía emotivamente conmovedora que se ocupa principalmente de los últimos meses previos al suicidio del artista.

En castellano se pueden consultar las siguientes obras:

Artaud, Antonin. *Van Gogh: el suicidado de la sociedad*, Editorial Fundamentos, Madrid, 1994.
Bruce, Bernard. *Vincent van Gogh por sí mismo*, Plaza & Janés Editores, Barcelona, 1991.

Ernest Hemingway (1899-1961), escritor y periodista estadounidense
Rodenberg, Hans-Peter. *Ernest Hemingway*. Rowohlt, Reinbek, 1999.
Nacido el 29 de julio de 1899 en OAK Park, EE. UU., Hemingway se educó entre el oficio de batidor de cacerías, de su padre, y la profesión de

modista de ropa femenina, de su madre. Su vida era, de acuerdo con su propia descripción, prácticamente artificial, dedicado por una parte a ser machista, bebedor, boxeador y aficionado a la caza mayor, mientras que, por otro lado, era un hombre tímido, sentimental y atormentado por las dudas sobre sí mismo. Este libro describe de forma escrupulosa y fascinante la obra y la abigarrada vida de Hemingway, desde su condición de reportero hasta la consecución del premio Nóbel. Recomendable para todos, la mayoría de los hombres y de los escritores desearían ser como Hemingway. El escritor cometió suicidio el 2 de julio de 1961.

En castellano se pueden consultar las siguientes obras:

Lania, Leo. *Hemingway, biografía ilustrada*, Ediciones Destino, Barcelona, 1963.

Pivano, Fernanda. *Hemingway*, Tusquets Editores, S.A. Barcelona, 1986.

Sanguinetti, Ignacio: *Ernest Hemingway*, Ediciones Nájera, Madrid, 1984.

Singer, Kurt. *Ernest Hemingway, su vida y sus amores*, Editorial Diana, México, 1961.

Wolfgang Amadeus Mozart (1756-1791), compositor austríaco

Leonhart, Dorothea. *Mozart. Eine Biographie*. Diogenes, Zürich, 1994.

Esta experta en Mozart presenta en esta biografía la relación del músico con el amor y el dinero y muestra en su relato un sorprendente final procedente de fuentes escrupulosamente citadas. La biografía es la fase más actualizada de una investigación, narrada de forma cautivadora, plena en sorpresas histórico-culturales y en la que se presenta la vida de Mozart entre sus extremos: gloria, triunfos, honorarios de divo, deudas, depresiones y aislamiento, la aclamación a un genio rodeado de murmuraciones por su funesta inestabilidad. Aquí no aparecen, como resulta habitual, ni adivinanzas sobre la vida de Mozart ni discretas elusiones, todos los temas resultan claramente explícitos.

En castellano se pueden consultar las siguientes obras:

Braunbehrens, V., Jürgens, K. H. *Mozart, imágenes de su vida*. Labor, Barcelona, 1991.

Brion, Marcel. *Mozart*, Editorial Juventud, Barcelona, 1995.

Norbert, Elias, *Mozart, sociología de un genio*, Ediciones Península, Barcelona, 2002.

Valentin, Erich. *Guía de Mozart*, Alianza Editorial, Madrid, 1995.
Guía estructurada por orden alfabético sobre la vida y la obra de Wolfgang Amadeus Mozart.

Sylvia Plath (1932-1963), escritora norteamericana

Stevenson, Anne. *Sylvia Plath*. Frankfurter Verlagsanstalt, Frankfurt/Main, 1999.
Sylvia Plath se quitó la vida, en Londres, a los 30 años dejándonos como legado su extensa obra literaria: poesía, narraciones, la novela «La campana de cristal», cartas y diarios que resultan, simultáneamente, conmovedores y brillantemente narrativos. La biografía ilumina la oscuridad de la autora norteamericana y posibilita un indisimulado vistazo a su compleja y complicada situación psíquica creadora y vital.

Plath, Sylvia. Die *Glaslocke*. Suhrkamp, Frankfurt/Main, 1999.
Sylvia Plath publicó su única novela el mismo año de su suicidio. Esta colorista novela autobiográfica describe en excelente prosa, con gran sinceridad y despiadada franqueza, el mundo interior de las personas atormentadas por la depresión y la manía. Se trata de una de las mejores descripciones de la lucha despiadada de una mujer para conseguir, con una existencia que oscila entre la obra creativa y la psiquiatría, una vida digna de un ser humano, y esto en una época en la que no se disponía de las posibilidades terapéuticas de hoy en día. Este libro es de lectura recomendada para afectados, parientes y terapeutas.

En castellano se pueden cobsultar, entre otras:

Malcom, Janet. *La mujer en silencio: Sylvia Plath y Ted Hughes*. Editorial Gedisa, Barcelona, 2003.

Plath, Sylvia. *La campana de cristal*. Planeta-De Agostini, Barcelona, 2001.

Robert Schumann (1810-1856), compositor aleman

Härtling, Peter. *Schumanns Schatten, Variationen über mehrere Personen*. Kiepenheuer und Witsch, Köln, 1996.
Härtling expone ante el lector la vida del genial, aunque también complicado y desconcertante, compositor. pero el libro trasciende más allá de una mera biografía: es el precoz y sorprendente suicidio de su hermana Emilie que, como un golpe, destroza a la familia. Internado en el sanatorio psiquiátrico de Endenich, cerca de Bonn: el paciente se excita, insulta y escupe a su celador Klingelfeld, especialmente ocupado

de procurar el bienestar de Schumann. El músico no oye la música, sino voces. Las irrigaciones diarias y las insensatas torturas llevan a una enfermedad absurda. Hablamos del año 1854. Está llegando el final. A Robert Schumann sólo le quedan dos años de vida.

En castellano se puede consultar:

Ruiz Tarazona, Andrés. *Robert Schumann*, Real Musical, Villaviciosa de Odon, 1975.

August Strindberg (1849-1912), dramaturgo sueco

Schütze, August. *August Strindberg*. Con testimonios propios y documentos gráficos. Rowohlt, Reinbek, 1990.
Jaspers, Karl. *Strindberg und van Gogh. Versuch einer vergleichend pathographischen Analyse*. Merve, Berlin, 1998.

Strindberg estuvo torturado durante toda su vida por los conflictos sexuales, viviendo desde 1883 una emigración interior, sin sosiego, en pensiones y habitaciones de hotel de Europa, y desde 1894 hasta 1897 en estado de la denominada «crisis del infierno», una fase de sufrimientos físicos, psíquicos y espirituales

En castellano se pueden consultar las siguientes obras:

Enquist, Per Olov. *Strindgberg*, Ultramar Editores, Barcelona, 1991.
Jaspers, Karl. *Strindberg y Van Gogh*, Nuevo Arte Thor, Barcelona, 1986.
—. *Genio artístico y locura. Strindberg y Van Gogh*, El Acantilado, Barcelona, 2001.

Virgina Woolf (1882-1941), autora británica

DeSalvo, Louise. *Virginia Woolf*, Fischer, Frankfurt/Main, 1994.

La biografía se concentra en tres aspectos: la descripción en sus propios trabajos de la vida familiar así como de la infancia y la época juvenil. Todas las fuentes han recurrido sin embargo no sólo a esto, sino también a descripciones autobiográficas, cartas, esbozos inéditos y a otras biografías. Todo ello arroja una alarmante imagen: los abusos sexuales de sus dos hermanastros duraron varios años, las voces de auxilio de Virginia fueron tomadas por «locura».

En castellano se pueden consultar las siguientes obras:

Dunn, Jane. *Vannessa Bell, Virginia Woolf: historia de una conspiración*, Circe Ediciones, Barcelona, 1998.

Lehmann, John: *Virginia Woolf entre la vida y la muerte*, Salvat Editores, Barcelona, 1995.

Ochoa de Uribe Iriarte, Teresa. *¿Locura en Virginia Woolf?*, Autor-Editor, Almería, 1983.

PELÍCULAS Y DOCUMENTALES

Alguien voló sobre el nido del cuco. EE. UU. 1975 (One Flew Over the Cukcoo's Nest). Dirección: Milos Forman. Reparto: Jack Nicholson, Louis Fletcher. 133 minutos.
Galardonado con cinco Oscar, es una película clásica sobre un estafador que, para eludir la pena de prisión, se hace recluir en una institución psiquiátrica y, una vez allí, provoca a los pacientes para reclamar más independencia personal

Amadeus. EE. UU. 1984. Dirección: Milos Forman. Guión: Peter Shaffer. Reparto: Tom Hulce, F. Murray Abraham. 158 minutos.
Ágil y turbulenta, distinguida con varios Oscar, esta película biográfica describe sobre la probable afección bipolar de Mozart y su adversario Antonio Salieri.

Amor inmortal. GB/EE.UU. 1994. (Immortal, Beloved). Dirección/Guión: Bernard Rosen. Reparto: Gary Oldman, Isabella Rossellini. 120 minutos. Es una v.o. subtitulada en español que también se ha exhibido con el título «Amada inmortal».
La historia fílmica de la vida, presumiblemente afectada por un trastorno bipolar, del compositor alemán Ludwig van Beethoven.

Amor loco. EE. UU. 1995 (Mad Love). Dirección: Antonia Bird. Guion: Paula Milne. Reparto: Drew Barrymore, Chris O'Donnell. 96 minutos.
Dos adolescentes de Seattle se enamoran y tras una discusión con sus padres deciden escaparse de casa. Ella sufre un trastorno bipolar y él aprende a amarla a base de ocuparse de ella y adoptar todas las responsabilidades.

Back from Madness: The Struggle for Sanity. EE. UU. 1996. Dirección: Kenneth Paul Rosenburg. 60 minutos.
El psiquiatra Rosenburg, director de la pelicula, produjo en el Massachussetts General Hospital un documental sobre cuatro pacientes psiquiátricos: un vagabundo afectado por trastorno bipolar, un paciente con alucinaciones acústicas, un fotógrafo con afección compulsiva y un superdotado músico que padece depresión suicida. La aportación del film le supuso el premio de video 1966 de la American Psychiatric Association.

Committed. EE. UU. 1984. Dirección: Sheila McLaughlin y Lynne Tillman. Reparto: Sheila McLaughlin, Victoria Boothby. 77 minutos.
La segunda y controvertida versión cinematográfica de la trágica historia de la actriz Frances Farmer y su martirio a manos de la psiquiatría americana.

Crumb. EE. UU. 1994. Dirección: Terry Zwigoff. 119 minutos.
Documental biográfico sobre Robert Crumb, el autor de comics «underground» de renombre mundial, y sus familiares afectados por enfermedades psíquicas. Un tratado filosófico sobre las raíces de la fuerza creativa y el subconsciente.

Dialogues with Madwomen. EE. UU. 1994. Dirección: Allie Light. 90 minutos.
Entrevistas y declaraciones de seis mujeres de los años 1950 a 1970. La directora misma padece, y lo comenta, una depresión unipolar. También aparecen y toman la palabra mujeres con afección bipolar y personalidad múltiple. Uno de los documentales más conmovedores y emocionantes del entorno vital de las mujeres afectadas y sus parcialmente trágicas experiencias con la psiquiatría. Venta y distribución: Women Make Movies, 462 Broadway, Suite 500, NY, NY 10013.

Ed Wood. EE. UU. 1994. Dirección: Tim Barton. Reparto: Johnny Depp, Martin Landau. 127 minutos.
Biografía cinematográfica del excéntrico, y probablemente enfermo bipolar, director de cine Ed Wood- Martin Landau fue galardonado con un Oscar.

El loco del pelo rojo. EE. UU. 1956 (Lust for Life). Dirección: Vincent Minelli. Reparto: Kirk Douglas, Anthony Quinn. 122 minutos.
Una versión fílmica de los años 50 del siglo XX sobre la vida de Vincent van Gogh y su torturado genio artístico.

Frances. EE. UU. 1982. Dirección: Graeme Clifford. Reparto: Jessica Lang, Kim Stanley, Sam Shepard. 140 minutos.
Un conmovedor retrato fílmico sobre la trágica historia de la vida de la actriz Frances Farmer, que fue llevada al derrumbamiento nervioso a base de intrigas, inhabilitada e internada en un centro psiquiátrico, la mayoría de las veces contra su voluntad. También constituye un aterrador retrato de la psiquiatría norteamericana entre los años 1950 a 1970.

Mr. Jones. EE. UU. 1993. Dirección: Mike Figgis. Reparto: Richard Gere, Anne Bancroft. 110 minutos.
Un paciente bipolar lucha contra su enfermedad y con el creciente amor hacia la terapeuta que le atiende. El film describe de una forma impresionante el significado de convivir con un trastorno bipolar, representando una de las más fascinantes aportaciones a la filmografía sobre el tema.

Nixon. EE. UU. 1995. Dirección: Oliver Stone. Reparto: Anthony Hopkins, James Wood, Ed Harris, Bob Hoskins, E. G. Marsh. 192 minutos.
El presidente Nixon padeció con mucha probabilidad un trastorno bipolar y su carácter experimentaba inquietantes tensiones. El film es un estudio psicológico de Nixon con referencias históricas- una obra fascinante para todos los que se interesan por las afecciones psíquicas de las personalidades famosas.

Phenomenon. EE. UU. 1996. Dirección: Jon Turteltaub. Reparto: John Travolta, Robert Duvall, Forest Whitaker, Ashley Buccille. 123 minutos.
Un hombre que vive en una pequeña ciudad observa un día un relám-

pago luminoso y, a partir del momento de esa visión, adquiere unas capacidades mentales y psíquicas de carácter sobrehumano- una lograda presentación de la conducta hipomaníaca en la vida cotidiana.

Pollock. EE. UU. 2000. Dirección: Ed Harris. Reparto: Ed Harris, Robert Knott, Molly Regan, Marcia Gay Harden. 122 minutos.
Conmovedor retrato fílmico del pintor Jackson Pollock, cuyo impulso creativo no sólo debe enfrentarse a depresiones y violentos ataques, sino también contra su vuelta al alcoholismo- también constituye una película sobre la vida de los parientes de los enfermos psíquicos.

Vincent y Theo. NL/GB/F 1990 (Vincent and Theo). Dirección: Robert Altman. Reparto: Tim Roth, Paul Rhys.
La historia de la vida de Vincent van Gogh desde el punto de vista de su hermano.

ÍNDICE ALFABÉTICO

A
abuso de alcohol, 77, 166
ácido valproico, 86
ácidos grasos, 118
afecto, 14
agripnia, 129
alucinación, 54
amisulpiride, 113
ánimo, 14
ansiedad, 164
antagonistas del calcio, 116
antidepresivos, 73, 79, 90, 96, 101
— atípicos, 101
— tricíclicos, 97, 101
antipsicóticos, 103
aripiprazol, 114

B
benzodiacepina, 115
Biblias del diagnóstico, 41
bilis amarilla, 57
— negra, 57

C
carbamacepina, 86, 90
catatonia, 166
ciclación rápida, 21, 34, 52
ciclotimia, 17, 48
comorbilidad, 19, 23, 40, 142, 151, 163
cromosomas sospechosos, 70

D
demencia, 59
demencia maniacodepresiva, 61
depresión, 16, 27, 136
deseo de hijos, 156
diagnóstico a largo plazo, 39, 40
— correcto, 39
— por intervalos, 39, 40
— transversal, 39
— erróneo, 27, 37
diálogo entre médico y paciente, 133
drogas, 166
DSM-IV, 41

E
edad infantil, trastorno bipolar, 151
embarazo, 157
estabilizadores anímicos, 79
estados bipolares mixtos, 32, 155

estigma, 202
estrés, 184
—, factores de, 77
evoluciones de ciclación rápida, 155
F
factores de estrés, 77
fobia, 165
fototerapia, 129
G
gabapentina, 95
genes vulnerables, 68
genio bipolar, 169
— loco, 169
H
hipomanía, 16, 17, 21, 25
hormonas tiroideas, 117
I
ICD-10, 41
ilusión, 54
inhibidores de la monoaminooxidasa (IMAO), 101
L
lactancia, 162
lamotrigina, 94
litio, 80
—, protocolo del, 84
locura circular, 60
M
manía, 16, 21
melancolía, 29, 59
mujeres con trastorno bipolar, 156
N
neurolépticos, 90, 103
— atípicos, 108
— clásicos, 104
neurotransmisores, 71
niño hiperactivo-bipolar, 154
— maniacodepresivo, 153
— bipolare, ayuda, 155
P
pánico, 164
parto, 160
problemas de diagnóstico, 37
profilaxis recidivante, 149
protocolo del trastorno bipolar, 18
psicoanálisis clásico, 134
psicoterapia, 131
— básica, 133
psique enferma, 10

puerperio, 160
Q
quetiapina, 113
R
Rapid Cycling, 21
riegos hereditarios, 69
risperidona, 111
S
singularidades bipolares, 151
síntomas de la depresión, 31
— de la hipomanía, 26
— de la manía, 24
— extrapiramidales (SEP), 105
suicidio, 196
T
tejido cerebral, alteraciones, 75
terapia aguda, 147, 148
— ambiental, 139
— artística, 140
— de grupos, 132
— de mantenimiento, 149
— de trabajo, 139
— del comportamiento, 135
— electroconvulsiva, 149
— electroconvulsiva (ECT), 120, 159
— luminosa, 129
— musical, 141
— personalizada, 132
— psicosocial, 138
topiramato, 92
trastorno bipolar I, 16, 43
— bipolar II, 16, 17, 46
— bipolar III, 51
— esquizoafectivo, 54
trastornos bipolares, tratamiento, 79
— de ansiedad, 136, 167
trato con personas depresivas, 190
— con personas maníacas, 192
TRM funcional, 75
U
ultra ciclación rápida, 34
ultra-ultra ciclación rápida, 34
V
valproato, 86
Z
ziprasidona, 112

Advertencia importante

Las informaciones que figuran en este libro sobre datos, sugerencias y consejos, han sido elaboradas de acuerdo con el mejor conocimiento y el máximo esmero posible por parte del autor, la editorial y la redacción. Sin embargo, no sustituyen a ningún consejo emitido por un profesional competente y experto. Cada lector/a asumirá en todo momento la responsabilidad de las decisiones que pueda tomar basándose en las sugerencias del libro. Por eso, cualquier indicación no supone responsabilidad para el autor, redacción o editorial que, en ningún caso, se harán cargo de daños o perjuicios basados en dichas advertencias, indicaciones o consejos. Los datos sobre dosis son acordes con la literatura científica especializada disponible, y únicamente sirven de referencia a las dosis habituales en una sustancia. La dosis práctica para cada individuo solamente puede ser establecida por su médico utilizando su conocimiento del cuadro clínico del paciente. Los psicofármacos exigen, por regla general, receta médica. Todos los datos contenidos en este libro se apoyan en los fundamentos del actual estado del arte según los resultados que, hasta la fecha, han sido publicados sobre investigaciones científicas. Igual que ocurre en la ciencia, la información que aquí se ofrece está sujeta a continuos cambios.

ÍNDICE

Capítulo 1. El continuum de la emoción 9
   La psique enferma 10
   Partitura del ánimo 11

Capítulo 2. ¿Qué es un trastorno bipolar? 13
   Oscilaciones anímicas normales 13
   Ánimo fuera de control 14
   Trastorno bipolar 16

Capítulo 3. Fases anímicas bipolares 21
   Manía 21
   Hipomanía 25
   Depresión 27
   Estados bipolares mixtos 32
   Ciclación rápida 34

Capítulo 4. La jungla de la diagnosis 35
   Problemas de diagnóstico y diagnósticos erróneos 37

El diagnóstico correcto: trastorno bipolar 39
«Biblias del diagnóstico»: DSM-IV e ICD-10 41
Trastorno bipolar I 43
Trastorno bipolar II 46
Ciclotimia 48
«Trastorno bipolar III» 51
Ciclación rápida 52
«Trastorno esquizoafectivo» 54

Capítulo 5. Melancolía y manía: una historia inseparable 57
La bilis negra y la bilis amarilla 57
La melancolía y la demencia 59
La locura circular 60
La demencia maniacodepresiva 61
El renacimiento moderno 63

Capítulo 6. El amplio campo de la etiología 67
Genes vulnerables 68
Cromosomas sospechosos 70
Función defectuosa de los neurotransmisores 71
Perturbación de la señal en las células nerviosas 73
Alteraciones del tejido cerebral 75
Sensibilización y refuerzo 76
Factores de estrés 77

Capítulo 7. Tratamiento de los trastornos bipolares 79
Estabilizador anímico 79
   Litio 80
   Ácido valproico 86
   Carbamacepina 90
Nuevos antiepilépticos eutimizantes o estabilizadores
del estado de ánimo 92
   Topiramato (Topamax®) 92
   Lamotrigina (Lamictal®, Crisomet®, Labileno®) 94
   Gabapentina (Neurontin®) 95
Antidepresivos 96
   Antidepresivos tricíclicos 97
   Inhibidores selectivos de la recaptación de serotonina (ISRS) 98
   Otros nuevos antidepresivos 101
   Inhibidores de la monoaminooxidasa (IMAO) 101
Neurolépticos 103
   Neurolépticos clásicos 104

    Neurolépticos atípicos 108
Otros antipsicóticos atípicos 111
    Risperidona (Risperdal®). 111
    Ziprasidona (Zeldox®) 112
    Amisulpiride (Solian®) 113
    Quetiapina (Seroquel®) 113
    Aripiprazol (Abilify®) 114
Benzodiacepina. 115
Antagonistas del calcio 116
Hormonas tiroideas 117
Ácidos grasos omega 3 118
Terapia electroconvulsiva 120
    Convulsiones artificiales en el «nido del cuco» 120
    TEC en el trastorno bipolar 124
Estimulación magnética trascraneana 126
Estimulación del nervio vago. 128
Cura de restricción del sueño (agripnia). 129
Terapia luminosa o fototerapia 129
Psicoterapia. 131
    Terapia de grupos y personalizada. 132
    Psicoterapia básica. 133
    Psicoanálisis clásico 134
    Terapia del comportamiento 135
    Terapia del comportamiento centrada en la familia 136
    Terapia interpersonal y del ritmo social 137
Terapia psicosocial 138
    Terapia ambiental 139
    Terapia de trabajo 139
    Terapia artítica. 140
    Terapia musical 141
Psicoeducación 141

Capítulo 8. Vías para la estabilidad anímica 145
  Principios de la terapia. 147
  Terapia aguda 148
  Terapia de mantenimiento 149
  Profilaxis recidivante. 149

Capítulo 9. Singularidades bipolares 151
  Trastorno bipolar en la edad infantil. 151
    El niño maniacodepresivo 153
    El niño hiperactivo-bipolar 154

- Ayuda para niños bipolares 155
- Mujeres con trastorno bipolar 156
  - Deseo de hijos 156
  - Embarazo... 157
  - Parto 160
  - Puerperio 160
  - Lactancia 162
- Comorbilidad: algo más que un trastorno 163
  - Trastorno de ansiedad 164
  - Trastorno de pánico 164
  - Fobia 165
  - Trastorno de ansiedad generalizada 165
  - Trastorno violento 165
  - Catatonia 166
  - Abuso de alcohol, drogas y otras sustancias........... 166
  - Enfermedades médicas con trastornos bipolares 168

Capítulo 10. El genio bipolar 169
- Biografía de la psique creativa 169
- Las puertas de la percepción 173
- Obra de arte y ánimo estable 174

Capítulo 11. Vivir con el trastorno bipolar 179
- Confrontación y aceptación 179
- Mantenimiento del ánimo 182
  - Modificaciones del estilo de vida..................... 183
  - Prevención de recaídas................................ 183
  - Control del estrés.................................... 184
  - Expertos en las propias emociones..................... 184
  - Autodisciplina.. 186
- La red de apoyo 187
- Superar casos de urgencia y crisis 188

Capítulo 12. Guía para familiares y pareja 189
- El trato con personas depresivas 190
- El trato con personas maníacas 192
- Cómo explicar a los niños el trastorno bipolar 194
- Cómo se inician los trámites de un tratamiento 195
- Cómo se evita la tendencia al suicidio 196
- Cómo evitar un exceso de autoexigencia 196
- Cómo prepararse ante una crisis 197

Capítulo 13. Estigma, prejuicios y papel de víctima 201

Capítulo 14. Los derechos de los pacientes..................... 205
    Aspectos legales 205
    Internamiento 207
    Imputabilidad 208
    Baja laboral o invalidez: prestaciones económicas 208

Anexo

Informaciones y ayudas...................................... 211
    Escala de autovaloración de la manía...................... 214
    Inventario de autovaloración de la depresión 217
    ICD-10. Criterios diagnósticos de los trastornos afectivos......... 222
    DSM-IV. Criterios diagnósticos de los trastornos bipolares 234
Glosario 241
Direcciones de contacto..................................... 253
    España.. 253
    Hispanoamérica.. 255
    Asociaciones no específicas................................ 257
    Páginas de Internet, en español, que pueden ser de utilidad 262

Bibliografía y lecturas de ampliación........................ 263
    Guías... 263
    Monografías médicas 265
    Relatos sobre afectados 266
Textos literarios... 269
Películas y documentales................................... 275
Índice alfabético... 285

PSICOLOGÍA PRÁCTICA

Interpreta los mensajes inconscientes que transmiten nuestros gestos.

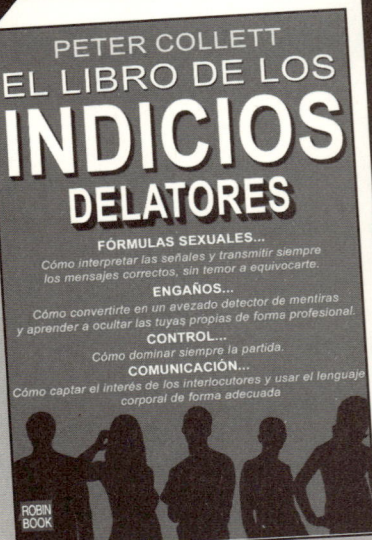

Aunque apenas seamos conscientes de ello, continuamente producimos señales gestuales que revelan lo que estamos pensando. Son signos emitidos de forma involuntaria y que delatan nuestros auténticos sentimientos o intenciones. Peter Collett, uno de los psicólogos televisivos más prestigiosos del Reino Unido, desvela en este fascinante ensayo todo lo que conviene saber sobre los «gestos involuntarios».

- ¿Por qué en ocasiones tenemos la sensación de que nuestro interlocutor no está siendo sincero con nosotros?
- ¿Por qué hay políticos que nos inspiran mayor confianza que otros?
- ¿Es posible controlar la conversación mediante determinados gestos?
- ¿Qué mecanismos se ponen en marcha durante el acto comunicativo?

ISBN: 84-7927-744-0

Cuando la depresión nos ataca, nuestro mayor deseo es mejorar cuanto antes, pero entonces es cuando nos damos cuenta de que la energía que necesitamos para reponernos ha desaparecido. Ahora, encontrarás todos los remedios que puedas necesitar para recuperarte rápidamente sin tener que consumir grandes cantidades de energía. Este libro te ofrece todos estos remedios.

- Elevar la autoestima.
- Controlar los pensamientos negativos.
- Reducir la ansiedad.
- Aprender a diferenciar entre el dolor legítimo y el odio hacia uno mismo.
- Superar la apatía que nos aprisiona en los ciclos depresivos

ISBN: 84-7927-579-0

Remedios sencillos para combatir la depresión y mejorar la percepción personal.

PSICOLOGÍA PRÁCTICA